맘카페라는 세계

맘카페라는 세계

엄마들이 모인 공간은 정녕 '마녀들의 소굴'인가

정지섭

SIDEWAYS

차례

4부 정치적인 너무나 정치적인?

5부 고립된 성(城)

6부 전면적인 혐오의 확산

7부 행복의 문

프롤로그

이 책을 써야겠다고 마음먹은 건 내가 회사에 사직서를 내고 전업 주부로 살기로 결심한 2021년의 끝자락이었다. 코로나 방역 체계가 한창이던 시절, 우리는 사람을 거의 만날 수 없었다. 서로의 집구석에 고립되어 인터넷과 매체를 통해서 세상을 보고 살았다.

나 역시 어린아이들을 데리고 갑갑한 세월을 살아가고 있었다. 세상을 향한 거의 유일한 창구였던 인터넷을 들여다보고 있으면 불안해졌다. 코로나 이전부터 화두가 되어 온 우리 사회의 혐오는 팬데믹 시대의 고립으로 더욱 악화되는 양상이었기 때문이다. 게다가 **팬데믹을 거치며 이 사회에 방치된 극심한 혐오와 저출산이라는 두 축**은 내게 점점 더 실존적인 불안감으로 엄습했다. 아이를 키우는 입장에서 마치 조금씩 코너에 몰리고, 무력해지고, 누군가가 겨냥하는 과녁이 될지 모른다는 느낌이 들었다.

이때까지만 해도 내가 운영하는 맘카페를 포함한 그 어떤 맘카페에서도 이러한 불안감과 문제의식이 수면 위로 떠오르지 않았다.

육아의 당사자들은 이 위기를 떠안기에는 너무도 지치고 바빠 보였다. 오히려 혐오와 저출산의 쌍두마차 시대에, 맘카페의 엄마들에게 주목하고 그들에 관해 이야기하기 좋아했던 건 맘카페 바깥의 엄마가 아닌 사람들이었다. 세상은 맘카페를 점점 고립되고 괴상한 집단으로 묘사하며 물어뜯기 시작했다.

정말로 이 집단은 그렇게까지 이상한가? 사람들은 맘카페를 제대로 들여다보며 이 공간에 관한 논쟁을 벌이고 있는가? 나는 다섯 해 넘게 맘카페를 운영한 경험을 반추하며 이번 원고의 집필을 시작했다.

내가 바라는 건 하나뿐이다. 이 책으로 우리 사회가 그동안 피상적으로만 바라보았던 맘카페라는 집단을 더욱 정확하게 인식하고, 그 인식과 성찰을 사람들과 나누고픈 바람이 그것이다. 무지와 몰이해에서 비롯된 증오와 낙인찍기는 우리 사회를 관통하는 심각한 문제이며, 그것은 맘카페에 관해서도 마찬가지다.

이런 분위기가 팽배한 현실 속에서 이 주제에 대해 꺼내는 것 자체가 혐오를 악화시키고 들쑤시는 것이 아닌가 싶은 우려가 들기도 했다. 하지만 맘카페가 우리 사회에 존재한 지 벌써 20년을 바라보는 동안 이 집단을 객관적으로 탐구하려는 어떠한 시도도 없었기에 용기를 내본 것이다. 이런 마음이 그저 한 사람의 평범한 주부로 살고 있는 내가 이 책을 쓰는 결심을 하게 된 가장 중요한 동기라고 할 수 있다.

처음 책을 쓰기로 마음먹은 그 시점부터 지금은 이제 2년 가까이 되는 세월이 흘렀다. 이렇게 힘든 작업이 될 줄 몰랐고, 출판계약서에 도장을 찍은 내 손등을 때리고 싶었던 적도 한두 번이 아니다. 2021년 겨울, 나의 호기로운 만용을 알면서 받아주고 끝없이 격려해 준 도서출판 사이드웨이의 박성열 대표에게 감사의 말을 전한다. 그의 고생 덕분에 나의 오랜 고민과 생각이 다듬고 깎여져 이렇게 책이라는 매체로 나올 수 있었다.

* * *

맘카페라는 세계를 깊고 중층적으로 들여다보려는 나의 작업은 총 일곱 개의 챕터로 구성된다.

이 책의 **1부 '나는 어쩌다가 맘카페의 운영자가 되었는가'**에서는 내가 어떻게 엄마가 되었고, 맘카페라는 공간을 접하게 되었으며 결국 그곳의 운영자가 되었는지에 대한 나의 개인적인 이야기에서부터 시작한다. 나의 경험은 그 당시 결혼과 출산을 대하는 사회적 분위기와 무관하지 않을 것이고, 또 지금도 맘카페를 찾고 있는 많은 엄마들의 정서와도 똑같을 것이다. 이 공간에 대한 사람들의 숱한 비난과 편견과 오해는 어제오늘 일이 아니지만, 맘카페를 만들고 운영하는 사람과 그 회원들 대다수는 그저 나와 같은 보통의 엄마들이다. 이 챕터를 읽는 독자들께서는 '맘카페의 운영자'가 결코 '사악하고 음침한 마녀'와 같은 사람이 아니라는 것을 알아주리라 믿는다.

그다음 **2부 '맘카페 안을 깊이 들여다보면'**에선 내가 맘카페를 만드는 일에 참여하고 운영해 왔던 과정에서 느꼈던 여러 지점을 서술할 것이다. 나는 여기서 맘카페라는 공간이 어떤 특성을 가지고 있는지를, 왜 많은 사람들이 맘카페에 빠져드는지를 분석했다. 이 시대에 아이의 양육은 엄마에게 주로 할당되어 있으며, 과거 대가족 시대와 달리 오롯이 혼자 육아를 하기에 엄마들은 대부분 고립되어 아이를 키운다. 이 불안함이 인터넷과 스마트폰 보급이라는 시대적 특성에 맞춰 지금의 맘카페를 탄생시켰으며, 이후 펼쳐질 맘카페의 성격과 양상을 낳는 심리적 기반으로 작용하는 것이다.

책의 **3부 '둥글둥글한 세계'**에서는 다른 인터넷 커뮤니티와 확연히 구분되는 맘카페만의 특징에 대해서 깊이 들여다보았다. 오랫동안 맘카페를 관리했던 경험을 바탕으로 말하건대, 이 공간의 가장 중요한 불문율은 '둥글둥글함'이라 이름 붙일 수 있으며, 바로 이 특성에서 맘카페의 여러 입체적인 측면들이 파생된다는 것이 분명하다. 그만큼 이는 맘카페를 설명하는 데 중요한 특성이라 할 수 있는 것이다. 나는 이른바 '프로불편러'의 등장과 맘카페를 둘러싼 공감의 역설, 그리고 이 둥글둥글함 속에서 묘한 충돌을 일으키는 교육 문제를 여기에서 조망할 것이다.

나아가 **4부 '정치적인 너무나 정치적인?'**에서는 맘카페의 영향력으로 주목받는 집단적 사회 운동의 에너지, 그리고 이 공간의 정치적인 영향력에 주목해 보았다. 맘카페는 엄마들이 모여 있는 집단이기에 사회적으로 힘 있고 의미 있는 목소리를 내려고 노력해 왔다. 그런 움직임은 때때로 우리 사회에 긍정적인 역할로 기능하기도 했지만, 때로는 게시판의 여론을 등에 업고 무분별한 공격성을 띠기도 했던 게 사실이다. 나는 정치 글이 금지되고 "불편하신 분들은 패스해 주세요."라는 말이 광범위하게 사용되는 이 공간의 여러 의미를 객관적으로 살펴보려 노력했다.

이렇듯 '정치화'된 맘카페에 관한 사회적 논쟁은 이 공간을 점점 더 이질적이고 폐쇄적인 곳으로 여겨지게 했다. **5부 '고립된 성**

(城)'에서는 세상이 왜 맘카페를 그토록 부정적으로 생각하는지, 또 그런 시선을 피해 맘카페는 왜 더욱 높고 견고한 성벽을 쌓는 악순환에 빠지는지를 분석하고자 했다. 이는 약자라는 정체성에 대한 과도한 몰입, 맘카페 상업화라는 거대한 흐름 등등 맘카페 내외부의 여러 복합적인 요인이 작용한 결과이며, 결국 맘카페 안팎을 가릴 것 없이 이곳의 힘을 이용해 보고자 하는 누군가의 과도한 욕망 때문이라고 볼 수 있을 것이다.

그리고 맘카페의 고립에 관한 이야기는, 우리 사회의 혐오에 대한 논의와 결코 떼어놓고 생각할 수 없다. 책의 **6부 '전면적인 혐오의 확산'**에서는 수년 전부터 우리 사회의 맘카페가, 엄마들이, 그리고 어쩌면 아이들까지 '타인에게 불편한 존재'로 몰리고 있는 현상에 대해서 찬찬히 되짚어 보았다. 나는 '맘충'이라는 말이 이 사회에서 빠르게 퍼진 2015년부터 대한민국 출산율이 더욱 가파르게 급락했다는 두 사실을 분리해서 생각할 수 없다고 생각한다. 나는 사회적으로 지탄받는 '모성'의 복합적인 여러 면모를 상세히 다루면서도, '임신과 육아는 불행하고 저주받은 것'이라는 이 사회의 집단 무의식이 얼마나 이중적인지를 지적하고자 했다.

그렇다면 우리에게는 희망이 있는가? 우리의 미래는 어떠해야 하는가? 맘카페에서 시작된 나의 이야기는, 이제 이 책의 마지막 **7부 '행복의 문'**을 열면서 끝맺고자 한다. 나는 지난 10년 남짓 두 아이를 키우면서, 또 5년여 동안 맘카페를 직접 운영해 본 시간을 빌려, 이 마지막 챕터를 통해 우리 사회에서 행복의 의미가 무엇인지 함께 고찰해 보았으면 했다. 이 과정에서 우리 사회가 엄마의 역할과 자존감에 관하여 근본적으로 다시 성찰하고, 육아와 가족이 지닌 가치를 근원적으로 재고하는 것은 중요하다. 또 육아를 부담이 아니라 행복의 관점에서 접근하는 일도 반드시 필요하다. 그런 관점에서 우리가 지향해야 할 미래를 다 같이 고민할 수 있길 바랄 따름이다.

* * *

책을 구상하던 단계에서는 전혀 생각하지 않았지만, 집필을 마무리하는 단계에서 바라보니 이 책은 나의 30대를 총정리한 책이 되었다. 나는 서른 살에 엄마가 되었고, 이제 곧 마흔이 되기 때문이다.

그동안 나의 30대를 가로지르는 가장 중요한 정체성을 한 단어로 말한다면 '엄마'였다고 할 수 있겠다. 그 시간 동안 개인적으로 많은 일들이 있었지만, 한 가지 확실하게 말할 수 있는 게 있다. 나의 지난 10년은 엄마가 되어 행복한 나날들이었다는 것이다.

그래서, 이 책의 원천은 나의 가족들이다. 지난 20년간 내 곁을 지켜준 사랑하는 남편에게 누구보다도 가장 큰 고마움을 전하고 싶다. 남편과 함께 우리가 낳고 기른 소중한 아들과 딸의 존재 덕분에 나는 이 책을 쓸 수 있었다.

그리고 이 원고의 가장 근원적인 에너지가 된 가족의 사랑, 내적 가치의 소중함은 내 부모님의 삶의 태도에서 배운 것이다. 열 살 때 학교 숙제로 가훈을 적어 오라고 해서 여쭈었더니, 아버지는 내게 **"사람의 삶은 사랑이다"**라는 말씀을 들려주셨다. 그때는 아버지가 말한 가훈을 도무지 이해할 수 없었던 기억이, 이 책을 쓰면서 자주 머릿속을 스쳤다. 부모님 두 분께 진심으로 감사드린다. 또 저 멀리 이국땅에 살고 있는 나의 남동생과 올케에게 감사의 말을 전한다.

전쟁과 격동의 시대를 살며 수많은 자식들을 키워내신 나의 양가 조부모님들께도 감사드린다. 특히 원고를 쓰면서는 할머니들이 유난히 많이 떠올랐다. 내가 엄마가 되고 두 아이를 키우던 과거에도 문득 아주 오래전에 돌아가신 두 분 생각이 날 때가 많았다. 내가 옛날의 당신들과 같은 상황이면 하나둘도 아닌 그 수많은 아이들을 꿋꿋하게 키워낼 수 있었을까? 아이들의 엄마가 되고, 또 엄마가 된 후 '엄마들'에 관한 이 책을 쓰면서 그분들의 사랑이 얼마나 위대했는지 깨달을 수 있었기에 여기에서 그분들의 사랑을 꼭 기려보고 싶었다.

우리 카페의 설립자이자 운영자이신 현주 님, 그리고 나를 응원해 준 오랜 벗들, 단비, 은영, 효정, 인영에게도 감사의 인사를 전한다.

아울러 이 책을 보고 어쩌면 나를, 정말로 당신이 언젠가 현실에서 마주쳤을지도 모르는 나를 떠올리는 사람도 있을지도 모른다는 상상을 해본다. 나의 어린 시절부터 지금까지 살아온 시간을 되돌아보면, 내게는 오랫동안 길게 이어지는 관계보단 짧게 스치는 인연이 익숙했던 나날들이었다. 일일이 내 마음을 다 전할 수는 없겠지만, 모두들 어딘가에서 각자의 행복을 추구하며 살아가고 있기를 진심으로 바란다.

2023년 나의 30대 마지막 가을 어느 날에

정지섭

1

나는 어쩌다가 맘카페의 운영자가 되었는가

1

—

들어가며

모든 비밀의 시작

나에게는 남편 말고 아무에게도 말하지 않은 비밀 하나가 있다. 내가 우리 동네 맘카페의 운영자라는 사실이다. 내가 수도권 어느 지역의 맘카페 운영자로 맘카페를 관리한 지 이제 5년이 넘었다. 나는 맘카페 운영진 일을 하고 있다는 사실을 부모님에게도, 제일 친한 친구에게도, 아이 친구 엄마나 이웃, 주변 누구에게도 절대로 말하지 않았다.

당장 이 책을 펼쳐 든 당신부터 맘카페라고 하면 어떤 이미지부터 떠오르는가? 당신이 맘카페 이용자가 아니라면 맘카페를 **'마녀들의 소굴'** 같은 공간으로 생각할 수도 있겠다. 게다가 맘카페 운영자라면 그 마녀들의 우두머리 같지 않은가? 그렇게 떠올릴 것이라는 걸 나는 충분히 이해한다. 뉴스를 보라. 맘카페 갑질에 소아과 줄폐업, 교권 침해, 선동과 가짜뉴스, 혐오가 판치는 온상, 이기적인 모성의 집합체 등등 맘카페에 관한 좋은 이야기는 거의 나오지 않는다.

그런데 사실 맘카페의 취지는 평범하다. 혹시 맘카페의 회원이

이 책을 보고 있다면 이 말에도 동의할 것이다. 맘카페는 그저 '자녀'가 있는 '엄마'들끼리 '육아 정보', '교육 정보', '지역 정보', '살림 정보' 같은 정보를 공유하기 위해 만든 카페다. 거기에 부수적으로 '삶'에 관한 소소한 이야기가 올라오는 정도다. **엄마들의 고민, 세상을 향한 걱정, 시사 이슈 등등 실제로 맘카페에 올라오는 글의 절대 다수는 이런 범주를 크게 벗어나지 않는다.**

그런데 뉴스에는 정말 1년에 어쩌다 한번 올라오는 이상한 이야기가, 그 글에서도 딱 제일 자극적인 한 문장 정도가 캡처되는 화면에 짠, 하고 등장한다. **'갑질'**, **'마녀사냥'**, **'조리돌림'**, **'집단 이기주의'** 등등의 자극적인 말이 '맘카페'라는 단어와 맞물려 악마의 편집과 함께 등장하는 것이다. 그러다가 **'정치화'된 맘카페**에 대해 순수하지 않다며 걱정도 하고,[1] **'장삿속'에 눈먼 맘카페**라는 말도 나온다.[2] 심지어는 본래의 육아 정보 공유라는 목적에 맞지 않게 표류하는 맘카페 자체를 **'모든 악의 근원'**이라며 폐쇄해야 한다고 국민 청원 신문고에 올라오는 글까지 언론에서는 친절하게 조명해 준다.[3]

세상이 맘카페에 관해 관심이 많다는 사실은 나도 잘 알고 있다. 우리 맘카페에도 위장 가입으로 잠입을 시도한 사람이 여럿 있었다. 기자와 방송작가, 왜 들어왔는지 알 수조차 없는, 남자로 추정되는 사람을 찾아내서 강퇴(카페에서 강제로 퇴장시킨다는 용어)시킨 적이 한두 번이 아니다. 나로서는 맘카페를 본래의 취지와 달리 어두

1 김건희, 「조국 사태로 분열 기로에 선 '맘카페'」, 《신동아》 2019. 11. 3.
2 김태일, 「떼돈 버는 '맘카페' 논란」, 《일요시사》 2017. 11. 14.
3 오달란, 「"맘카페를 폐쇄하라" 들끓는 여론…'보육교사 사망' 김포 맘카페 사건 후폭풍」, 《서울신문》 2018. 10. 16.

컴컴한 오두막에서 마녀들이 모여 쥐와 거미를 넣고 독약이나 끓여 대는 집단으로 묘사하려는 그들을 쫓아내지 않을 수가 없었다.

자극적으로 써야 사람들이 흥미를 느끼고 기사와 방송에 관심을 가질 것이라고 하지만, 그러한 묘사들이 황당하게도 어느 순간부터 이 집단의 전부이자 진실이 되어 버렸다. 맘카페의 순기능은 중요하지 않다. 그저 여자들이 모여 있는 해악적인 집단에 불과하다.

나는 평범한 보통 사람입니다

분명히 순기능적인 취지에서 시작된 맘카페는 어쩌다가 폐쇄적이고 비밀스럽고 이상한 집단으로 취급받게 되었을까? 이에 대해 맘카페 구성원들을 포함하여 아무도 속 시원히 답하지 못한다. 나는 지난 5년간 맘카페 운영진 일을 경험했고, 나의 주된 일은 맘카페에 호의적이지 않은 세력과 맘카페 회원들 사이에서 이 집단을 본래의 취지에 맞게 돌아가게끔 하는 것이었다.

맘카페에는 분명 크고 작은 문제가 있었지만, 맘카페 바깥의 사람들은 제대로 과녁을 맞히지 못한 채 **피상적인 혐오**만을 일삼았다. 이런 전면적인 혐오의 기원과 양상은 이 책의 6부에서 자세히 살펴볼 것이며, 바로 이러한 측면이 이 세계의 이면에 대해 잘 알게 된 내가 맘카페에 관한 이야기를 책 한 권으로 쓰겠다고 결심하게 된 동기 중 하나다.

먼저 한 가지는 확실히 짚고 넘어가야겠다. 우선 맘카페 운영자라고 이상한 사람으로 오해받는 건 나로서는 매우 억울한 일이다. 나는 대한민국 어디인가에서 남편과 함께 토끼 같은 내 아이 둘을 데리고 사는, 그저 평범한 30대 아줌마에 불과하다. 학교 다닐 때 공부는 열심히 하려고 노력했었고, 은행이라는 평범한 직장에서 일하다가 워킹맘 역할에 과부하를 느끼고 2년 전에 퇴사했다. 아무리 생각해도 나는 아이들을 키우는 엄마로서 내 삶에 만족하며 남한테 피해를 끼치지 않으려고 부단히 노력하는 소시민일 뿐이다.

내가 지난 수년간 맘카페를 운영하며 겪었던 일련의 많은 사건이 주마등처럼 스쳐 지나간다. 과장이 아니고 나는 정말 눈물이 날 것 같다. 오히려 크고 작은 소동에 늘 예민해져 있고, 어떨 때는 늦은 밤에도 알람을 울리며 채팅을 날리는 이들을 중재하느라 힘들었다고 하소연하고 싶다. 그야말로 고래 싸움에 새우 등 터지는 느낌이었다.

생각만큼 나에게는 그렇게 대단한 권한도 없다. 세상은 맘카페 운영자면 마치 대단한 권력을 휘두를 것이라고 생각하겠지만 실상은 그렇지 않다. 이 책의 3부에서 중요하게 다루겠지만, 맘카페라는 세계 내부에서는 모든 일이 대개 **원만하고 매끄럽게** 넘어가는 것이 상책이다. 그렇기 때문에 내가 하는 일은 그저 카페의 취지에 맞게 회원들이 활동하게끔 가이드를 주는 정도였다.

맘카페 내에는 엄마라는 공통점만 존재할 뿐이다. 사실 그 사람들의 생각은 천 명, 만 명, 수만 명 모두 다르다. 그 원만함을 지키려고 생긴 가이드를 이해하지 못하는 사람에게 설명해 주고 중재해야 하는 순간이 종종 필요하다. 물론 그런 원만함을 추구하지 않는 다른 맘카페가 존재하며 논란의 여지가 있다는 점도 알고 있다. 그래도 나와 우리 운영진들은 모나지 않게 운영하려 노력해 왔고, 그 노력의 흔적은 이 책의 2부에 담아 보았다. 때로는 중재하는 과정에서 내게도 많은 인내심이 필요했다. 다만 그런 과정이 있었기에 우리 카페는 비교적 논란의 여지가 없이 안정된 운영이 가능했다고 생각한다.

우리 맘카페는 어떤 곳인가

그럼에도 맘카페에 대한 부정적인 시선이 팽배해 있는 현실 속에서, 내가 운영자라고 밝히기에는 퍽 부담스러웠다. 동네 아줌마들끼리 만나는 자리에서 우리 동네 맘카페 이야기를 하면 나는 항상 어색한 웃음을 짓곤 했다. "아, 그런가요? 저도 맘카페에서 봤어요. 호호호." 하면서 맞장구만 쳐댔다. 우리 애들 친구 엄마들이나 이웃들이 나의 어색한 연기를 이상하게 생각하지 않기를 바라면서 말이다.

내가 맘카페로 대단한 돈을 벌었다고 생각하는 사람도 있을 것이다. 분명히 말해두건대 나는 맘카페를 통해 어떤 사사로운 이익도 취하지 않았다. 많은 이들이 요즘 맘카페는 당연히 하나의 비즈니스라고 생각한다. 앞으로도 자세히 적어보겠지만, 오히려 이제는 맘카페가 상업성을 추구하지 않으면 이상할 정도가 된 측면도 있다.

하지만 내가 운영하고 있는 카페는 커뮤니티적 특성의 비상업화된 맘카페다. **맘카페는 원래 비상업적인 인터넷 커뮤니티에서 시작했었다. 지금으로부터 15년 전쯤, 현재 회원 수가 백만 명 단위인 대형 맘카페가 하나둘 생겨나기 시작한 맘카페 태동기 때의 모습이 그러했다.** 약 3백만 명의 회원을 보유한, 대형 맘카페의 대명사가 된 네이버 카페 〈맘스홀릭 베이비〉는 2003년에 개설된 곳이다. 네이버

카페 서비스도 2003년에 시작했으니 그 역사와 거의 일치한다.

맘카페의 거의 시초라고 볼 수 있는 〈맘스홀릭 베이비〉는 엄마들이 육아 정보를 공유하던 곳이었다. 회원 수가 〈맘스홀릭 베이비〉와 맞먹는, 또 다른 대형 맘카페 〈레몬테라스〉도 2004년에 개설되었다. 최초의 카페 설립 취지는 결혼 준비를 하는 사람들끼리의 신혼집 인테리어 정보 공유였고, 언젠가부터 결혼 준비를 위해 반드시 가입해야 하는 카페가 되었다. 그러다 그 사람들이 결혼 후 육아 정보까지 공유하게 되면서 **맘카페화**(化)된 곳이다.

그리고 지역 터줏대감의 역할을 하는 도/시/군/구 단위의 맘카페들도 대부분 2006년을 전후로 하여 생겼고, 그렇게 대표적인 맘카페들은 10년 이상의 역사를 겪었다. 아직도 그 시절의 비상업성을 유지하며 인터넷 커뮤니티의 역할을 하는 곳이 있지만, 상업적인 성격이 강해진 곳도 있고, 또 상업화 논쟁 때문에 갈라진 곳도 있으며, 그 과정에서 안타깝게도 카페가 와해되다시피 한 곳도 있다.

우리 맘카페는 이런 세태 속에서 비상업적 맘카페로 운영하고 있다. 그 시발점이 **정보**에 목말라서 자연스럽게 만들어진 맘카페이기에 그렇다. 우리 맘카페는 지난 5년 동안 꾸준히 성장하여 현재 회원 수는 만 명 단위를 넘어섰다. 아무나 가입을 받지 않고 정기적으로 활동하지 않는 회원들을 정리했는데도 이 정도의 규모가 되었다. 우리는 회원 수와 영향력을 과시해야 할 필요가 없기 때문에 외형적인 성장보다 내실을 중요하게 생각하고 운영했다.

그럼에도 우리 카페는 회원 수 대비 회원들의 활동이 활발한 곳이다. 하루에 올라오는 글의 개수는 회원 수가 (우리 카페의 몇 배인) 10만 명이 넘는 대형 맘카페보다도 더 많다. 또 일일 전체 방문

수가 평균 5만 정도로 가장 많았을 때는 10만까지 찍은 적도 있었다. 맘카페와 성격이 비슷한 대형 인터넷 커뮤니티 〈82cook〉의 월 방문 수가 1,000만 내외라는 점을 감안한다면,[4] 일정한 지역에만 기반을 둔 작은 맘카페의 월 방문 수가 150만~300만을 찍는다는 건 꽤 상당한 숫자라고 생각한다.

우리 동네 사람들이 "맘카페에 올라온 글 보셨어요?"라고 말하는 그 맘카페는 이제 우리 카페가 되었다. 심지어 우리 카페와 유사한 명칭을 쓰는 맘카페까지 생겼다. 이들은 상업적인 성격의 맘카페로, 일단 회원을 많이 가입시켜야 이들의 운영 목적을 달성할 수 있는 바, 즉 광고를 수주하기가 유리하기 때문이다.

어느새 삶의 중요한 일부가 되어버린

아무튼, 돈도 어떠한 보상도 되지 않는 일에 내가 이렇게나 열심히 매달리게 되었다니. 물론 무언가에 꽂히면 끝장을 보는 스타일이긴 했지만, 그건 어디까지나 목적 달성의 이유가 분명히 존재할 때의 일이었다. 게다가 주변에서 나를 사적으로 아는 사람들이 내가 이러고 있는 사실을 알면 제일 놀랄 게, 나는 본래 조용하고 무뚝뚝한 성격에 가까운 사람이다. 어릴 때부터 반장이나 회장을 시키려고 하면 도망갔고, 무슨 일에 나서보라고 방석을 깔아주면 극구 사양해 왔다.

4 시밀러웹(www.similarweb.com), '82cook.com' Traffic and Engagement Analysis 항목

혹시나 일로 만난 사람들은 내가 잘 웃고 상냥하고 친절한 사람이라고 기억할 수도 있겠다. 그건 그저 지난 10년간 은행원으로 일하던 직업의식에서 나온 것일 뿐이었다. 일하지 않는 주말에는 세상과의 단절을 추구하며 돈 앞에서 불쑥 튀어나오는 사람의 본성에 대해 곱씹었다. 감정 노동자로서 고객을 이해해 보려는 노력이었다. 그러다 보니 내가 세상에서 제일 좋아하는 단어는 개인주의고, 제일 싫어하는 단어는 오지랖이 되었다. 그중에서도 스스로 나서서 일을 만드는 것을 제일 싫어한다. 그런데 이런 내가 대체 어쩌다가 이러고 있다는 말인가?

맘카페 운영은 애초에는 가벼운 마음으로 시작한 일이었다. 지역 봉사활동, 매의 눈으로 광고 글을 잘 가려내는 재능 기부 정도로 생각했다. 솔직히 살짝 발만 걸치면 되는 일인 줄 알았다. 그런데 그 많던 운영진들은 몇 년간 힘이 드셨는지 다 그만두었고 어쩌다 보니 나만 남았다. 그리고 단순 관리에서 시작한 일은 점점 늘어나 나는 운영자와 동일한 권한을 가진 부운영자가 되었다. 이렇게 대략 3년 전부터 지금까지 카페를 개설한 매니저님과 단둘이 공동으로 고군분투했다.

솔직히 이 일을 시작할 때 내가 지금까지 겪어 온 일들과 아직도 이처럼 놓지 못하게 될 것을 알았다면 어땠을까? 그랬다면 난 시작조차 하지 않았을지도 모른다. 이런 내가 도대체 어쩌다가 맘카페 운영자를 하는 것일까? **애초에 어쩌다가 맘카페는 알게 되어 가입해 날마다 들여다보게 되었을까? 맘카페는 어떻게 내 삶의 일부가 된 것일까? 아니, 그러고 보니 나는 어쩌다가 결혼을 하고 애를 낳아 엄마란 존재가 된 것인가?**

이 이야기를 시작하기 위해서는 거기에 발만 걸칠 줄 알았던 내가, 어쩌다가 그 세계에 머리만 남기고 다 담그게 되었는지 그 이유를 설명해야 한다. 즉, 아주 근원적인 의문에서부터 거슬러 올라가 짚어봐야 할 것 같다. 나의 일련의 개인적인 경험은 지금 우리 사회에서 개인이 엄마라는 존재가 된다는 의미, 거기서 맘카페가 차지해 온 의미, 그리고 앞으로 설명하고자 하는 우리 사회가 마주한 주제들과 깊은 관련이 있기 때문이다.

2

내가 맘카페 중독자가 된 사연

지금으로부터 벌써 10년이 다 되어가는 이야기부터 시작해야겠다. 1985년생인 나는 2015년, 그때 우리나라의 세는나이로 서른한 살이 되던 해에 결혼했다. 그 당시 통계에 따르면 우리나라 여성의 평균 초혼 연령은 만 29.96세였다.[5]

나는 생일이 늦어 만 나이로 스물아홉 살에 결혼했지만, 1985년생 나의 친구들은 대부분 만 서른 살이었으니 나는 통계적으로 평균값에 결혼한 셈이다. 그런데 통계에는 아주 낮은 값, 특이한 사례도 함께 포함되어서 그랬을까? 그 당시 의외로 실제 내 주변에 결혼하는 1985년생 친구들은 그다지 많지 않았다.

내가 결혼이라는 것을 처음 구체적으로 생각해 본 계기가 있었다. 20대의 마지막 날이었던 2013년 12월 31일, 내가 다녔던 대학가의 어느 소곱창구이 집에서였다. 테이블 건너 내 자리 맞은편엔 당

5 통계청, 「2015년 시도별 평균초혼연령 전국항목」

시에는 남자친구라고 불렀던, 지금의 내 남편이 앉아 있었다. 같이 학교를 다닌 스무 살부터 20대를 통째로 함께해 준 사람을 마주 보고 나는 소주를 술잔에 기울이고 있었다. 자정이 지나면 나이의 앞자리가 2에서 3으로 바뀐다. 1에서 2로 변했을 때와는 비교가 안 되게 기분이 아주 묘했다.

다가올 30대를 축하하자는 자리였는데 갑자기 여러 가지 생각이 스치며 진지해졌다. 이제부터 다가오는 나의 30대 인생을 어떻게 살아야 할까? 그때까지만 하더라도 내가 떠올린 30대의 보편적인 삶은 바로 가정을 꾸린 모습이었다. 그래서였을까. 자연스레 "나도 이제 드디어 결혼을 생각해야 하나?"라는 물음으로 이어졌다. 그리고 서른 살이 되자마자 예식장과 웨딩드레스를 검색했다.

은행에 다니던 나는 때마침 지점에서 본점으로 발령을 받았다. 당분간은 새로운 일에 적응해야 하는데, 배치받자마자 바로 결혼 소식을 전할 생각을 하니 괜히 민망했다. 그래서 남자친구와 상의하고 결혼 시기를 미루게 되었다.

부서에 결혼한다는 이야기를 꺼내는 것도 많은 용기가 필요했다. 나는 당시 팀에서 막내였다. 윗분들은 "그래, 서른이 넘었으면 당연히 결혼을 해야지."라고도 해주셨지만, 아니나 다를까, 막내가 같은 부서의 여러 동갑내기와 언니를 제치고 먼저 결혼한다는 놀림 아닌 놀림을 받았다. 어르신들 말씀대로 내가 그렇게 일찍 결혼하는 것도 아닌 것 같은데, 뭔가 이상했다. 나보다 나이가 다섯 살쯤 많은 회사 언니들은 본인들은 20대에 결혼했다고, 전혀 빠르지 않다고, 눈치 보지 말라며 격려해 주기도 했다. 아무튼, 그때 체감상으로 초혼 나이의 통계 수치는 내게 별로 와닿지 않았다.

나에게 결혼은 무슨 의미였을까

나는 대학생 때부터 오래 만난 남자친구가 있었고, 또 8년 동안 연애하고 결혼한 부모님의 행복한 모습을 보고 자랐다. 그런데도 결혼이라는 제도 자체는 뭔가 두려웠다. **결혼, 출산, 육아. 이 세 가지 단어의 연속된 나열을 보는 것에서부터 숨이 확 막혀오는 것 같았다. 이것은 설마 여자 인생의 무덤을 의미하는 것일까?** 경험해 보지도 않았지만, 이렇게 나열된 단어들이 여자의 행복한 인생 중 한 과정이라는 생각이 별로 들지 않았다.

나의 성장 과정을 돌이켜 보면 남자와 크게 다른 경험을 하며 자랐다고 생각하지 않는다. 부모님은 집에서 남동생이 아들이라고 딸인 나보다 뭘 더 챙겨주지도 않았다. 학교에 다니면서 남자라고 반장을 시키고 여자라고 부반장을 시켰던 경험도 없었다. 그리고 남자들과 똑같은 공채 과정을 거쳐 직장 생활을 경험했다. 사회생활에서 여자라고 차별받은 경험도 없었던 것 같고, 그렇다고 유리한 점을 누린 경험도 없었던 것 같다. 나는 남녀 차별을 의식한 적이 거의 없었으며, 어쩌다가 성 고정적인 편견을 마주쳐도 내가 여자라서 딱히 못 해낼 건 없다고 생각했다.

그런데 **'결혼'**이라는 선택지, 즉, 나의 삶에 **'내가 꾸리는 가정'**이 개입되면서부터는 어쩌면 내가 이제 인생의 다른 갈림길에 설 수도 있겠다는 느낌이 들었다. (만약 10년 전의 나에게 조언을 해줄 수 있다면, 나는 인생에서 육아가 가장 행복한 경험이라고 당당하게 말할 수 있었을 텐데 말이다.) 나뿐만 아니라 나와 비슷하게 사회생활을 하던 내 주변 친구들도 대부분 그렇게 생각했던 듯싶다. 그래서 결혼을 쉽게 결정하는 친구들이 많지 않았던 것 같다.

10년 전쯤 내가 처음 직장을 들어가던 시기만 하더라도 여자는 25세 전후가 아니라면 취업 시장에서 면접조차 가보지 못하고 서류 탈락을 당하는 경우가 부지기수였다. 그때까지만 해도 늦어도 30세쯤이면 결혼을 하고 출산으로 이어졌기에 기업에서 여자 나이가 조금만 많으면 업무 공백을 우려했기 때문이다.

나도 서른 살이 되고 나이의 앞자리가 바뀌면서 결혼에 대한 생각이 본격적으로 들기 시작했다. 그맘때쯤 또래 친구들을 만나면 대화의 화두는 결혼이었다. 결혼은 비단 나뿐만의 고민이 아니었을 것이다. 내 친구들 대부분은 나와 비슷한 시기에 결혼을 선택했다.

그리고 나는 그다음 해 서른한 살이 되고 결혼식을 올리게 되었다. 행복한 신혼여행을 마치고 온 후 몇 주 뒤 예정된 날짜에 생리가 없었다. 그럴 의도가 전혀 없어서 설마설마하며 약국에서 사 온 임신 테스터기는 선명한 두 줄을 가리켰다. 산부인과 초음파검사를 하며 선명한 아기집을 보고, 콩닥거리는 심장 소리를 들었다. 내 심장도 같이 덜컥했다. 결혼하자마자 허니문 베이비가 생긴 것이었다.

이로써 나는 임신과 출산을 또래보다 약간 빠르게 겪게 되었다. OECD에서 발표한 내가 출산을 겪은 해의 평균 초산 나이는 만 31.2세였다. 나는 제대로 평균값 아래 나이에 출산하였다.[6] 그렇게 나의 친구들 중에서도 임신과 출산의 거의 첫 번째 타자가 되었다.

나의 정체성이 바뀌는 것을 의미하는 '**인생의 대사건**' 앞에서

---

6 박효재, 「"한국 여성 초산 연령, 27년 만에 6세 높아져 32세"」, 《경향신문》 2022. 9. 25.

준비되지 않은 마음 때문에 혼란하기도 했다. 또 한편으로 그렇게 회사의 눈치를 보며 결혼했는데 바로 임신 사실을 알려야 하는 민망함을 견디어야 했고, 또 신혼 생활을 아기자기하게 즐길 틈이 없다는 점에 아쉬운 마음도 들었다. 하지만 오랜 연애 끝에 결혼했기 때문에 결혼과 동시에 찾아온 아기는 하늘이 주신 커다란 축복이라 여기고 금방 받아들였다.

맘카페와의 첫 만남

내가 임신으로 한참 배가 불러오던 어느 날이었다. 결혼을 앞둔 대학교 동기의 청첩장을 받기 위해 열린 대학 동기 모임에 참석했다. 우리 동기 중 상당수는 대학을 졸업하고 취업 이후에도 그 지역에서 멀리 가지 못했다. 결혼을 해도 그 동네를 잘 알기에 신접살림을 거기에 차린 경우도 많았고, 나와 내 남편도 역시 그랬다. 그래서 결혼 초기에도 동기들끼리 소싯적 놀던 가까운 그곳에서 부담 없이 잘 모였다.

마침 제일 먼저 결혼한 여자 동기가 돌이 조금 지난 아들을 데리고 나왔다. 아기띠를 두른 수수한 차림, 그야말로 열심히 육아하는 엄마 그 자체였다. 그리고 그 친구를 쏙 닮은, 너무나 사랑스러운 모습의 아기가 보였다. 대학 동기 중 처음 출산한 친구의 아기가 신기해서 나를 포함한 모두가 넋을 잃고 그 아기를 바라보았다. 다만 육아휴직 중이었던 나의 친구 눈 밑엔 다크서클이 피로 때문인지 살짝 짙어져 있었던 것 같았다.

출산을 앞둔 나는 먼저 출산과 육아를 경험한 친구에게 여러 가지를 물어보았다. 출산과 육아에 대해 아무것도 모르는 초짜였던 나는 물어볼 것이 정말 많았다. 출산의 첫 타자였던 나의 친구는 드디어 이 고난과 같은 경험을 공유할 친구가 생겼다는 것이 기뻐 보였다. 그녀는 내게 임신과 출산, 육아에 대한 여러 이야기를 신나게 해주었다. 다른 동기의 결혼을 축하해 주는 자리였는데 우리 둘만 고깃집 구석에 방석을 깔고 쪼그려 앉아서 끝나지 않는 대화를 계속했다.

시간이 다 되어갈 때쯤 친구는 더 알려줄 수 없음에 아쉬워했고 가장 핵심이 되는 정보를 알려주겠다며 말을 꺼냈다.

> "A 맘카페라고 있어. 꼭 가입해. 육아 정보가 넘치는 곳이야. 나도 정말 많은 도움을 받고 있어."

A 맘카페는 서울의 구(區) 단위의 맘카페로, 당시 회원 수가 3만 명이 넘는 포털 사이트 대표 맘카페였다. 그맘때쯤부터 맘카페들이 하나씩 상업적으로 바뀌고 있었는데, A 맘카페는 비상업적으로 활발하게 운영되어 실제 회원들 사이에서 양질의 정보가 많다고 평이 좋은 카페였다. 그래서 같은 동네에 사는 그 친구는 나에게 지역 맘카페를 소개해 준 것이다.

나는 맘카페라는 존재를 그날 친구의 소개로 처음 알게 되었다. 집으로 돌아온 나는 친구의 권유대로 핸드폰으로 초록 색깔 창에 'A 맘카페'라고 검색했다. 카페 가입 신청을 하고 가입 승인이 나는 데 며칠이나 걸렸지만 일단 기다렸다. 그리고 회원 가입 승인이 되었다.

카페에 접속해서 카페의 이모저모를 살펴보았다. 카페 게시판에는 실시간 1분 1초 단위로 육아에 관련된 질문, 동네 정보 이야기들이 마구 올라오고 있었다.

"오늘 △△사거리에 순대 트럭 나와 있어요~"

"아이가 가구 모서리에 부딪혀서 이마에 피가 나는데 어느 병원이 잘 꿰매 주나요?ㅠㅠ"

"샤워부스 때 벗기기 힘들었는데 이걸로 닦으니 너무 잘 닦이고 좋네요~~"

"남편은 오늘도 야근 중… 육퇴하고 혼술 중이에요^^"

"허리디스크 때문에 아기띠만 벌써 다섯 번째 바꾸고 ○○○ 제품으로 정착한 후기^^"

"내일 시댁 식구들 오시는데 정갈한 배달 요리 추천 부탁드려요~~"

맘카페. 그곳은 내가 처음 접한 별세계였다. 활동적인 모습이 마치 살아 있는 생물이 쉬지 않고 꿈틀거리는 듯한 역동성까지 느껴졌다고 할까. 나와 같은 동네에 사는 엄마들의 비슷하면서도 각양각색 다양한 삶이 한눈에 쏙 보였다.

내가 궁금한 것은 검색하면 대부분 다 있었고, 또 내가 궁금한 것을 직접 물어볼 수도 있었으며, 답글도 실시간으로 달리고 있었다. 그 정보의 범위는 한도 끝도 없었다.

예컨대 육아용품은 엄청나게 종류가 많은데, 그것을 일일이 비교해 놓은 후기 같은 귀중한 글이 가끔 올라왔다. 살림이 서툰 초보

주부로서 자잘한 살림 팁도 얻을 수 있었고, 동네 맛집 정보도 심심치 않게 올라온다. 게다가 가끔 살림을 장만하는 데 도움이 되는 핫딜, 할인 정보도 많았다. 맘카페는 마치 궁금한 내용은 뭐든지 실시간으로 알려주는 요술 도깨비방망이 같았다. 거기에 입장한 나는 꼬마 시절 TV로 우리 엄마보다도 재미있게 시청하던 '알뜰 살림 장만 퀴즈'에 참가하고 있는 기분이었다.

그뿐만이 아니다. 맘카페 언니들은 단순한 정보뿐만이 아니라 결혼과 출산 이후 새롭게 형성된 낯선 인간관계에서 어떻게 대처해야 하는지도 알려주었다. 시어머니와 시댁에 대한 처세는 어떻게 하는 게 현명한지, 베이비시터님께 어떻게 대우하는 것이 현명한지도. 심지어 남편과 다툰 뒤 하소연도 하면서 스트레스를 날릴 수 있다.

맘카페 언니들은 내 친언니 같았다. 물론 나의 남동생은 삼촌으로서 조카를 많이 예뻐했지만, 육아 경험이 없기에 무엇을 물어볼 수 있는 존재는 아니었다. 그래서 언니처럼 무엇이든 스스럼없이 물어볼 수 있는 존재가 더욱 고맙고 반가웠다. 실제로 카페에서 언니라고만 호칭하지 않았을 뿐 서로의 카페 닉네임을 기억하며 안부를 묻는 훈훈한 광경도 종종 있었다.

그때는 맞았지만, 지금은 틀린 육아법

엄마들이 육아를 의지할 수 있는 존재는 누구일까? 제일 먼저 떠오르는 건 자신과 가장 가까이에서 육아를 경험해 본 사람, 즉 친정엄마일 것이다. 그런데 〈지금은 맞고 그때는 틀리다〉는 유명한 영화 제목을 약간 비틀면, 그건 육아에도 참 알맞은 격언으로 적용할 수 있는 말이었다. '그때는 맞았고, 지금은 틀리다'고 할 수 있달까.

나도 육아를 하기 전까지는 전혀 몰랐는데 옛날의 육아 방식과 지금의 육아 방식은 차이가 크게 난다. 똑같이 아이 하나 키우는 것이고 수십 년 전이나 지금이나 크게 달라지지 않은 것 같은데 정말 그랬다. 우리 엄마한테 매우 미안한 말이지만 엄마의 말이 육아에 그다지 도움이 되지 않는다고 생각할 때도 종종 있었다.

아이를 어느 정도 키워보고 돌이켜 보니 놀라운 것은, 육아 트렌드가 굉장히 시류를 잘 타고 민감하게 바뀐다는 점이다. 대표적인 건 아마 이유식일 것이다. 예컨대 내가 첫아이를 키웠을 때 이유식을 진행하는 방법과 30여 년 전 내가 아기였을 때 이유식 먹이는 방법은 완전히 다르다. 그러고 보니 내가 첫아이 이유식을 시작한 것이 지금으로부터 거의 8년이나 지났으니 지금은 또 다른 이유식 진행 방식이 유행일 수도 있겠다.

내가 육아를 할 때는 쌀미음에서부터 고기를 꼭 섞은 미음을 먹이라고 소아청소년과에서 권유했다. 하지만 예전에는 쌀미음을 시작도 하기 전에 시판 오렌지 주스 몇 숟가락부터 먹였다고 한다. 놀랍게도 내가 말로 전해 들은 이야기가 아니다. 시어머니께서 물려주신 나의 남편 육아 수첩에 그렇게 인쇄되어 있는 것을 직접 보았다. 그것이 아기의 식욕을 돋우라는 의미였단다. 요즘 이유식 책에는 치아 건강과 편식의 우려 때문에 주스 같은 당분이 있는 것은 최대한 늦게 먹이라고 한다.

또한, 우리 부모님 세대까지 후기 이유식의 보편적인 방식은 국에 밥을 말아 먹이는 것이었다. 요즘 소아청소년과 의사 선생님들은 국의 염도가 바람직하지 않고 이유식 시기에는 씹는 과정을 연습해야 해서 절대 이런 방식을 택하지 말라고 한다. 많은 어르신은 그게 뭐 어떠냐고 반문하실 수도 있다. 우리 때는 아기들을 다 그렇게 키웠으며 절대로 탈이 나지 않았다고, 너희가 잘 자라온 것이 그 증거라고 하시면서 말이다.

우리 엄마도 내가 "옛날에는 그랬지만 지금은 이렇지 않아."라고 이야기하면 아주 싫어하셨다. 괜히 육아에 관련된 이야기를 꺼냈다가 "나 때는 말이야~"라는 말을 시작하던 엄마와 사이만 나빠질 뻔한 순간들이 종종 있었다. 어쩌면 나도 먼 훗날 내 딸과 이런 식으로 육아 때문에 티격태격할지도 모른다.

왜 나를 길러준 가장 가까운 사람, 엄마와 이런 갈등이 벌어지는 걸까? 누가 내게 묻는다면, **육아는 개인의 가치관과 의학적 지식의 총체이며, 그중에서도 가장 이상적이라고 판단되는 것을 아이에게 꼼꼼히 적용하는 과정**이기 때문이라고 답하고 싶다. **육아에서 실수는 용납되지 않고, 한없이 약한 아이를 위해서는 필연적으로 가장 완벽한 방식을 추구할 수밖에 없다.** 그런 이유로 대부분은 자신의 육아에 대하여 누군가의 조언을 듣기보다는 스스로 알아보고 검증하며 판단하는 게 편하다고 생각할 것이다. 그래서 나 또한 육아로 곤란을 겪고 있을 때 엄마에게 전화해서 물어보기보다 맘카페에 의존했었던 것 같다. 적어도 거기엔 최신 정보에 가장 민감하고, 동시대 전문가들의 말을 귀담아들으려는 사람들이 모여 있었으니.

그때 내가 맘카페의 유익함에 얼마나 매료되었던지, 나는 내가 사는 지역의 맘카페뿐만이 아니라 친정 동네의 맘카페에도 가입했고, 시댁 동네의 맘카페에도 가입했다. 또 내가 사는 동네와 비슷한 생활권인 인근의 다른 맘카페에도 가입했다. 내가 가입해서 살펴보던 맘카페만 6개 정도 되었던가. (한때는 모니터링 용도로 30개가 넘는 맘카페에 가입했었다.) 나의 지식 보물 창고가 여러 개로 늘어난 느낌이었다.

어느 날 친정에서 오랜 세월 알고 지낸 철물점 아저씨가 몸이 아파 갑자기 일을 그만두셨단다. 나는 친정 지역의 맘카페에 들어가서 새로운 수리 업체를 알아보고 친정엄마에게 소개해 주었다. 또 어느 날은 시부모님 댁에 갔는데, 늘 가는 식당이 아니라 다른 곳에 가고 싶다고 하셨다. 나는 재빨리 미리 가입해 놓은 시댁 지역 맘카페에 들어가서 맛집을 검색했다. 외식은 성공적이었고, 시댁 식구들은 동네 사람인 우리도 잘 모르는 이런 곳을 어떻게 알았느냐고 놀라워하셨다. 어깨가 으쓱했다. 어느덧 맘카페는 내가 슬기롭고 지혜롭게 육아를 하고 또 살아가는 데 없어서는 안 될 존재가 되어 버렸다.

3

친언니 같았던 맘카페의 배신

우리 첫째의 갓난아기 시절과 함께한 맘카페에서의 활동을 떠올려 보면, 나는 맘카페의 충성 회원이자 중독자였다. 나는 A 지역에 살았던 1년이 좀 넘는 기간 동안 A 맘카페에 천 자릿수의 방문 횟수를 기록하고 100개가 넘는 글을 올렸다. 평균적으로 하루에 최소 세 번 이상 접속하고 3일에 한 번꼴로 게시글을 올린 셈이다. 어디서 봤는지는 기억나지 않지만, 지금도 머릿속에 선명한 닉네임이 하나 있다. **'맘카페하루3번만'**. 그건 결코 남의 이야기가 아니었다.

갓난아기는 밤낮을 가리지 않고 서너 시간 간격으로 자고 깬다. 아기가 잠드는 걸 확인한 뒤 나는 핸드폰을 들고 바로 맘카페에 들어가 봤다. 인제 와서 생각해 보면 맘카페가 무엇이든 알려주는 도깨비방망이 같은 존재라서 그렇듯 자주 들렀다기보다도, 아마 내가 겪을 수밖에 없던 **육아로 인한 고독** 때문이었을 것이다.

아기를 돌본다는 것은 난생처음의 낯선 경험이었고 그 아기로 인해 나의 생활은 송두리째 바뀌어 있었다. **가족을 비롯한 주위 사**

람들이 아무리 육아에 호의적이더라도 결국 아이를 마지막까지 책임져야 하는 것은 엄마인 나의 몫이지 않은가?

나만 그렇게 느낀 건 아니었으리라. 나와 비슷한 처지에서 비슷한 개월 수의 아이들을 키우는 맘카페 세계 속 그녀들의 육아 상황을 지켜보며 나는 진한 동지애를 느꼈다. 우리는 비슷한 개월 수에 비슷한 질문을 올리는 닉네임을 서로 기억했다.

나의 육아 단짝 친구

지금도 기억나는 한 분이 있다. 그분은 지하철로 두 정거장 정도 떨어진 곳에 살았고, 나와 같은 달에 출산하였으며, 나이는 나보다 한 살 많았다. 게다가 더 알고 보니 그분과 나는 직업이 같았고, 우리는 비슷한 시기에 들어간 육아휴직 직전에 바로 옆 건물에서 일하고 있었다.

작성자: 토깽이맘

제목: 3개월 아기 갑자기 짜증이 많아졌는데 왜 그럴까요?

ㄴ야옹맘: 어머, 저희 애도 ○월생인데 그래요. 백일의 기적[7]은 과연 올까요?

ㄴㄴ토깽이맘: ㅠㅠ 우리 같이 힘내요~! 백일의 그날까지!!

---

7 아기가 생후 백일쯤 되면 세상에 적응하여 잠도 잘 자고 배불리 먹어 순해진다는 뜻

작성자: 야옹맘

제목: 백일의 기적이라더니….

백일이면 통잠을 잔다더니(밤 수면을 6-8시간 잘 수 있다는 뜻) 오히려 더 보채는데 이게 무슨 일인가요….

ㄴ토깽이맘: 야옹맘님. 저도 죽겠어요. 우리는 백일의 '기적'이 아니라 백일의 '기절'에 해당되나 봐요. ㅋㅋㅋ

ㄴㄴ야옹맘: 잘 지내시죠? 전에 산후풍 때문에 손목 시큰거리는 건 괜찮아지셨어요?

ㄴㄴㄴ토깽이맘: 네네!! 추천해 주신 손목보호대도 하고 있구요 ○○즙을 챙겨 먹으니 좋네요~!

ㄴㄴㄴ야옹맘: ○○즙 정말 효과가 좋죠~? 맛은 좀 없는데 ㅋㅋ 그래도 기운이 벌떡 나서 저도 안 빼놓고 먹게 되네요.

ㄴㄴㄴ토깽이맘: 저두요~~ㅎㅎ 알려주셔서 정말 감사해요^^

어느새 우리는 육아 동지가 되었다. **현실 세계에서도 이런 맘카페의 육아 동지와 비슷한 개념이 존재한다. 바로 조리원 동기다.** 이들은 출산일이 비슷하고, 모유수유실에서 같이 수유를 하고, 식당에서 같이 밥을 먹으며 아이가 잘 크는지 같이 확인하고 공유한다. 이들이 조리원에서 퇴소하고 집에 와서도 서로 연락하며 아기와 함께 만남을 갖는 사이로 발전하기도 하는 것이다.

한데 내가 육아휴직 들어가기 직전에 일하던 팀에서, 마침 바로 옆자리에 앉은 과장님의 아내분이 출산을 했었다. 아내의 출산 이후부터 굉장히 피곤해 보였던 과장님은 어느 날 점심을 먹으며 나한테 하소연하셨다.

"요즘은 조리원 동기라는 게 있어. 우리 와이프는 틈만 나면 애 데리고 조리원 동기를 만나고 다니네. 혼자 육아하면 외롭고 적적하니까 만나는 것까지는 괜찮은데, 조리원 동기들 모임 날에는 꼭 자꾸 이 집 남편은 집에 와서 어떻게 잘하고, 아이한테 뭘 더 사줘야 하고 이러면서 비교를 하네…. 갑갑하다."

그 말을 들으니 조리원 동기라는 개념이 별로 좋게 느껴지질 않았다. 안 그래도 낯을 가뜩 가리는 성격인 나는 조리원 동기가 부담스러워서 조리원에서 지내는 동안 방 안에서 혼자 식사를 했다. 그런데 나의 맘카페 육아 동지, 토깽이맘님도 그러셨다고 했다.

이렇게 성향이 비슷하고 여러 면에서 닮아 있던 우리는 맘카페 내에서의 단짝 같은 존재였다. 서로의 글에서 아이의 발달 상황을 공유하고, 서로의 안부를 물으며 응원하였다. 가끔 며칠 그분의 글이 뜸하면 무슨 일이 있는 건 아닌지 걱정되었다.

그런데 어느 날 그분이 맘카페에 글을 쓰셨다. 정든 A 맘카페를 떠나게 되었다고 밝히는 글이었다. 사연인즉슨 남편이 갑작스럽게 해외 주재원으로 파견되었다는 것이다. 나와 다른 회원들도 그분의 이사를 아쉬워했다. 그리고 나에게 채팅이 왔다.

"토깽이맘: 야옹맘님. 저 이사 가기 전에 한 번 만나요."

"야옹맘: 그러니까요. 우리 정말 꼭 만나요."

하지만 우리의 만남은 끝내 불발되었다. 안타깝게도 아이가 아픈 등 여러 사정이 엇갈렸다. 그분은 작은 선물과 손편지를 우리 집 우편함에 두고 이사를 가셨다. 아기를 잘 키우자고, 해외에서도 가끔 A 맘카페에 들어오겠다는 내용이었다. 나도 그로부터 몇 달 뒤 그 지역에서 다른 지역으로 이사를 갔고 우리는 그렇게 멀어졌다.

산후우울증의 특효약

어른이 되면 어렸을 때와 달리 낯선 이와 친구가 되기 어렵다. 그런데 **단지 엄마가 되었다는, 아이를 키운다는 그 공통점**만으로도 서로 쉽게 마음을 열고 친해진다. 물론 엄마들의 세계에서는 아이를 통해 쉽게 친해졌다가 또 쉽게 멀어지는 경우도 있지만 말이다.

맘카페에는 여러 작은 모임방이 존재한다. "호랑이띠 아기 엄마들 모임", "90년생 엄마들 모임"같이 서로 공통점을 찾아서 뭉친다. 그리고 때로는 그들의 공통적이고 주된 일상인 육아 주제가 확장되어 삶의 일거수일투족과 희로애락까지도 공유한다. 함께 공감하고, 화내고 울기도 하다가 함께 웃는다. 그래서 어떤 이는 **산후우울증의 특효약은 맘카페**라고 칭송했다. 나 역시 맘카페를 보고 그녀들의 삶의 모습에서 깔깔 웃다가 엉엉 울다가 화를 냈다가 다시 웃기를 반복했다.

나는 가끔 친정엄마에게 맘카페의 글을 소개하기도 했다. "남편은 곁에 있으나 마나 도움이 안 되는 존재다. 가까이 있으면 짜증난다. 그런데 멀어지면 보고 싶어지니 이상하다." 그날도 나는 별생각 없이 키득거렸고 엄마한테 그 글을 보여주었다. 우리 엄마도 오랜 결혼 생활 동안 아버지와 잘 지내셨지만, 아버지에게 가끔 섭섭할 때 딸에게 속마음을 털어놓으시니 엄마 역시 공감하고 웃으리라 생각했다.

그런데 친정엄마는 정색하며 나에게 말씀하셨다.

"그런 쓸데없는 거 쳐다보지 말아라."

나는 아차 싶었다. 우리 엄마의 말대로 남편에 대한 별 이유 없는 험담에 동조하는 것은 내 얼굴에 침 뱉기와 같다. 반대로 우리 남편이 이런 걸 보고 키득거린다고 생각하면 나로서는 화날 일이다. 익명의 공간에서는 이런 이야기를 아무렇지 않게 하지만, 실제 세계에서 그러면 안 되는 것이었다. 그러고 보면 우리 엄마의 그 따끔한 한마디는 내가 맘카페의 글을 때로는 조심스럽게 봐야 한다는 것을 깨닫게 한 시발점이었을 것이다.

넘치는 광고와 바이럴마케팅을 접하다

그보다도 결정적인 사건은 따로 있었다. 우리 첫째 아이는 선천적으로 피부 면역력이 유난히 약한 아이다. 갓난아기 때부터 온갖 피부 트러블이 심했다. 이유식 알레르기는 기본이었고, 아마 침독, 쇠딱지, 농가진 등등 육아 책에 나오는 온갖 자잘한 피부병을 다 겪어보았을 것이다. 결국 아토피 진단을 받았고 초등학생인 지금도 여전히 병원에서 항알레르기약과 연고를 처방받고 있다.

첫째가 생후 6개월쯤 되던 어느 날이었다. 저녁에 목욕을 시키며 아이 피부에 난 처음 보는 형태의 붉은 발진을 발견했다. 아이가 밤에 제대로 잘 수 있을지 걱정될 정도로 매우 쓰라리고 따가워 보였다. 하필 소아청소년과는 이미 문을 닫은 시간이었다.

나는 집에 갖춘 소아청소년과 의사 선생님의 책에서 피부 발진 내용을 찾아보았다. 그 사진이 그 사진 같고, 그 내용이 그 내용 같았다. 그렇다고 고작 피부병으로 응급실에 갈 수도 없는 노릇이었다. 그래서 당연히 그날도 맘카페에 피부병에 대한 문의 글을 올렸다.

> 작성자: 야옹맘
>
> 제목: (매너사진 있음) 아기 피부에 갑자기 벌건 발진이 생기는데 어쩌죠….

매너사진은 맘카페의 불문율 중 하나이다. 이럴 때는 피부병 사진이 혐오감을 유발할 수 있다는 지적이 나올 수 있으므로, 카페 게시판에 바로 노출되는 미리 보기 섬네일용으로 피부병과 전혀 상관없는 사진을 따로 첨부한다. 나도 귀여운 고양이 얼굴 사진과 함께 본문에만 피부병 사진이 보이도록 올렸다.

내가 올린 글에는 아래와 비슷한 내용의 아리송한 댓글들이 주르륵 달렸다.

> "저도 야옹맘님과 똑같은 고민을 겪었어요.ㅠㅠ 저희 아이는 이제 아토피로부터 완전히 해방되었어요.^^ 그 비결이 궁금하시죠? 자세한 내용을 쪽지로 보내드려요!"

아니, 그냥 댓글에 이야기해도 되는 것 아닌가? 뭐 하러 쪽지를 또 보낸다는 것인지? 그런 식으로 나는 아리송한 수십 개의 쪽지 폭탄을 받았다. 그것도 며칠에 걸쳐서 쪽지가 쏟아졌다.

마침 그중에서 가장 나를 화나게 한 쪽지는 카페 운영자에게 신고하려고 따로 저장해 두었다. 찾아보니 몇 년이 지난 여태까지 남아 있어서, 한 글자도 빼놓지 않고 그대로 소개해 보겠다.

"저희 아이도 아토피로 아주 힘들어서 제가 야옹맘님 심정을 너무나 잘 이해해요. 제가 여러 가지 제품을 다 써봤는데 지금 쓰는 △△회사의 □□□크림으로 아토피를 완치했어요. 특히 신생아 때 쓸수록 효과가 좋아서 맘님께도 꼭 권하고 싶네요. 제가 아토피 관련 블로그도 하는데 한번 와서 보시고요. 아토피 완치를 도와줘서 주변에서 고맙다고 인사도 많이 받고 있어요. 정보를 더 원하시면 010-****-****로 연락해 주세요.^^"

이게 무슨 내용인지 눈치가 빠르면 짐작할 것이다. 다단계 화장품을 팔고 있는 업자가 보낸 내용이었다. (많은 맘카페에서 다단계 업종 홍보 행위의 일부 사례로 다른 회원들이 심각한 피해를 호소하여 그 홍보를 금지하고 있다.) 물론 다단계 화장품에도 좋은 제품들이 있을 것이다. 그런데 하필 그분이 좋다고 광고하던 그 화장품은 내가 성분표시를 확인하니 자극적인 성분이 지나치게 많이 들어가 있었다. 어른이 쓰기에도 독해 보였다.

그렇게 나는 아기 피부 관련 글 하나를 올리고 여러 종류의 광고 쪽지를 받아야 했다. 피부과, 한의원, 화장품 회사 등 다양한 분야의 바이럴마케터[8]라고 추정되는 사람들로부터 쪽지를 받았는데, 그중 내 원래 질문에 제대로 답변하는 내용은 단 하나도 없었다.

---

8 바이럴마케팅은 상품, 서비스 등에 대한 긍정적인 입소문을 촉진하는 마케팅 기법을 가리킨다. 이를 수행하는 바이럴마케터는 마치 상품이나 서비스를 실제로 이용해 본 것처럼 후기를 가장하기도 한다.

나는 심지어 내가 쓴 글 내용에 아토피라는 단어를 전혀 언급하지 않았는데도(아토피 병명은 의사들도 돌 전에 함부로 진단을 내리지 않는다) 쪽지 내용은 불안감을 조성하고 있었다. 아마 이들은 '피부병' 같은 단어를 키워드 알림으로 설정해 놓고 글을 올린 사람에게 광고 쪽지를 기계적으로 보냈을 것이다. 내가 받은 수많은 쪽지도 전부 맘카페 회원인 척 후기를 가장해서 쓴, 광고 글을 복사해서 붙인 성의 없는 내용이었다.

이 세계는 내 손으로 지킨다

물론 우리는 자본주의 사회에 살고 있다. 우리는 항상 잠재적 소비자이기에 생활과 밀접한 어느 곳에서든 다양한 매체의 광고에 항상 노출되어 있다. 광고는 필요한 소비자에게는 유용한 정보가 된다. 또 구매 의사가 있는 소비자의 눈길을 끌기 위해서 광고에는 일정한 과장이 들어간다.

하지만 과장과 거짓은 구분되어야 한다. **그 판매의 서사가 거짓으로 이루어졌다면? 그리고 절박한 엄마의 심정을 이용하려는 의도라면? 게다가 상품을 구매하고 써봤는데 기대하는 효과도 없다면?** 그것은 기망(欺罔) 아닌가? 그게 도대체 사기와 뭐가 다르단 말인가?

그래서 내가 저장했던 쪽지를 보낸 사람은 정말로 아토피를 그 화장품으로 완치했을까? 아토피는 현대 의학으로 뾰족한 약이 없는 대표적인 난치병이다. 저 사람 말이 진짜라면 그런 특효약일 화장품을 내가 모를 리 없었을 테고, 이 세상의 모든 아토피를 겪는 사람들은 진작에 사라졌을 것이다. 그 쪽지 내용의 신빙성에 대해 깊이 생각해 볼 필요조차 없었다.

나도 가끔 경험하지만, 모성이라는 감정은 이성을 순간적으로 마비시킬 때도 있다. 그걸 악용하는 얄팍한 상술로 상품 하나를 팔기 위해 후기를 가장하여 광고하는 행태에 나는 화가 났다. 친언니같이 의지하던 맘카페에 처음으로 마음이 차갑게 식는 순간이었다.

그때부터 맘카페에서는 광고 글을 걸러서 보아야 한다는 사실을 깨달았다. 이후 나는 모든 글을 광고인지 아닌지 의심하며 눈에 불을 켜고 쳐다보게 되었다. 비상업적 맘카페를 표방하는 A 맘카페에서는 가끔 운영진이 광고 글을 삭제했지만 크고 활발한 카페여서 올라오는 글을 다 모니터링하기에는 한계가 있었을 것이다.

집중해서 살펴보니 광고 글은 티가 났다. 이전에 아무 활동도 없이 첫 글부터 광고 글만 덜렁 올린다거나, 특정 주제에만 유난히 같은 제품만 좋다고 하는 댓글을 달고 쪽지를 보내는 사람이 있었다. 그런데 나만 유난히 의심이 많은 성격인 건지, 생각보다 많은 사람들은 그 글들이 광고 글인지 깊게 살펴보지 않고 그대로 받아들이는 것 아닌가.

나는 그걸 가만히 두고 볼 수가 없었다. 나는 오지랖이 넓지도 않고 불의를 보면 못 지나치는 정의의 사도 같은 성격도 아니다. 그런데 이상하게도 모두 속고 있는 듯한 그 사기의 현장을 그냥 지나칠 수 없었다. 나도 실제로 피해를 볼 뻔했고, 또 왜곡된 정보로 피해를 보는 사람은 없었으면 했다. 그래서 아무리 봐도 광고 같은 글에는 광고 글이라는 근거를 찾아서 조목조목 댓글로 달았다. "아니…. 지난번 글에도 지난달에 출산했다더니 또 출산을 했다구요?? 임신과 출산이 올해만 세 번째네요…??" 이 사람은 산후 관리 업체 광고를 하는 사람이었다.

그날부터 A 맘카페의 닉네임 야옹맘은 A 맘카페의 깐깐한 광고 글 저격수가 되었다. 그것이 내가 그곳에서 유일하게 할 수 있는 노력이자, **나의 친언니 같은 존재들, 육아 동지들이 모인 끈끈한 신뢰의 공간**을 파괴하는 무리들로부터 그곳을 지키는 노력이라고 생각했다. 맘카페라는 이 세계는 이상적으로 온전하게 존재해야 했다. 그런 일이 아이와 함께 이 믿을 수 없는 세상을 살아야 하는 나를 위해서도 반드시 필요한 것이라고, 그때는 그렇게 생각했다.

4

길고도 험한 여정의 시작

내가 첫째를 출산하고 육아휴직을 쓰던 그 시절 남편은 매우 바빴다. 집에 오면 기본이 밤 10시, 12시가 다 되어가던 적도 허다했다. 당연히 육아는 오롯이 휴직 중이었던 나의 몫이었고, 남편의 도움을 거의 기대할 수 없는 상황이었다.

육아휴직이 끝난 후 나는 복직이 예정되어 있었다. 회사에 다니며 나 혼자서 육아를 감당할 자신이 없었다. 어차피 이사해야 하는 상황이라면 남편의 퇴근을 조금이라도 앞당기고 싶었다.

그래서 우리의 집을 남편의 직장에서 최대한 가까운 곳으로 옮기기로 했다. 마침 첫 신혼집에서 이사를 해야 하는 시기가 다가오고 있었다. 그건 내가 임신 때부터 1년간 인연을 맺었던 나의 첫 맘카페, A 맘카페와의 인연이 끝난다는 뜻이기도 했다. 나는 A 맘카페에 마지막으로 접속하고 글을 쓰게 되었다.

작성자: 야옹맘

제목: A 맘카페를 떠나게 되어서 슬프네요.

나는 이제 이사를 해서 앞으로 여기에 들어올 일이 없다고 작별을 고하는 글이었다. 나를 아는 다른 회원들도 이제 광고 글은 A 맘카페에서 야옹맘님이 아니면 누가 잡아내냐며 같이 슬퍼해 주었다. 젖먹이 아들만 아니었어도 밤에 만남을 추진해서 그녀들의 얼굴이라도 한번 볼 것을 그랬다.

새로운 맘카페와의 만남

요즘 아이를 둔 여성이라면 이사 가기 전에 반드시 해야 할 일이 있다. 이사할 그 지역의 맘카페에 미리 가입하는 것이다. A 맘카페 없이는 살 수 없었던 나도 당연히 맘카페부터 미리 가입해야겠다고 마음먹었다. 그 지역에 관한 정보를 최대한 많이 얻는 것이 여러 시행착오를 줄일 수 있다고 생각했다. 그래서 나는 이사할 그 지역을 꽉 잡고 있다는 B 맘카페에 가입 신청을 했다.

B 맘카페 역시 구 단위의 맘카페로 내가 처음 가입한 A 맘카페 못지않게 유명하고 회원 수가 많은 곳이었다. B 맘카페는 오히려 A 맘카페보다 가입이 더 어려웠다. 가입을 신청하고 수락이 되는 데까지 두 달이나 걸렸다. 가입 수락이 오래 걸려서 답답했지만 알고 보니 나는 가입 승인이 굉장히 빨리 수락된 편이었다.

한참 뒤 둘째를 낳고 동네 조리원에 가서 알게 된 사실인데, B 맘카페에 가입 신청을 넣으면 가입조차 거절되는 경우도 허다하다고 했다. 황당하게도 거절되는 이유조차 알 수 없다고 했다. 게다가 가입 신청에서 수락까지 여섯 달에서 1년 가까이 걸리는 경우도 많다고 들었다. 도리어 조리원 동기들은 도대체 이사 온 지 얼마 되지 않은 내가 B 맘카페에 어떻게 가입이 된 거냐며 물어보았다.

그때는 나도 왜 나는 가입이 되고 다른 사람은 되지 않았는지 알 수 없었다. 다만 맘카페 운영 일을 해본 지금은 어느 정도 추측이 된다. **맘카페 운영자가 하는 가장 중요한 일은 애초에 맘카페라는 성(城)에 아무나 들이지 않는 것이었다.** 목적에 맞지 않는 사람들이 이 성에 들어와서 별별 일을 저지르다 보니, 이 사람이 정말 애 엄마이고 순수한 의도로 가입을 하는지 가입을 받으면서부터 의심하게 되는 것이다. 이에 관한 자세한 내용은 이 책의 5부에서 다루게 된다.

이런 사람을 분별하는 방법은 맘카페마다 다를 것이다. 어떤 곳은 내가 애 엄마고 특정 지역에 산다는 증빙을 첨부해야 가입이 가능하다. 나의 경우에는 가입 신청 시 적는 답변을 꼼꼼히 살펴보고, 무성의하면 광고 목적의 침투로 의심하고 거절했다. 어쨌든 이처럼 가입부터 방어적인 태도를 취하는 게 외부인이 보면 상당히 고압적으로 보일 수 있겠다. 실제로 가입조차 어려웠던 B 맘카페는 때때로 외부에서 검색조차 되지 않는 비공개 카페로 전환하였으며, 어떨 때는 신규 회원 가입을 무기한 중단하기도 했다. B 맘카페는 비밀스러운 요새 같았다.

나는 처음 B 맘카페를 훑어보고 분위기가 A 맘카페와 분위기와 사뭇 다르다는 것을 깨달았다. **세상에 맘카페가 백 개 존재한다면, 그 맘카페마다 분위기는 전부 다, 매우 다르다. 특히 지역 단위 맘카페는 운영 방침과 카페 회원 구성, 그리고 표면적인 동네 분위기가**

카페 안에 드러나며 분위기가 사뭇 다양할 수밖에 없다.

내가 처음 가입한 A 맘카페의 경우 20대 후반에서 30대 초반의 젊은 갓난아기 엄마들이 많았는데, B 맘카페의 회원은 대개 40대 이상으로 비교적 이용 연령대가 높았다. 그래서 A 맘카페는 육아용품이나 아기 키우는 이야기가 주를 이루었던 반면 B 맘카페에는 자연스럽게 아이 교육, 가족과 삶에 대한 이야기, 시사 이슈에 대한 견해 같은 다소 진중한 이야기가 더 많았다.

어느 정도 거리를 두고 바라보니

뒤에서도 자세히 살펴보겠지만, 맘카페의 운영 방침도 천차만별이다. 이를테면 어떤 곳은 애초에 맘카페에서 사용하는 닉네임 형식을 (닉네임/나이/사는동네)의 형태로 지정하는 곳도 있다. 이는 주로 도(道)나 시(市) 단위의 큰 지역 맘카페에서 나타나는 특징이었는데, 멀리 떨어져 살기에 서로 나이를 확인하며 친목 도모를 하기 편하라는 목적에서 만든 규칙으로 추정된다.

다만 이 경우엔 나이나 사는 곳이 노출되어 생기는 불편함도 있어 보였다. 예를 들어 위계 서열의 미묘한 분위기가 흐르는 상황이 그렇다. 서로 댓글로 의견을 나누는 중에 나이가 많은 사람이 등장하면 그 의견에 더욱 집중되고 존중이 이뤄진다. "언니 말씀이 맞습니다. 역시 언니네요."로 훈훈하게 마무리되는 것 같은 상황이 그렇다.

의도치 않게 맘카페를 이사 이후에도 탈퇴하지 않아 여러 맘카페에서 복수로 활동하는 경우가 있다. 재미있는 사실은 몸에서 멀어지면 마음에서도 멀어지는 게 이치인데, 떠난 동네의 맘카페에서 지박령같이 살아가는 사례가 꽤 있다는 것이다. 이사 간 지역 맘카페가 과도하게 상업화되었거나, 자발적으로 이사 간 것이 아닐 경우 새로운 동네에 정이 붙지 않는다는 등 그 이유도 다양하다. 사유가 어떻든 간에 운영자 입장에서 이사를 갔다고 탈퇴를 시키기는 어렵다. 인간적으로 야박하기도 하고, 이사 여부를 구태여 확인하기도 어렵기 때문이다.

아무튼 이렇게 맘카페마다 분위기는 서로 다르지만 결국 사람 사는 곳은 거기서 거기고 다 비슷하다. 그래서 나는 새로 가입한 B 맘카페 분위기에 금방 적응할 수 있었다. 나는 내가 이사할 ○○동에 위치한 부동산 중개업소 추천을 부탁드린다는 글을 게시하며 B 맘카페에 데뷔를 했다.

여기선 A 맘카페에서처럼 열정적으로 글을 쓰며 활동하진 않았다. B 맘카페 가입 후 얼마 뒤 복직하여 워킹맘으로 살았고, 아이를 재운 후나 출퇴근 시간 지하철에서 하루에 한 번 정도 접속했다.

앞서 A 맘카페에서 마음이 한번 식는 일을 겪은 후 맘카페에 덜 몰입되기도 했다. 맘카페가 친언니같이 전적으로 의지할 존재는 아니라는 것을 깨달았기 때문이다. 그리고 A 맘카페와 달리 B 맘카페는 새로운 회원보다 10년 정도 활동한 오랜 회원들이 분위기를 꽉 잡고 있는 듯했다. B 맘카페의 회원 대부분은 나보다 최소 10년 이상의 인생 선배님들이었기에 감히 대화에 끼기보다 느긋하게 바라보았다. 그렇게 맘카페는 내가 육아나 일상을 의지하는 존재에서, 다른 이들의 의견을 경청하고 참고하는 대상으로 바뀌었다.

그즈음은 마침 광고와 때로는 거짓말로 채워진 상업화된 맘카페가 주류가 된 시점이었다. 나는 그저 이사 온 동네 맘카페가 아직은 비상업화된 맘카페인 점을 감사하게 생각했다. 당시 워킹맘으로 생활하며 내가 집에 있을 때는 밥 먹고 잠자는 시간뿐이었다. 그렇게 나는 '맘카페하루3번만'이란 닉네임처럼 맘카페에 들어갔다. 아침에 출근하면서 간밤에 올라온 맘카페의 글을 보고, 점심시간에 회사에서 양치를 하며 오늘은 동네에 무슨 일이 있는지 한번 훑어보고, 집에서 아이를 재운 후 맘카페를 보며 하루를 마무리했다. 정말로 하루에 세 번만 이 공간을 찾게 된 것이다. 글도 내가 꼭 필요한 정보만을 물어보고 아는 것만 도움을 줄 뿐, 예전처럼 열과 성을 다해 쓰지 않았다.

그래도 꾸준히 맘카페에 들른 이유는 직장 생활을 하는 내가 동네 이웃이나 엄마들과 따로 어울릴 시간이 없었기 때문일 것이다. 그나마 맘카페라는 공간이 있었기에 나는 회사에서도 우리 동네에 무슨 일이 벌어지고 있는지 알 수 있었다. 예를 들어 어젯밤 우리 아파트에 구급차가 왜 출동했는지 같은 일들 말이다. 그렇게 맘카페는 **내가 사는 지역 공동체에 대한 작은 소속감을 충족시켜 주는 곳**이었다.

새로운 맘카페를 바라는 마음이 모여

B 맘카페와의 인연은 4년 정도로 끝났다. B 지역의 오래된 아파트에서 겪었던 불편한 전세살이는 내 집 마련을 위한 의지를 불태우기 좋았다. 때마침 예정되어 있던 신도시 예정지를 비롯한 새 아파트 청약 소식에 관심을 가졌고, 나는 운 좋게도 당첨이 되었다.

처음 겪어보는 내 집 마련 절차가 익숙하지 않아서 그 지역의 청약과 부동산 정보를 공유하는 인터넷 카페를 찾아 가입했다. 우리처럼 그 지역에 입주하여 사는 사람이 늘어나며 이 카페에는 자연스레 부동산 정보 외에 점점 생활 정보, 육아 정보, 교육 정보 등의 문의 글이 올라오기 시작했다. 그러자 "누가 맘카페를 따로 개설했으면 좋겠다"라는 의견이 등장했다. 또 그 지역에는 이미 입주를 시작한 단지도 소수 있었던지라 동네 정보에 갈증을 느끼는 사람들도 많아 보였다.

내가 이사 갈 지역에는 이미 그 지역을 꽉 잡고 있는 C 맘카페가 존재했다. 나는 당연히 청약에 당첨되자마자 비상업적 성격의 C 맘카페에 반가운 마음으로 가입 신청을 했다. 그런데 얼마나 여러 번 신청을 했고, 얼마나 많은 거절 통보를 받았는지 기억이 안 날 정도다. 내가 C 맘카페에 여러 번 가입 거절이 된 건 앞서 언급한 B 맘카페와 비슷한 이유일 것으로 추정한다. 이곳은 맘카페 마니아인 나에게조차 정말 난공불락의 요새와 같다는 생각이 들었다.

C 맘카페는 '어려운 곳'으로 유명했다. 나는 C 맘카페에 가입 신청을 하기 전에 이미 이곳에 대해 접한 적이 있었다. 내가 활동했던 A 맘카페와 B 맘카페, 심지어 맘카페가 아닌 카페에서도 나는 C 맘카페에 대한 글을 봤었다. 그리고 그 글들은 모두 같은 내용이었다.

제목: C 맘카페에서 강퇴당했어요

글 하나 썼다고 C 맘카페에서 강퇴당했는데 황당하네요. 강퇴당한 사유를 메일로 받았는데 "카페에서 정한 자체적인 사유"랍니다. 그게 뭔지 설명해달라고 문의를 보냈는데도 답이 없네요??! 도대체 이게 무슨 일인가요.!?

ㄴ거긴 원래 묻지 마 강퇴로 유명한 곳입니다. 저도 강퇴당했거든요.

ㄴ저도요. 맘님도 당하셨군요.

가입이 되지 않아 갑갑했지만, 맘카페를 운영해 보고 나는 C 맘카페가 왜 그리도 폐쇄적으로 운영했는지 이해가 되었다. 얼마나 외부의 침입을 많이 겪었고, 또 머리를 싸매며 말도 통하지 않는 일이 있었나 싶었다.

그런데 아무리 사정이 그러해도 납득이 되진 않았다. 내가 활동했던 다른 맘카페들과 비교했을 때, 가입을 전혀 받지 않고 사소한 규정 위반을 사유로 경고 없이 강퇴를 시키는 C 맘카페의 분위기는 유난히 강압적이고 폐쇄적으로 보였다. 나뿐만이 아니라 새로 이사 올 예정인 사람들 모두 거기 가입이 되지 않아 비슷하게 답답했을 것이다. 그래서 새로운 맘카페가 생겨야 한다는 쪽으로 의중이 모여 가고 있었다.

잔잔한 호수의 파수꾼을 꿈꾸다

바야흐로 어떤 한 분께서 맘카페 개설 용의를 내비쳤다. 그리고 혼자 힘으로는 어렵다며 운영진을 모집한다고 하셨다. 혼자서는 너무나 어려운 일일 것임이 당연했다.

평소 같았으면 신경 쓰지 않고 외면했을 일인데, 나는 유난히 마음에 걸리며 고민을 멈출 수 없었다. 한때 다른 맘카페의 광고 글 저격수로 활약했던 나의 전력을 살리면 새로 개설하는 카페의 우왕

좌왕할 분위기를 안정시키는 데 도움이 될 수 있을 것 같았다.

다만 맘카페 스태프 일은 잘해봤자 본전이고, 어떤 보상이 있는 일도 아니었다. 게다가 당시 나는 첫째 육아휴직을 끝내고 복직한 지 얼마 되지 않아 하루하루가 고달픈 초짜 워킹맘이었다. 나의 황금 같은 시간을 쪼개서 카페를 쳐다봐야 한다는 점이 가장 고민되었다.

하지만 언젠가부터 그런 생각이 들었다. '제대로 돌아가지 못하는 걸 쳐다보며 답답해서 후회하지 말고 차라리 내가 직접 하자. 그게 내 마음이 더 편할 수 있다.' 나도 거의 하루에 한 번씩은 접속하고 살펴볼 맘카페인데 관리가 제대로 되지 않아 들어가고 싶지 않다면 싫을 것 같았다. 원하는 정보는 없고 광고 글만 넘쳐나거나, 갈등과 반목을 조장하는 글투성이의 공간이라면 내가 견딜 수 있을까?

내가 입주하는 곳은 아이를 데리고 최소 10년은 살 계획이 있는 곳이었다. 또 그 동네 맘카페의 분위기는 곧 그 동네의 분위기를 투영하는 측면이 분명 존재했다. 확실히 맘카페는 다른 인터넷 커뮤니티보다도 **현실 세계와 더 긴밀하게 연결된 공간**이니까. 그래서 많은 인터넷 커뮤니티는 취미와 취향으로 모여 있는 것에 반해 맘카페는 동네 이야기, 지역의 상권과 교육 이야기, 지역사회 안에서 하루하루 아이를 키우는 이야기 등 당면한 현실의 삶에 대한 이야기가 주를 이루며, 현실에도 강력한 영향력을 발휘한다. 이것이 내가 맘카페 운영 일을 아이가 살기 좋은 곳으로 만들기 위한 지역 봉사활동이라고 생각한 이유다.

그렇게 카페 개설자에게 용기를 내어 쪽지를 보내고, 퇴근하는

지하철역에서 간단한 전화 통화로 자기소개와 면접을 시작했다.

"안녕하세요! 제가 쪽지로 보내주신 자기소개 글 보았는데요. 광고 글을 매의 눈으로 잘 가려내신다고 하셔서요. 이게 인상적이어서 통화하게 되었어요."

"별말씀을요. 그런데 제가 힘껏 도와드리긴 하겠는데 워킹맘이고 아직 아이가 어려서 맘카페를 자주 확인할 수 없을지도 몰라서요. 그래도 괜찮으실까요?"

"걱정 마세요. 저도 워킹맘이고 또 다른 스태프들도 계시니까요. 혼자 하시는 일이 아니니 크게 부담을 갖지 않으셔도 괜찮을 것 같아요."

나도 그럴 것이라고 믿었다. 혼자 하는 일이 아니니까. 나는 여러 스태프 중의 한 명이니까. 나 말고 여럿이 다 같이 하는 일이니까 괜찮을 거라고, 별일이 없을 것으로 생각했다.

인제야 고백하건대 그 한없이 낙천적이고 순수한 생각으로 시작하게 된 일이 이런 돈키호테 모험 같은 여정의 서막이 될 줄 몰랐다. 솔직히 그때 내가 지금까지 겪어온 일들과 지금도 이렇게 놓지 못하고 있을 것을 알았다면 난 섣불리 시작조차 하지 않았을지도 모른다. 그렇게 나는 어느새 그 맘카페의 운영진 일을 5년이나 계속하고 있었다. 물에 발만 살짝 담그자고 생각했는데, 정신을 차리고 보니 머리만 물 밖에 내놓고 있는 꼴이랄까.

밖에서 볼 때는 몰랐다. 그 물도 그냥 잔잔한 호수 같은 것이 아니었다는 것을. 그 세계는 가끔 이유를 알 수 없는 소용돌이도 치고,

어느 날은 네스호의 괴물 같은 것이 나타나서 빼꼼히 고개를 내미는 곳이었다. 그간 이용자 입장에서 단순하게만 알고 있던 맘카페라는 세계에 나는 본격적으로 깊숙이 관여하게 되었다.

2

맘카페 안을
깊이 들여다보면

1

맘카페의 필요성과 만드는 과정

맘카페가 몇 개나 존재할까? 나는 어느 날 문득 궁금해져서 세어보다가 포기했다. 현재 포털 사이트에 존재하는 맘카페는 정말 많다. 네이버에 등록된 기준으로 2023년 현재 약 1만 2천 개의 맘카페가 존재한다.

그런데 여기엔 '무늬만 맘카페'인 허수도 포함되어 있다. 즉, 누군가 맘카페를 운영하려고 했으나 회원 유입과 운영에 실패하고 활성화되지 못한 것들도 포함된 숫자라는 것이다. 이런 카페에는 운영자와 활동하지 않는 회원만 존재한다. 그 허수의 상당수를 제외해도, 정식으로 맘카페를 표방하며 운영하는 카페는 매우 많다.

그 맘카페마다 운영하는 목적과 방침도 다양하다. **맘카페는 우선 지역으로 구분되는 지역 맘카페와 특정한 목적의식을 공유하는 광역 맘카페로 나눌 수 있다.** 거주 지역을 중심으로 모이는 맘카페는 대중적으로 가장 흔한 형태로, ○○ 맘카페, ×× 맘카페라는 지역명을 내세운다. 크게는 시도 단위, 구 단위(또는 구 몇 개가 합해진 단위), 동 단위(또는 동 몇 개가 합해진 단위), 아파트 단지 단위까지 세분화된다.

또는 **지역색 없이 특정 목적의식을 공유하는 맘카페**도 있다. 같은 목적이 있는 엄마들끼리 모이는 형태이다. 네이버에 최초에 개설된 맘카페인 〈맘스홀릭 베이비〉도 육아 정보를 공유한다는 '목적성'을 띤 광역 맘카페의 한 종류로 볼 수 있다. 그리고 교육 목적의 맘카페, 책 육아 카페, 사립초 모임, 자폐 스펙트럼, ADHD를 앓는 자녀를 둔 엄마들의 모임 같은 카페들을 광역 맘카페의 사례로 들 수 있겠다.

또 다른 형태로 맘카페를 분류하자면 크게 '상업적 맘카페'와 '비상업적 맘카페'로 나눌 수 있을 것이다. 상업적 맘카페는 광고 게재를 허용하는 대가로 입점 업체(맘카페에 정식으로 회원 가입을 하고 들어와서 카페 운영진과 협의하에 광고 글을 올린다는 의미로 '입점'이라는 표현을 쓴다)로부터 일정액의 수수료를 받는 영리적 형태의 맘카페이다.

반면 비상업적인 맘카페는 광고를 가짜 정보로 여기고 엄격하게 배척한다. 애당초 광고 목적으로 가입한 사람은 당연히 강퇴 대상이고, 회원들의 자기 사업이나 회사 관련 홍보를 원칙적으로 금지한다. 다만 맘카페 활동을 진정성 있게 열심히 하고 최고 등급을 달성한다면 홍보를 예외적으로 허용하는 경우도 있다.

우리는 어떤 맘카페를 지향했는가

우리가 입주를 하면서 가장 필요한 형태의 맘카페는 **'비상업적인 지역 맘카페'**였다. 순수한 정보에 목이 마른 사람들끼리 모이는 상황이었기 때문이다. 스마트폰의 보급으로 광고는 원한다면 얼마든지 찾아볼 수 있었다. 우리가 원하는 건 누군가의 경험에서 우러나오는 **'진짜 정보'**였다. 그래서 가장 큰 운영 방침을 비상업적인 순수 정보 공유의 장으로 정하였다.

그리고 '회원 가입 범위'를 정해야 했다. 지역 맘카페이기 때문에 거주지 범위를 정해야 했으며, 맘카페의 회원은 '엄마'여야 했다. 당연히 맘카페이니 '엄마'라는 범주가 어렵지 않다고 생각할 수 있겠다. 그러나 생각보다 간단한 문제가 아니다. 맘카페에 가입하고 싶은 사람은 자녀가 있거나 육아 중인 엄마가 아니더라도 많다. 기혼 여성인데 자녀가 없는 여성, 임신 중인 여성, 자녀를 이미 다 키워서 결혼까지 시켰다고 하는 여성 등등. 거기에 남자들도 가입하고 싶어 한다. 이를 가리지 않고 다 가입을 받으면 간단해 보인다.

그래도 맘카페의 정체성은 최소한 '엄마'여야 한다. 카페를 만든 처음에는 최소한 자녀가 있어야 한다고 의견이 모였다. 그래서 '임신 중인 여성을 포함하여 자녀가 있는 모든 여성'으로 가입 범위를 정했다. 그리고 지난 5년간 이 때문에 머리를 싸매는 일을 종종 겪었다. 그 이야기는 나중에 소상히 설명하겠다.

맘카페는 당연히 여자만 가입한 커뮤니티라고 생각할 것이다. 황당할 수 있지만 사실 맘카페엔 남자도 가입이 가능하다. 우리 카페는 그렇지 않지만 주로 상업화된 맘카페가 그렇다. 사실 맘카페의 주인이 남자인 경우가 꽤 많다는 사실을 알고 있는가? 그리고 입점 업체의 직원이 카페에 가입해 활동할 수 있도록 오픈되어 있어야 하는데, 직원들이 꼭 여자일 수는 없다. 또한 이런 맘카페는 회원 수를 늘려서 카페의 영향력을 키워야 더 많은 돈을 벌 수 있으므로 자녀가 있든 없든, 또는 남자 회원까지 가리지 않고 가입을 받는다. 여자만 가입이 가능한 맘카페는, 스마트폰에서는 확인이 어렵지만 PC 기준으로 카페 메뉴바 상단에 '여자만 가입 가능'이라고 분명하게 표시되어 있다. 그 표시가 없는 맘카페는 남자와 여자 모두가 같이 존재하는 것이다.

맘카페의 '규정'에 관하여

제대로 운영되고 있는 맘카페에는 카페 운영 원칙, 즉 '규정'이라고 불리는 것이 존재한다. 맘카페마다 개성이 확연하기에 그 규정의 내용도 다양하고 다르다. 그런데 그 규정이라는 것이 간단명료하지 않다. 법 조항같이 구구절절하여 몇 문장을 읽다가도 스크롤을 그냥 내리고 싶게 만든다. 예시를 들어보자.

○○**맘카페 규정** (20××년 ×월 ×일 버전)

1. 다음 글은 게시 금지하며 무통보 삭제합니다.
– 영리적 광고 홍보 글 (본인업, 가족업, 지인업 포함)
– 욕설, 인신공격성 글
– 하루 ○회 이상 글 게시는 도배성 글로 간주하여 삭제
– 블로그, 타 카페, 사이트, 유튜브 링크 글 금지
– 법률에 위반되는 글 금지
– 산모교실, 돌잔치 후기, 방문판매 화장품, 점집 후기, 헌옷 처분 업체, ○○업체 후기 글, 다이어트한약 판매 글, 스타*스 스티커

거래, 종교 전도, 다단계업 유도 글

(중략)

3. 중고물품 거래 판매 규정

— ○○등급 이상만 거래 가능합니다. (등급이 안 되는 회원의 대리 판매 금지)

— 글 끌어올림 금지. 글 삭제 후 다시 올리지 마세요.

— 가격과 사진은 정확히 올려주세요. (무리한 흥정, 끼워팔기 자제)

— 판매 글 하루에 3개 이상 금지

— 판매금지 물품(의약품, 한약품, 건강기능식품(영양제), 의료기기(콧물 흡입기, 유축기 등), 유통기한이 지난 제품, 가품, 이미테이션, 주류(무알콜 포함), 동물(동물분양 글 안 됩니다), 집에서 만든 음식(고추장, 매실청 등), 집에서 만든 화장품(손소독제, 탈취제, 향초, 디퓨저, 모기퇴치제 포함), 정식 라이센스를 받지 않고 저작권법에 저촉되는 카피 도서

— 판매금지 글을 유도하는 행위(○○○ 구해요)도 금지

(중략)

금전거래의 책임은 당사자 간에 있으니 꼭 주의하여 거래하시기 바랍니다.

중요) 규정 1회 위반 시 1주일 활동 정지, 2회 위반 시 등급 강등, 3회 누적 시 삼진아웃제도

규정의 경중에 상관없이 3회 위반하시면 무조건 강퇴 처리됩니다.

운영진도 아이를 키우는 엄마입니다. 핸드폰을 하루 종일 들여다 볼 수 없으니 가급적 규정을 숙지하여 활동해 주시고, 규정을 단순히 문의하는 내용의 채팅을 자제해 주시기 바랍니다. 답변이 조금 늦더라도 이해해 주시기를 부탁드립니다.

이렇게 예시로 적은 맘카페 규정을 정독하는 사람은 거의 없을 것이라고 생각한다. 이런 내용이 A4용지로 3-7장 분량으로 꽉꽉 채워져 있다. 도대체 이걸 누가 읽어보기나 한단 말인가? 그런데 이런 긴 규정을 만들어두고, 누군가가 규정을 어겼다면서 글을 마구 삭제하고, 활동 정지며 강등이며 강퇴 처리를 한다니? 나는 맘카페 운영진을 하기 전, 맘카페의 구구절절한 규정들을 보고 왜 이렇게 복잡하고도 무섭게 느끼게끔 만들었는지 궁금했다.

그럼에도 맘카페의 규정은 곧 법이다. 제대로 운영이 되는 맘카페에서 이 규정을 어기면 회원은 강퇴를 당하거나 글을 올릴 수 없는 활동 정지 등의 불편함을 겪는다. 나도 처음에 A 맘카페에서 1주일간의 활동 정지를 당해 보았다. 처음에 궁금한 게 너무 많은 나머지 질문 글을 5개 연달아 올렸더니 게시판을 도배[9]하지 말라는 경고였다.

일주일 동안 맘카페에 글을 올릴 수 없는 불편함을 겪어보고 결국 나도 규정을 정독하고 말았다. 거기에 규정을 잘 몰랐다고 심각한 실수를 하게 되면 맘카페에서 쫓겨날 수도 있다니. 맘카페에

9 과도한 글 게시로 게시판을 독점하는 것같이 보이게끔 하여 불편함을 느끼게 하는 행위.

서 쫓겨나지 않으려면 울며 겨자 먹기식으로 규정을 정독하여 수용할 수밖에 없다.

이곳의 규정은 왜 그렇게 빽빽해야 하는가

나는 맘카페를 처음 만드는 일에 참여했었다. 취지에 맞게 운영하려면 운영 원칙을 정해야 했다. 나를 비롯한 운영진들은 잘 운영되고 있다는 맘카페들의 규정을 모아서 확인해 보았다.

특히 비상업화된 맘카페 중에 규정이 간단한 곳은 없었다. 어떤 카페는 법률 약관 수준으로 정리되어 있었고, 어떤 카페는 사소한 규정 위반이 바로 강퇴로 이어지는 등 무시무시했다.

그중에서 우리에게 필요한 것을 고르고 추렸다. 그러다 보니 처음에는 규정이 누더기처럼 굉장히 길고 뒤죽박죽 섞여 있는 느낌이었다. 나를 비롯한 운영진들 중에 맘카페 운영을 해봤던 사람은 한 명도 없어서, 그때까지는 뭐가 적합한지 제대로 판단할 수 없었다. 우리는 지난 몇 년간 여러 시행착오를 겪었고, 운영 원칙은 점차 우리 카페 특성에 맞게 고쳐졌다.

다른 인터넷 커뮤니티는 이렇게 빽빽한 규정이 존재하지 않고 비교적 이용자의 자율성을 보장해 준다. 그런데 왜 맘카페에는 이런 길고 복잡한 규정이 존재하게 되었을까?

맘카페는 기본적으로 **이용자들 간의 끈끈한 신뢰**를 바탕으로 돌아가고, 또 돌아가야 하기 때문이다. 맘카페에는 상호 간의 신뢰를 깨뜨리지 말아야 한다는 강한 집단적인 무의식이 존재한다. 이는 앞에서도 언급했듯, 이 공간이 회원들에게 육아, 교육, 동네 정보

등 실생활에 긴밀히 연결된 수단으로 여겨진다는 것과 연결되는 문제다.

즉, 맘카페 구성원들에게는 맘카페라는 세계와 실제 세계와의 간극이 거의 없다. 맘카페의 신뢰가 무너진다는 것은 실제 세계를 신뢰할 수 없게 되는 불안함과 직결되는 것이다. 규정은 이와 같은 서로 간의 신뢰를 유지하기 위한 맘카페 구성원 공동의 약속이다. 이런 점이 맘카페 규정의 당위성으로 이어지고, 또 구성원들이 규정에 순응하게끔 작용한다. **요컨대, 맘카페에서의 상호 신뢰는 필수 불가결한 가치이며, 빽빽한 규정은 그것을 위해 존재한다.**

'드림 글'의 사례를 되짚어 보다

하지만 세상은 안타깝게도 착한 사람들로만 이루어져 있지 않다. 맘카페에도 신뢰를 악용하는 사람들은 존재한다. 예컨대 사기나 기망 행위를 저지르는 사람들은 이곳에도 적지 않다. 다음의 사례를 함께 생각해 보자.

맘카페에 자주 올라오는 글 중에는 **드림 글**이 있다. 드림 글은 나에게는 필요 없는 물품인데 버리기엔 멀쩡하고 쓸모가 있는 중고 물건을 다른 사람에게 무료로 나누어 주는 글이다. 재활용을 해서 쓰레기를 줄이고 이웃에게 도움을 줄 수 있는, 맘카페의 대표적인 순기능적인 글이다. 지역 기반의 맘카페는 가까이 사는 사람들끼리 신속한 거래가 가능하여 드림 글을 올리는 게시판이 활성화되어 있다.

그런데 어느 날 카페에 글이 하나 올라왔다.

“제가 ○○마켓(중고물품 거래 플랫폼)에서 보게 되었는데 그동안 우리 카페의 드림 거래 물건으로 올라왔던 사진과 똑같아서 올려요. 이분이 여기에다 가격을 매겨서 올린 물건이 열 개는 넘네요. 아무래도 공짜로 드림을 받아다가 여기에 본인이 돈을 받고 파시는 것 같은데 이렇게 해도 되는 건가요?”

그 글로 카페가 순식간에 뒤집혔다. 그분의 활동을 살펴보니, 드림 글이 올라오면 기다렸다는 듯이 댓글을 가장 먼저 달았다. 그렇게 물건들을 공짜로 싹쓸이하다시피 받아 가서 중고물품 거래 시장에 가격을 붙여 판 것이다.

사실 이게 엄격히 따져보면 위법은 아니고, 그렇다고 도덕적으로 시시비비를 가리기엔 애매하게 볼 여지도 있다. 하지만 물건의 원래 주인이었다가 드림을 했던 이들이 그 글에 댓글을 쓰기 시작했다.

“제가 드림 했던 물건이 맞는 것 같아요. 소중한 육아의 추억이 담긴 물건을 누군가가 그 물건을 다시 잘 써줬으면 하는 마음에서 드림을 한 것인데…. 설마 그분께서 그걸 받고 팔 줄 알았으면 그분께 드렸을까요? 속상하네요.ㅠㅠ”

그저 한 사람이 그릇된 욕심으로 드림의 취지에 맞지 않는 행동을 한 것이었지만, 많은 회원은 어떻게 그럴 수 있느냐고 분노하며 게시판엔 성토의 글이 줄줄이 올라왔다. 그리고 이런 일을 예방할 수 있는 규정이 필요하다고 댓글이 줄줄이 달렸다.

이런 사건을 겪고 드림을 취지에 맞게 운영하기 위해 드림을 받을 수 있는 횟수를 한 사람당 월 2회로 제한하였다. 누군가가 드림 받는 행위를 독점하는 것을 제한한다면, 다른 사람에게도 받을 기회가 골고루 돌아갈 수 있다. 또 많은 물건을 쓸어 담다시피 해서 판매하는 행위도 예방할 수 있을 것으로 생각했다.

문제는 거래 글이 너무 많이 올라오다 보니 스태프 한 명이 전담하여 달라붙어도 그 거래들을 모두 파악하기 역부족이었다는 것이다. 그 일을 하던 스태프는 그러느라 스마트폰만 쳐다봐야 해서 도저히 육아에 전념할 수 없다며 결국 백기를 들었다.

게다가 드림을 받을 수 있는 횟수를 초과하여 받을 수 없으니 장려되어야 할 드림 거래가 위축되는 모습도 보였다. 공급과 수요가 맞아떨어지는 점이 줄어들어서 거래가 활성화되지 않았던 것이다. 드림 받는 횟수를 제한하는 규정은 얼마 못 가서 없어지게 되었다.

위의 사례를 비롯한 여러 일을 겪은 후에는, 아무리 많은 회원들의 요청이 있어도 공지사항이나 규정을 새로 만드는 일에 더욱 신중을 기하게 되었다. 커다란 원칙만 정하고 웬만하면 집단지성과 자정작용을 믿고 운영하는 것이 회원들을 가장 덜 불편하게 하고 나도 손이 덜 가는 것이었다.

모든 규제는 반드시 부작용을 수반한다. 이 말은 대학에서 행정학을 전공한 내가 첫 수업 시간에 들은 말이다. 전공을 크게 써먹을 일이 없는 직업에 종사했던 나는 처음으로 전공에서 배운 공부를 세상에 적용할 수 있음에 감탄하였다.

어쩌면 우리 맘카페 회원들은 이런 나를 게으른 운영자로 생각했을 수도 있겠다. 이는 내가 기본적으로 엄마들이라는 존재를 신뢰했기에 그런 것이었다. 나는 **엄마는 자식에게 모범이 되는, '선한' 존재여야 한다는 엄마들의 이상적인 페르소나**를 믿었다. 훗날 그 '선함'에도 정말이지 여러 갈래와 빛깔이 존재한다는 것을 알게 되었지만…. 그렇지만 일단은 너무 서두르지 말자. 아직은 우리 맘카페의 초창기 모습에 관해서 할 이야기가 많이 남아 있다.

2

세상의 부정적인 시각을 딛고

이렇게 우리가 만든 맘카페에는 개설한 지 단 하루 만에 천 명이 훌쩍 넘는 회원이 가입했다.

"이런 카페가 너무나 절실했어요."

"여자들만 이야기할 수 있는 공간이 필요해요."

우리 맘카페의 탄생을 환영하는 글들이 주르륵 올라왔다. 맘카페라는 존재가 필요했음을 많은 사람이 공감한 것이었다.

한편으로는 맘카페를 개설하기 전부터 개설한 후까지도 비난의 목소리가 온라인 여기저기서 들려왔다.

"맘카페요? 왜 그런 쓸데없는 일을 벌이죠?"

"완장을 차고 상권에 갑질할 건가요?"

"맘카페로 돈을 얼마나 벌고 싶어서요? 지역 소통의 창구가 필요하다면 〈○○ 지역 사람들〉 카페 하나면 충분합니다."

인제 와서 생각해 보니 이와 같은 목소리는 정보 공유의 장에서 배제되는 사람들의 불만이었을지도 모르겠다. 맘카페 개설 선언 이후로 〈○○ 지역 사람들〉 카페에 올라오던 동네 생활에 관련된 정보와 게시글이 현저히 줄어들었기 때문이다. 내가 이 무리에서 낄 수 없음을 알게 되면 태도가 완전히 돌변하는 것을 맘카페를 운영하는 수년 동안 너무나 많이 목격했다.

분명 같은 사람이 맘카페에 호의적이다가도 쫓겨난 이후에는 맘카페를 맹렬히 비난하거나, 아니면 맘카페를 마구 미워하다가도 어쩌다가 그 안에 들어와서 경험해 본 후 맘카페에 굉장히 우호적인 태도로 바뀐다. 나는 사람들의 맘카페에 대한 이런 이중적인 태도를 이해할 수 없었다. 그때는 **신뢰할 수 없는 현실 세계에 대한 불안감으로 만들어진 이 세계**의 의미를 잘 알지 못했다.

어쨌든 아직 제대로 만들어지지 않은 카페에 대한 비난의 여론이 댓글로 마구 쏟아지고 있었다. 카페 개설의 의지를 밝힌 매니저님의 쪽지함은 난리가 났다고 했다. 맘카페에 대한 부정적인 인식을 모르고 있었던 것은 아니지만 실제로 마주하니 당황스러웠다. 하지만 이와 같은 반응은 **맘카페에 대한 세간의 인식**을 그대로 보여주는 것이었다.

'맘충'과 '갑질' 논란의 한가운데에서

실제로 언론에서도 우리의 맘카페 개설 전후로 맘카페에 대한 부정적인 사건에 많이 주목했었던 것으로 기억한다. **'맘충'**이라는 단어와 함께 맘카페에 올라오는 사건들을 꾸준히 조명해 주었다. 맘카페에 부정적인 후기를 올리겠다며 상권에 대한 **'갑질'**을 서슴지 않는다는 보도는 흔했다. 또 맘카페에서 벌어진 일인가? 역시 맘카페구나. 너무 자주 보도되는 기사에 별로 놀랍지 않을 지경이었다.

그즈음 맘카페에서 벌어진 일 중에 가장 세간에 충격을 준 사건은 2018년에 일어난 경기도 지역 맘카페의 '어린이집 교사 자살사건'이었다. 이 사건은 맘카페의 가장 큰 해악으로 꼽히는 전형적인 갑질 성격의 게시글에서 비롯되었다. 모든 것의 시발점이 된 게시글의 작성자는 아이의 엄마도 아닌, 이모라는 사람이었다. 어린이집 교사가 아동을 학대했다는 의혹의 글을 어린이집의 정확한 명칭과 위치와 함께 올렸고, 몇 명의 회원들이 동조해서 교사의 실명 같은 정보를 공개하며 신상털이를 했다고 한다. 그리고 글 게시자인 아이의 이모가 어린이집으로 찾아가 해당 교사에게 모욕을 주었고, 해당 교사는 이틀 뒤 목숨을 끊었다는 내용이었다.

이 사건은 국민적인 공분을 일으켰다.[10] 맘카페에 글을 올린 사람보다도, 이 모든 사태를 동조하고 방관했다며 해당 맘카페로 비난의 화살이 돌아갔다.[11] 당시 청와대 신문고에는 이 모든 원흉인, 전국에 존재하는 모든 맘카페를 폐쇄해 달라는 청원까지 올라왔다. 언론에서도 맘카페의 다른 갑질 사례를 보도하며 계속 손가락질했다.[12]

---

10 이지은, 「김포 보육교사 사망… 맘카페 집단 이기주의 논란으로 확산」, 《뉴스투데이》 2018. 10. 17.

11 허정헌, 「'김포 맘카페 사건' 일파만파…"규제 필요하다"」, 《한국일보》 2018. 10. 18.

12 서종갑, 「'정보공유' 뒷전…마녀사냥에 물든 맘카페」, 《서울경제》 2018. 10. 17.

이 사건은 다른 지역의 맘카페에서 무분별한 갑질 성격의 글이 눈에 띄게 줄어든 것처럼 보이는 계기가 되었다. 그 사건이 일어난 맘카페를 신랄하게 비난하는 글도 무수히 올라왔으며, 그동안 누군가를 일방적으로 매도하는 악의적인 글이 올라오면 사실관계를 확인하지 않고 무작정 편들어 준 적은 없었는지 스스로 반성하자는 목소리도 있었다.

그렇지만 지금 이 시간에도 어느 맘카페에는 이런 글들이 올라오고 있을 것이다. **"저만 불편한가요?"**로 시작되어 **"제가 믿을 건 맘카페의 힘뿐이에요."**라는 글들 말이다. 과연 이런 글에 깔려 있는 의도를 어떻게 바라보아야 할까? 은연중에 드러나는 맘카페 일부 글의 공격적인 특징은 안타깝게도 내가 맘카페를 만든 5년 전도, 지금까지도 변함없다. 이 이야기는 다음 3부에서부터 차분하게 적어나갈 예정이다.

이런 부정적인 시선과 의견이 있었음에도 맘카페는 필요하다는, 맘카페에 가입하고 싶다는 목소리가 훨씬 컸다. 나도 그때까지 맘카페 마니아로서 여러 맘카페에서 일어나는 사건을 보았다. 가끔 불미스러운 일들도 목격했지만, 맘카페는 나에게 기본적으로 '좋은' 곳이었다. 알찬 정보가 넘치고 서로서로 도와주는 곳이었다. 맘카페가 필요하다고 의견을 모았던 사람들도 아마 비슷한 생각이었을 것이다.

기왕 내가 맘카페의 운영진으로 몸담고 있다면, 그런 불미스러운 일을 미리 감지해서 사건 사고가 덜 일어나게 할 수 있지 않을까? 그때는 이상하게도 마음속에서 나는 할 수 있을 것 같다는 자신감과 나답지 않은 사명감이 화르르 불타올랐다. 세상에는 자기 혼자의 사명감만으로 할 수 없는 일이 많은데 말이다.

동네 사장님들의 하소연

맘카페가 만들어진 시점은 내가 입주할 아파트를 비롯해 그 근처의 아파트 단지들이 모두 입주하려면 2년 정도의 시간이 남아 있던 때였다. 그 때문에 카페를 만들고 나서 1년 정도는 가입자 수가 크게 증가하지 않았고 글도 많이 올라오지 않았다. 오히려 글이 올라오면 당연히 광고업자가 올린 것이었다. 그러면 바로 글을 삭제하고 탈퇴를 시켰다.

우리가 만든 맘카페에 별일이 없는 채로 시간은 빠르게 지나갔다. 이후 아파트 단지의 입주가 본격적으로 시작되었고, 우리 맘카페의 가입자 수가 폭발적으로 증가하기 시작했다. 다들 이사를 앞두고 얻어야 할 정보들이 많았다. 이사업체, 입주 청소, 입주 전 인테리어 공사부터 시작해서 아이들 유치원, 학교, 학원 정보도 필요했다.

그런데 문제는 다들 '얻어야 할 정보'만 많았을 뿐 '얻을 정보'가 없었다는 것이었다. 왜냐하면 카페 회원들은 대부분 다른 지역에서 새로 이사를 와야 하는 사람들이었고, 그 지역의 원주민이 거의 없었기 때문이다. 모두 다 같이 아무 정보도 없는 맘카페에서 '맨땅에 헤딩'을 하고 있었다. 그래도 한 명씩 자기가 몸소 겪은 경험을 토대로 글을 올려주었다. 그렇게 나의 작은 경험 공유가 값진 정보가 되어가고 있었다.

우리 맘카페가 제대로 돌아가기 시작한 건 아파트 단지들이 입주를 다 마치고 거의 1년쯤 되었을 무렵이었다. 아파트 상가 임대가 대부분 마무리되고 주변에 있던 기존 상업시설에도 새로운 업종이 눈에 띄게 들어왔다. 즉 상권이 활성화되는 시점이었고, 그러다 보니 상가 업종에 대한 평이 많이 올라왔다.

처음에는 상가에 뭐가 들어왔다는 것 자체에 다들 소소하게 기뻐했다.

"드디어 상가에 분식집이 들어와서 너무 기뻐요~ 아이랑 같이 떡볶이를 사 먹었는데 너무 좋아하네요."

그러나 그것도 잠시였다. 곧 솔직한 후기들이 올라오기 시작했다. 부정적인 후기들도 속속 올라왔다.

"상가 분식집에서 파는 순대요, 너무 냄새가 나는데 저만 그렇게 생각하는 건가요?"
"미용실이 너무 불친절해요. 머리하고 기분 전환하려다가 기분만 망쳤어요. 한마디 하고 나오려다가 꾹 참고 여기다 써요."
"상가 카페 커피 가격이 스타벅스도 아니고 너무 비싼 것 같아요."
"상가에는 왜 똑같은 가게만 들어올까요? ○○ 브랜드 빵집만 동네에 벌써 세 개가 들어오고 있어요."

카페는 동네 가게에 대한 자잘한 불만까지 늘어놓는 성토의 장이 되어 버렸다. 상가는 원래 있던 상권이 아니고 사장님들도 대부분 새롭게 시작하는 사업이어서 더욱 미숙한 점이 많은 탓이었을까? 나를 비롯한 운영진들은 쪽지 폭탄을 받게 되었다. 사장님들이 보내시는 쪽지였다.

맘카페 회원들이 간과하기 쉬운 사실이 있다. **맘카페에는 고객들만 존재하지 않는다. 당연히 동네 사장님들도 지역 주민으로서 같이 가입하고 활동하고 있다.** 집 근처에 매장을 내는 것이 가게를 관리하기가 편하기 때문이다. 대개는 그들도 같은 동네에서 아이를 키우고 열심히 경제활동을 하는 평범한 사람들이며, 맘카페의 회원이다. 그러니 사장님들은 맘카페의 반응을 자연스럽게 모니터링할 수밖에 없는 처지가 되었다. 사장님들 입장에서는 가게에 조금이라도 부정적인 글이 올라오면 당연히 예민하게 볼 수밖에 없었을 것이다.

"그 글 때문에 요즘 잠을 잘 수가 없어요."

"손님이 뚝 끊겨서 장사할 수 없어요."

"당장 그 글을 내려주지 않으면 카페를 상대로 민사적인 책임을 묻겠습니다."

사실 카페 운영자는 그 글을 올린 당사자가 아니기에 법적 책임은 없다. 이러한 내용을 운영자 처지에서는 그냥 외면할 수도 있다. 이 상황을 방관하고 글을 올린 당사자와 해결하라고 하는 건 누군가에겐 무책임하게 보이겠지만, 운영하는 처지에서는 제일 편한 방법이다.

하지만 카페를 개설하셨던 매니저님은 너무나 안타까워하셨다. 매니저님의 카페 설립 취지엔 지역 상권 활성화에 이바지하고 싶은 점도 있었다고 했다. 나는 단순히 소비자를 기만하는 광고 글이 보기 싫어서 운영진 일에 자원한 것이었던지라 매니저님의 이런 취지에 매우 감명을 받았다. 우리는 도의적인 책임으로 이런 애로 사항에 대해 최대한 중재하고자 했다.

새삼 무섭게 느껴지던 맘카페의 영향력

그렇다고 사장님들의 요청에 따라 그런 불만 글을 모두 내릴 수 없었다. 가게에 대한 불만 글이 모두 일방적이고 비합리적인 것은 또 아니기 때문이다. 그런 불만 글 중에서 일방적인 매도 혹은 악의적인 의도를 지닌 사례는 소수였고, 양쪽 입장이 첨예하게 대립하는 경우가 대부분이었다.

운영진이 양쪽 말을 아무리 객관적으로 들어본다고 하더라도 사실관계를 정확히 파악할 순 없다. 운영진은 수사기관이 아니기 때문이다. 시시비비를 가릴 결정적인 증거를 확인할 능력도 권한도 없다. 맘카페 회원들은 운영진에게 솔로몬 같은 판단을 바란다. 하지만 이런 한계 때문에 운영진은 글을 올린 사람의 편도, 사장님의 편도 아닌 최적의 중립적인 선을 제시하는 것이 최선이다.

종종 나는 어떤 사장님들로부터 이런 요구도 받아봤다.

> "차라리 맘카페 내에서 우리 가게에 대한 언급을 금지해 주세요. 카페 회원들이 부정적인 후기는 물론이고 긍정적인 후기도 포함하여 그저 우리 가게에 대해 어떠한 언급도 하지 않게 금지해 주시기 바랍니다."

요청대로 가능한 일이다. 운영자가 "앞으로 ○○ 가게에 대한 글을 게시하는 것을 금지하겠습니다"라고 공지를 한번 올리면 된다.

그런데 그랬더니 전혀 생각하지 못한 현상이 나타났다. 눈에서 멀어지면 마음에서도 멀어진다더니, 그 업체명 언급을 금지해서 악평은 피할 수 있었지만 긍정적인 언급까지도 모두 없어졌다. 그렇게 요청하던 업체들은 고객들의 관심에서 멀어지게 되었다.

즉, 맘카페가 진짜 세계에서 끼치는 영향력은 외면하고 싶어도 결코 무시할 수 없는 것이 되었다. 맘카페에서 언급을 금지해 달라고 요청하는 업체들은 대개 지역 상권에서 뿌리 깊게 자리 잡은 업체들이었다. 자신감이 있었기 때문에 맘카페에서의 화제성을 대수롭지 않게 여겼을 것이다.

그렇지만 무서울 정도로 신기하게도, 그런 요청을 보내온 업체들은 몇 년 사이에 별 볼 일 없었던 경쟁 업체에 밀려 도태되기도 하고, 결국에는 폐업하는 사례들도 많았다. 심지어 맘카페에 언급을 빼달라고 요청한 어떤 업체는 바이럴마케팅 업체를 이용해서 맘카페에 마케팅을 하려는 시도를 보이기도 했다. 이렇게 나는 업체들의 흥망성쇠를 직접 목격하며, 내가 맘카페를 운영하면서도 맘카페의 영향력이 새삼 두렵게 느껴지지 않을 수 없었다.

처음엔 그저 소소한 정보교환을 위해 모였더라도

나의 실제 동네 생활에서도 우리 맘카페의 영향력을 실감할 일이 있었다. 어느 날 나의 단골인 동네 미용실에서 나에게 우리 맘카페에 가입이 되어 있는지 물어보았다.

"혹시 ★★ 맘카페 회원이에요? 오늘 머리가 아주 잘 나왔는데 우리 미용실 후기를 올려주면 서비스로 영양을 듬뿍 넣어드릴게요."

"아…. ★★ 맘카페요? 저는 이상하게도 거기 가입이 안 되더라구요. 후기를 올려드릴 수 있으면 좋은데 아쉽네요."

"어머, 그러시구나…. 장사하는 입장에서 요즘은 맘카페부터 찾아보고 오시니까 후기를 써달라고 부탁드리게 되네요. 요즘 너무 불경기라서…. 뭐, 손님은 자주 오시니까 그냥 오늘은 특별히 서비스로 영양을 넣어드릴게요. 주변에 소문 많이 내주세요."

이런 일을 동네에서 종종 겪을 때마다 마음이 복잡했다. 그때마다 맘카페 운영자인 나는 맘카페의 회원이 아닌 척, 그런 요구를 외면한다. 맘카페에서 정작 나는 운영자인 내가 의도하지 않은 영향을 끼칠까 봐 말 한마디 행동 하나가 조심스럽다.

내가 장사가 잘되었으면 하는 마음에 널리 알리고 싶은 가게가 있어도, 어느 순간부터 나는 애정을 담아 후기를 쓸 수 없게 되었다. 만약 운영자 이름으로 후기를 올린다면 업체에서 뒷돈을 받고 운영자가 광고하는 것이 아니냐, 의심부터 할 것이 뻔하기 때문이다. 특히 그 가게와 업종이 겹치는 가게의 사장님이자 회원이 그런 글을 본다면 불공평하다고 여길 것이다.

그런데 누군가는 정말로 내가 사는 이 동네 어딘가에서, 내가 ★★ 맘카페 회원이라며, 맘카페에 올리겠다고 큰소리를 치고 있을까? **그저 엄마들이 소소한 정보교환을 하기 위해 모인 공간이 이처럼 위력의 공간이 된 이유는 무엇일까?**

일개의 개인은 약한 존재다. 특히 엄마는 약한 존재인 것 같으면서도, 어느 순간에는 강력한 공격성을 보이며 자신들이 뭉치면 커다란 위력을 보인다고 믿는다. 그처럼 맘카페는 누군가에게는 따스한 정이 오가는 공간인 반면, 누군가에게는 생계가 끊길 수도 있는, 한없이 무섭고 두려운 공간이 되었다. 내가 이곳을 아무리 애정 어린 공간으로 바라보려 해도, 이제는 이 또한 결코 부정할 수 없는 사실이 되어 버렸다.

3

동질감이라는 덫

앞서 말했듯, 다른 인터넷 커뮤니티와 가장 차별화된 맘카페의 특징은 이용자 간에 형성되어 있는 신뢰에서 찾을 수 있다. 상호 신뢰를 형성하는 방법은 여러 가지가 있는데 그중 대표적인 것은 동질감이다.

다른 커뮤니티와 다르게 맘카페에는 이용자들 간에 **동질감**을 형성할 요소가 유난히 많다. 맘카페 이용자들 간의 비슷한 나이 또래라는 동질감, 육아를 바탕으로 하는 경험적인 동질감, 지역 맘카페의 경우 같은 지역에 산다는 이웃으로서의 동질감도 함께 작용한다. 그리고 이런 동질감은 집단 내의 서로에 대한 끈끈한 신뢰로 이어진다.

이런 분위기를 조성하는 데 가장 큰 역할을 하는 것은 **맘카페의 등급제**다. 등급제는 맘카페 안에서 정보 공유가 활발하게 이루어지는 것을 유도하기 위해 회원의 '급'을 나누어 놓는 것이다. 꼭 맘카페가 아니더라도 포털 사이트의 카페 대부분은 등급제를 이용하여 회원들의 활동을 촉진하고 있다. 즉 많은 정보를 공유한 회원에게는 많은 정보를 열람할 수 있는 체계를 만들어야 한다.

〈회원등급 안내〉

1. 새싹등급: 가입이 승인된 회원
2. 일반등급: 글 게시 ○개, 댓글 ○○개, 가입 기간 ○개월 이상(질문 게시판 이용 가능)
3. 열심등급: 글 게시 ○○개, 댓글 ○○○개, 가입 기간 ○개월 이상 (드림, 중고거래 이용 가능)
4. 우수등급: 글 게시 ○○○개, 댓글 ○○○개, 가입 기간 1년 이상 (공동구매 이용 가능)
5. 감사등급: 글 게시 ○○○개, 댓글 ○○○○개, 가입 기간 ○년 이상 (홍보 게시판 이용 가능)

예시로 들어본 이 내용을 자세히 볼 부분이 아니라고 생각할 수도 있지만, 4번과 5번의 우수, 감사등급을 들여다보시기를 바란다. 이는 달성하기가 결코 쉬운 수준이 아니다. 다년간 맘카페에 수백 개의 글, 수천 개의 글을 쓴다는 것은 이 공간에 굉장히 많은 시간과 노력, 애정을 수반해야 하는 것이기 때문이다.

비상업적인 특성을 추구하는 맘카페나 영향력이 있는 맘카페들은 보통 이용자들에게 등급 달성을 위해 이 정도의 허들을 요구한다. 우리 카페도 글을 많이 올려 카페 정보 공유에 기여하고 회원등급을 달성한 사람만 특정 게시판을 이용할 수 있게 유인책과 허들을 만들었다.

이 공간에서 '등급'이 중요한 이유

이렇게 등급제는 정보만 취하고 침묵하는 '체리피커(cherry picker)'를 배제하고 정보 공유에 적극적인 태도를 갖게 하여 양질의 정보 유입을 촉진시키는 역할을 한다. 맘카페에 모인 회원들의 목적은 정보를 얻는 것이기 때문에 이런 촉매제가 있어야 카페가 원활히 돌아간다. 맘카페는 여러모로 살아 있는 생물 같아서 카페 활동이 정체되면 동맥경화에 걸리듯 악순환이 계속되는 특성이 있다.

게다가 맘카페가 커질수록 광고 목적으로 가입하는 회원이 많아져 이들을 차단해야 하는 일이 늘어나며, 그럴수록 등급 허들은 점점 높아진다. 이런 상황에서 이렇게 어느 회원의 활동 내역을 축약하고 직관화를 해둔 등급은 나아가 **'신뢰도'**의 역할까지 한다. 맘카페에서 등급이 높으니, 이 사람의 말을 믿어도 된다는 시그널이 되는 것이다.

그런데 이 등급만 믿으면 때로는 피해를 당할 수도 있다. 광고업체에서는 ○○ 맘카페의 △△등급 이상(가입한 지 최소 1년 이상만 달성할 수 있는 등급)인 이용자에게 인센티브를 제공할 테니 후기를 가장한 광고 글을 올려달라고 유인하기도 한다. 또 예전엔 아이디를 새로 생성해서 첫 글부터 사기 판매 글을 올리는 일이 많았지만, 요즘 사기 글의 경우엔 아예 아이디와 맘카페 계정 자체를 해킹한다. 높은 등급의 회원이 올린 고액의 가짜 판매 글을 의심 없이 믿게 하여 속수무책으로 당하는 것이다.

그만큼 등급은 맘카페 활동에 중요한 동기를 부여하는 요소다. 맘카페에서 **"저도 드디어 ○○등급을 달성했어요!"**라는 제목의 감격을 표현하는 글을 종종 볼 수 있다. 등급이라는 것이 대수롭지 않게 보일 수 있겠지만 온라인 게임의 레벨에 비유하면 이해가 쉬울 수 있겠다. 게임을 하는 사람들은 레벨이라는 숫자를 올리기 위해 많은 시간과 금전적인 비용까지도 열성적으로 할애한다. 단지 높은 숫자와 아이템이라는 보상에 희열을 느끼기 위해서다. 거기에 온라인 게임을 할 때 얼굴도 모르는 사람과 같이 사냥하고 레벨을 올리고 희소한 아이템을 얻으며 동지애를 느끼는 과정까지도 유사하다.

이런 **일종의 보상 체계**로 맘카페에 대한 소속감과 서로에 대한 연대는 더욱 끈끈해진다. 그 연대감은 맘카페를 신뢰의 공간으로 만들기도 하지만, 때로는 양날의 검 같은 것으로 작동한다. 앞에서 언급한 사기 사례처럼 맘카페의 신뢰를 악용하는 세력이 나타난다면 그 피해는 고스란히 맘카페 이용자들에게 돌아가기 때문이다.

끝없이 이어지던 사기 사건들

문제는 이 공간의 신뢰를 악용하는 범죄가 드물지 않게 발생한다는 것이다. 운영 규정에 속박받기 싫어 자유주의적인 태도를 고수하던 우리의 운영 입장이 새로운 국면을 맞이했다. 어느 날 매니저님의 다급한 내용의 채팅을 받아서 운영진의 단체 대화방이 난리가 났다.

> "저 사기를 당한 것 같아요. 뭐에 홀려서 1백만 원이나 되는 돈을 입금하고 느낌이 이상해서 사기 조회 사이트에서 조회해 보니 유명한 사기꾼이네요. 어떻게 하죠?ㅠㅠ"

그 글을 올렸다는 회원의 정보를 확인해 보았다. 가입일은 어제 날짜였고, 카페에 방문한 횟수는 달랑 총 3회였다. 첫 글부터가 판매 글이었다.

판매하는 물건은 배송 후 뜯지도 않았다는 최신 텔레비전이었다. 새 상품인 걸 강조하려고 거실에서 박스에 포장된 텔레비전 사진과 함께 올린 글이었는데, 자세히 보니 그 사람이 산다는 아파트의 내부 인테리어와 사진 속의 인테리어가 달랐다. 갓 배송받았는데 필요가 없어져서 정가보다 훨씬 저렴한 가격인 1백만 원에 팔겠다는 글이었다.

보통 다른 맘카페에는 고가의 가전제품 판매 글은 잘 올라오지 않는다. 그런데 당시는 입주 기간이었다. 새집에 들어가는 것에 맞춰 가구와 가전을 많이 바꾸는 시기였기에 우리 카페에는 가전제품의 중고 판매 글이 활발하게 올라왔었다. 입주 기간이라는 특수한 상황이 아니었으면 쉽게 일어날 사기가 아니었을 수도 있지만, 하필이면 운영진 중 누구도 게시판을 보고 있지 않았던 잠깐의 찰나에 일어난 사건이었다.

그 사건 이후로 판매 규정이 더욱 빡빡해졌다. 금전이 오가는 거래성 글은 일정 기간 이상 활동을 한 회원, 즉 일정 등급 이상의 회원만 올릴 수 있게 바뀌었다.

한참 후에 또 다른 사건이 벌어졌다.

> "제가 아동도서 □□□전집을 카페에서 닉네임 ××× 님이 공동구매를 진행하셔서 참여했는데 입금을 하고 며칠이 지나도 연락이 되지 않아요. 혹시 제가 사기당한 걸까요? ㅠㅠ"

그런데 나에게 이러한 메시지를 보내는 회원분이 한두 사람이 아니었다. 서너 명, 대여섯 명, 열 명째가 되니 나도 머리털이 쭈뼛섰다. 피해액만 전부 수백만 원이었다. □□□전집은 유아나 초등학생을 둔 엄마들이라면 누구나 한 번쯤은 들어봤을 인기 있고 유명한 영어 도서 전집이다. 누군가 그 전집의 저렴한 판매처를 알고 있는데 많은 사람이 함께 살수록 싸다며 공동구매를 진행하고 싶다고 글을 올린 것이다.

작정하고 사기 치는 사람은 당할 수 없다. 그 사람은 영리하게도 글 몇 개를 올려서 원래부터 활동하는 회원인 척 가장을 하는 등 그 나름대로 치밀하게 작업했다. 그렇게 한 질에 수십만 원으로 가격이 매겨진 전집 구매를 희망하는 인원 10명을 모았고, 그 돈을 전부 다른 사람 명의의 계좌로 입금받은 후 잠적했다. 알고 보니 피해 사례가 우리 맘카페에만 있는 것이 아니었다. 여러 맘카페에서도 그런 식으로 한탕씩 뛰어 그 피해 총액이 수천만 원에 달했다.

사기 사건은 피해자가 경찰서로 가서 정식으로 고소해야 한다. 운영자가 돕고 싶어도 중간에서 할 수 있는 일은 거의 없다. 맘카페 개설 이래 운영자로서 가장 무력감을 느낀 사건이었다.

고소장을 접수할 때 도움이 될까 싶어 나도 경찰서에 같이 가겠다고 했지만, 회원분들께서 괜찮다고 사양하셨다. 몇 달 뒤 나는 회원들에게 범인이 잡혔다는 소식을 들었다. 이런 사기는 경찰에서도 다루기 힘든 난제 사건인데 어렵게 범인이 잡힌 것이었다. 그나마 천만다행이라고 생각했다.

내가 만약에 그 시간에 맘카페를 지켜보고 있었으면 피해를 예방할 수 있었을까? 현실적으로 나는 맘카페에서 일어나는 모든 순간의 찰나까지 들여다볼 순 없다. 그렇지만 소 잃고 외양간을 고치는 듯한 죄책감이 들었다. 잇따른 사기 사건을 겪고 나서 방어적인 규정이 필요하다는 의견이 모였다. 회원 등급도 글 개수만 채우면 자동으로 등급 상향이 되지 않게 바꾸었다. 운영진이 등급을 조정하기 전에 활동 명세를 다시 살펴본 뒤 이 사람이 위장 가입자인지 아닌지를 한 번 더 들여다보게 되었다.

신뢰라는 '양날의 검'

그렇게 불미스러운 일들을 겪은 후, 우리는 점점 회원 가입을 가려서 받고 규정을 다시 빡빡하게 만들었다. 중고 물품이나 공동구매 거래 글을 올릴 때는 사진과 가격을 반드시 쓰고, 어디에서 거래할 것인지를 밝히고, 인터넷 사진을 도용하는 사례를 막기 위해 닉네임을 메모지에 적은 사진을 함께 첨부한다든지 하는 식의 규정을 마련했다.

그렇지만 안타깝게도 카페 거래에서 사기를 당하지 않으려면 이용자가 최대한 조심하는 방법이 최선이며, 그래서 이런 번거로움은 결국 또 선량한 맘카페 이용자들에게 전가된다. 신뢰도 높은 계정을 해킹하는 기술적인 문제까지 운영자가 막을 수 없기 때문이다. 이런 불안함 때문에 맘카페를 비롯하여 인터넷 카페를 이용한 금전 거래는 급속히 줄어들고 있다. 이미 해킹 사례가 발생한 지 수년째이고, 그 수법이 점점 교묘해져서 맘카페에서 일어난 금전적인 피해 규모가 심각할 것으로 추정된다.

아예 맘카페를 통째로 사기의 수단으로 이용하는 사례도 있었다.[13] 맘카페 운영자가 벌인 사기 사건이었다. 10년 전 카페에서 사기를 벌인 사람이 이번에는 맘카페를 만들어 회원들에게 허위로 상품권 판매를 유도하여 또 사기를 친 것이다.

언론에서 이 사건을 **"맘카페 사기"**라는 제목으로 소개했고, 역시나 사람들은 맘카페가 사회악이라는 반응을 보였다. 그러나 이는 엄밀히 따지면 전과자를 포함해 누구나 맘카페를 만들 수 있기에 벌어진 일이며, 사기를 친 사람도 맘카페라는 공간이 신뢰가 구축되기 쉬운 곳임을 악용한 것일 뿐이다.

안타깝지만 이렇게 맘카페의 신뢰를 악용하는 사기 사례는 앞으로도 계속 반복될 것이다. 애초에 포털 사이트의 카페 서비스는 단순히 소통을 위한 커뮤니티 목적이지, 상거래를 목적으로 만든 것이 아니었다. 이 안에서 유의미하고 원활한 소통이 일어난다면, 신뢰는 자연스럽게 구축되는 것이다. 그러나 그런 미덕을 불법적 혹은 탈법적으로 활용하는 사람들을 막는 데는 원천적으로 한계가 있으며, 이런 이유로 어떤 맘카페는 상거래 자체를 금지하기도 한다. 신뢰가 '양날의 검'이라는 것을 복기하게 되는 대목이다.

---

13 최은지, 「"맘카페 상품권 사기에 100억 날려"… 엄마들 피해 호소」, 《연합뉴스》 2023. 3. 30.

4

사람들은 왜 맘카페에 빠져드는가?

세상에서 맘카페라 하면 바로 떠올리는 부정적인 이미지와 달리 맘카페에는 선행의 사례도 많이 있다. 맘카페 이용자들은 이 공간을 익명으로 이용하지만, 유일하게 드러나는 이들의 정체성은 '엄마'이다. **그래서 맘카페에서 활동하는 회원의 1순위 페르소나는 '엄마'로 장착한다.**

엄마는 자고로 선하고 자애로워야 하는 존재이며 아이들에게 모범이 되어야 한다. 그래서 이들은 대개 엄마로서 이웃과 사회에 선행을 베풀려고 노력하고 기본적으로 엄마에게 요구되는 사회적 역할에 충실하려고 노력한다. 이와 같은 맘카페 구성원의 1차적인 페르소나는 모성이라는 성질에서 기인한다고 볼 수 있다.

이를 바탕으로 맘카페에는 보은(報恩)의 정서가 존재한다. "제가 카페에서 도움을 받고 있는 만큼 다른 분께도 도움이 되었으면 해요." "항상 감사하게 생각하고 있어요." 이런 말이 자주 나온다는 것은 내가 맘카페의 누군가에게 도움을 받은 만큼 나도 선의를 베풀고, 그 선의가 돌고 돌아야 한다는 믿음이 존재하기 때문이다.

맘카페에 글을 올리는 이유는 꼭 특정 등급을 달성하거나 등급을 유지하기 위한 실리적인 태도 때문만은 아니다. 이런 보은의 정서는 이용자들이 다른 맘카페 이용자들과 맘카페라는 집단을 선하다고 믿는 공동체적 정서에서 비롯된다. 즉, 맘카페 구성원들 간에 서로 신뢰하고, 맘카페가 오롯이 신뢰받는 공간으로 여겨질 때 그러하다.

그렇기 때문에 지난 5년간의 나의 경험으로는, 맘카페에 긍정적, 중립적인 글이 올라오는 사례는 부정적인 글이 올라오는 사례보다 단연 훨씬 많았다. 물론 그런 극소수의 부정적인 글에 대한 비판도 일리가 있고, 맘카페 구성원들에게 반성할 지점을 남기는 것도 사실이다. 다만 사람들은 부정적인 것에 더 말초신경이 갈 수밖에 없다. 그래서 그 일부의 사례가 세상의 엄청난 주목을 받는 것이고, 가끔은 운영하는 나까지 힘들게 하였을 뿐이다.

나는 선의로 정보 공유를 이어가며 때로는 나보다 카페 운영에 관심이 많은 우리 맘카페 회원들을 감사하게 생각한다. 그들의 선의가 없었다면, 나와 카페를 만든 운영자만으로는 이렇게 운영할 수 없다는 점도 분명 사실이었기 때문이다.

맘카페의 선한 영향력

특히 지역에 기반을 둔 맘카페 회원들은 지역사회와 공생하려 하고 좀 더 좋은 동네가 되도록 이바지하는 것에 관심을 가진다.[14] 이

---

14 변진경, 「카페에서 싹 틔운 '그 여자들'의 꿈」, 《시사IN》 2021. 11. 24.

것이 극단적으로 님비나 핌피 같은 지역 이기주의로 표현되는 사례도 있지만, 기본적으로 내가 사는 지역사회와 이웃이 잘되기를 바라는 마음이 앞서나간다. 친절하고 양품을 제공하는 가게에 대해 입소문을 내주고 싶어 하는 것, 그리고 사장님의 선행을 우연한 기회에 보게 되어 맘카페에 글을 올려 소문이 나서 '돈쭐'[15]을 내주는 사례들이 그에 해당한다.

가끔 사장님들께서 본인도 맘카페의 회원이셨다며, 홍보도 하지 않았는데 보내주신 성원에 대해 감사하다는 글이 올라오기도 한다. 가게에 대한 호불호는 개인의 취향을 반영하지만, 진심으로 열심히 장사하는 가게에 대한 긍정적인 평판이 보편적으로 존재하는 것도 사실이다.

이처럼 맘카페에 자발적인 후기가 올라오는 이유는 내가 카페에서 도움을 받은 만큼 나도 다른 회원들에게 도움을 주기 위해서다. 그래서 맘카페에는 좋은 가게의 후기가 다른 커뮤니티보다 자발적으로 올라오며, 서로 그 후기가 믿을 만하다고 여긴다. 나 역시 정말로 열심히 하는 가게는 이렇게 보상을 받는 것이 마땅하다고 생각하며 이럴 때 맘카페가 지역사회에 긍정적으로 기여하는 의미를 느낀다.

지역에 실종 아동이 발생했을 때는 어떨까? 이런 순간 엄마들의 모성과 맘카페의 전파력이 빛을 발한다. 갑자기 맘카페 이용자들의 이목이 아동 실종 사건에 집중된다. 그리고 아이에 대한 인상

15 돈으로 혼쭐을 내준다는 반어법적 표현으로, 선행을 베푼 가게에서 적극적으로 물건을 팔아주는 등 자신의 소비에 의미를 부여하는 현상

착의가 적혀진 글은 옆 맘카페, 옆옆 맘카페까지 "옆 카페에서 본 실종 아동이에요. 같이 찾아주세요.ㅠㅠ"라는 언급과 함께 빠르게 퍼진다. 그러다가 "아이를 찾았어요.ㅠㅠ"라는 글이 올라오면, 마치 자기 아이 일같이 걱정했다면서, 천만다행이라는 댓글이 눈물 모양의 이모티콘과 함께 주르륵 달리고 맘카페는 눈물바다가 된다.

나아가 맘카페가 바자회를 주도적으로 운영하여 수익금을 지역사회의 불우 이웃에게 기부한다든가, 쓰지 않는 육아용품들을 모아 필요한 단체에 기부하기도 한다. 인터넷 검색창에 '**맘카페 기부**'라고만 쳐도 지역신문에서 취재한 사례가 줄줄이 나온다. 대한민국 인터넷 커뮤니티 중에 맘카페만큼 자기 이름을 걸고 지역사회에 기부를 많이 하는 단체는 없다. 이와 같은 사례가 크게 주목받지 못하는 이유는 무엇일까? 어쩌면 엄마들이 선행을 하는 것을 우리 사회가 너무나 당연한 일로 여기기 때문인 건 아닐까?

또 개인 차원에서 카페에서 소소하게 **재능을 무료로 기부하는 사례**도 많이 찾아볼 수 있다. 예컨대 본인의 전공이나 특기를 살려 아이들에게 무료로 교육의 기회를 제공하거나, 수공예로 만든 상품을 바자회나 재능 기부의 형태로 기부하는 것이다. 이런 사례가 반응이 좋으면 곧 누군가의 직업으로 발전되기도 한다.

이런 재능 기부에 대해서는 애초에 상업적인 홍보 목적이라며 불순하게 보는 시선도 존재한다. 하지만 나는 취미에서 재능을 찾고 발전시킬 수 있다면, 그것도 육아로 직업 경력이 단절되었지만 다시 일하고 싶은 여성이 있다면, 그에게 또 다른 기회를 제공하는 것으로 생각한다. 어떤 사업이든 가장 작게 시작할 수 있는 형태는 동네 사람들을 대상으로 하는 것이다. 맘카페는 이렇게 누군가에게는 **경**

제적 자아를 실현할 가능성을 엿보는 하나의 장을 제공하는 것이다.

지역사회에 굳건히 자리매김한 지역 맘카페들은 지방자치단체와 소통하면서 **정책과 행정을 홍보하는 소통 창구**가 되기도 한다.[16][17] 기초 지방자치단체에 해당하는 시·군·구청과 경찰서의 홍보 담당자가 맘카페에 가입해 해당 기관의 닉네임으로 대민정책을 홍보하고(이들 대부분이 실제로 그 지역에 거주하는 주민이며 엄마이기도 하다), 이를 통해 정책 대상자들의 반응을 살펴본다. 또 맘카페 회원을 간담회에 초대하여 정책 의견을 적극적으로 수렴하기도 한다. 이처럼 기관과 맘카페의 긍정적인 상생은 풀뿌리 민주주의 기틀에 이바지할 수 있다.

왜 이런 맘카페의 순기능적인 사례들은 세상에 잘 알려지지 않았을까? 이런 사례들은 가끔 언론에도 보도가 되지만, 이런 기사들에서조차 선행 주체를 '맘카페'라고 명시하지 않고 '지역 카페'나 '인터넷 커뮤니티', '이웃들' 등의 다른 단어로 대체하여 맘카페의 정체성을 희석해 보도하는 것을 종종 목격한다.[18] 맘카페의 부정적인 편견이 작용하는 것인지 무슨 이유인지 그 진실은 정확히 알 수 없지만, 그런 뉴스를 발견할 때마다 어쩔 수 없이 섭섭한 마음은 든다.

사실 세상의 뉴스를 접하는 우리부터도 훈훈한 미담보다는 자극적인 보도에 더 주목하지 않는가. 아름답고 잔잔한 이야기는 기

---

16 박홍서, 「인천 서구, 서구 맘카페와 소통행정 구현을 위한 협약 체결」, 《아주경제》 2016. 3. 15.

17 조병국, 「일산서부경찰서, 맘카페 '일산아지매'와 치안협력 업무협약 체결」, 《기호일보》 2017. 2. 23.

18 이정화, 「"마트 사장님 유방암으로 폐업" 사연에… 앞다퉈 장보기 나선 이웃들」, 《SBS》 2021. 11. 26.

억에 희미하게 남지만, 불쾌하고 자극적인 이야기는 뇌리에 강렬하게 박힌다. 다만 적어도 내가 오랜 기간 경험한 맘카페에는, 거의 언제나 평범한 엄마들이 아이를 키우고 살아가는 여러 가지 이야기가 가득했을 뿐이었다. 살아가며 좋은 일도, 나쁜 일도, 이상한 일도 숱하게 경험하고, 때로는 좋은 사람도 만나고, 아주 이상한 사람도 만나듯이, 맘카페 이야기들과 맘카페에 모인 사람들은 그 이상도 이하도 아니었다.

맘카페에는 어떤 글이 올라오는가

지금까지 나는 처음부터 맘카페에 올라오는 너무 극단적이고 강렬한 사례들 위주로 소개한 것 같다. 내가 맘카페를 전혀 모르는 사람들에게 분명히 이야기하고 싶은 점은, 그런 세간의 우려와 달리 맘카페에는 자극적이고 공격적이고 신랄한 글들이 주를 이루지 않는다는 것이다. 절대다수의 맘카페 이용자들은 그런 글들을 피곤해하며, 그런 글이 올라오는 것 자체를 원하지 않기 때문이다.

맘카페 구성원들은 맘카페가 '순하게' 유지되기를 바란다. 그래서 이곳이 시끄러워지면 운영자인 나에게 어떻게 분란을 해결해 보라며 비밀 신고함엔 신고 글이 넘쳐나고, 많은 이들은 '이 분란도 지나가겠지'라고 여기며 소동과 얽힌 글들이 게시판에서 멀리 떠내려가기를 바라고, 자극적인 글을 올리는 사람도 자신의 글이 불편함을 조장하는 점을 인지하며 '불편하신 분들은 패스해 달라'고 당부하는 것이다.

보통 맘카페에 올라오는 글들을 찬찬히 들여다보면 무척 재미 있고 다양하다. 단순한 육아에 대한 질문부터, 우리 아이의 교육 이슈, 동네에 관련된 소식, 사회적인 문제 등등 실생활에 밀접한 주제는 다 올라오니 말이다. 그러니 엄마가 아닌데도 맘카페에 굳이 가입하고 싶어 하는 사람들이 존재한다.

단지 아이를 잘 키우고 싶어서 모인 것뿐인지라, 이들 간에는 여자이고, 자녀가 있고, 같은 동네에 산다는 공통점밖에 없어 보일 때가 있다. 그럼에도 맘카페 안에서는 단지 그 이유만으로 서로를 믿고, 우리 삶의 모든 주제에 대해 솔직하게 이야기를 나눈다. 그렇게 맘카페는 **엄마들의 모든 삶의 주제를 포괄하는 거대한 장**이 되었다.

아직 맘카페에 익숙하지 않거나, 이곳에 직접 들어와 보지 않은 독자분들도 많을 것이다. 그런 여러분을 위해서 그간의 운영 경험을 통해 맘카페에는 어떤 글이 올라오는지를 짤막하게 적어보고자 한다. 이 글들은 몇 가지 유형으로 나누어 볼 수 있다.

1. 일상과 정보 공유

첫 번째는 일상을 주제로 자유롭게 쓰는 유형이다.

"어제 본 드라마에서 눈물 완전 쏟았네요.ㅠㅠ"
"동네 놀이터에서 외동이 우리 아이와 신나게 놀아주었던 누나들 정말 고마워요."
"눈이 와서 동네에서 아이들과 눈사람을 만들고 신나게 놀았어요."
"꽃게가 제철이네요. 마트에서 사 온 꽃게로 오늘 저녁에는 꽃게 된장찌개를 끓여봤어요."
"팔불출이지만 저희 아이가 미술학원에서 그려 온 그림을 자랑하고 싶어요."

"우리 지역에서 가을에 열리는 벼룩시장 정보를 공유해요."

맘카페에 가장 많이 올라오는 글의 유형이다. 이러한 글들은 맘카페 사용자들의 공감을 끌어내며 소속감을 고양하고 맘카페 분위기를 화기애애하게 견인하는 역할을 한다.

이러한 유형의 글을 올리는 가장 큰 이유는 소통을 통해 누군가와 **친밀감과 유대관계**를 느끼려고 하는 것이다. 맘카페를 운영하며 가장 와닿았던 말은 인간은 역시 사회적 동물이고, 소통의 욕구는 인간의 가장 기본적인 욕구라는 것이다. 특히 갓 이사를 와서 동네에 아는 사람이 없거나 아기를 낳은 지 얼마 되지 않은 젊은 엄마들이 인간적인 소통을 원하는 글을 많이 쓴다.

해외 역학조사에 따르면 임산부의 25~35%가 우울 증상을 호소하고 7~13%가 주요 우울 진단의 기준을 충족하지만,[19] 건강보험심사평가원에서 산후우울증으로 진료를 받은 산모는 겨우 1%대에 불과하다.[20] 보건복지부에선 산후우울증 유병률을 10~15%대로 추정하고 있는데, 이렇듯 통계 수치가 커다란 차이를 보이는 이유는 우리 사회의 산후우울증에 대한 시선 때문일 것이라고 본다. 과거보다 정신의학과에 찾아가서 전문적인 상담을 받는 것에 대한 편견은 다소 완화되었다. 그럼에도 우리는 스스로 정신과적인 문제가 있고 치료가 필요하다는 것을 인정하기까지 여전히 많은 용기

---

19 박영주, 「산후우울증, 통계 뒤죽박죽에 준비사항 미흡」, 《문화저널21》 2018. 10. 31.

20 박소영, 「산모 20% 산후우울증, 치료는 1% 불과 "지원 필요"」, 《의협신문》 2015. 12. 4.

를 내야 한다.[21]

우리 사회는 '어머니는 강한 존재여야 육아를 할 수 있다'고 믿는다. 이 때문에 당사자들은 우울한 감정이 그저 지나갈 것이라고 여기며 의학적인 치료에 의지하기보다도 혼자 이겨내 보려는 경향이 있다. 그래서 실제로 비교적 가벼운 증상까지 포함하면 훨씬 더 많은 여성이 산후우울증을 경험했을 것이라고 볼 수밖에 없다. 육아를 경험해 본 사람이라면, 육아라는 경험의 이면에는 육아가 주는 행복감과 동시에 고립감에서 비롯되는 뭔가 음침하고 우울한 정서도 공존하고 있다는 점에 동의할 것으로 생각한다.

산후우울증에는 여러 복합적인 원인이 있다고 한다. 호르몬 불균형 같은 의학적인 원인도 있지만, 현대 산모들의 우울증은 역시 **핵가족 시대의 육아 환경**과 연관이 있다고 본다. 과거 대가족 시대를 떠올려 보자. 가족 구성원이 많기 때문에 아기는 엄마 외에 여러 여성 구성원의 보살핌을 받았고, 아이는 또래 친척 아이들과 자연스럽게 부대끼며 생활했다. 즉 저절로 공동육아가 가능하였기에 육아 부담이 분산될 수 있었다. 하지만 핵가족 시대에는 아기 엄마 혼자 육아를 전담하는 경우가 대부분이다. 거기에 아기는 말을 하지 못하고 의사소통이 불가능한 존재다. 그래서 갓난아기를 육아하는 일은 육아 당사자를 고립시키며 우울한 정서에 노출되게끔 한다.

그 때문에 앞에서 언급했듯이 맘카페에서 '산후우울증의 가장 큰 치료 약이 맘카페'라고 찬양하던 이들도 종종 볼 수 있었다. 맘카

---

21 김동주, 「산후우울증으로 인한 극단적 선택…인식 제고 및 관리 시급해」, 《메디컬투데이》 2020. 1. 15.

페에서 만나는 육아 동지들과 서로 공감하고 응원하며 우울함을 극복하는 것이다. 그래서 육아 초기에 맘카페에 진입한 이들이 맘카페의 충성 회원으로 이어지는 경우가 많다. 온라인에서 친밀감을 형성한 이들은 오프라인에서 직접 만나자는 글을 올리기도 하며 친목을 다지기도 한다. 이는 이웃과 이웃을 연결하고, 개개인의 유대감을 장려하는 요즘 지역 맘카페의 순기능적인 역할이라 할 수 있다.

그렇지만 맘카페가 제공하는 소속감의 성격이 밝고 긍정적인 것만은 아니다. **맘카페에서 활동하고 친목을 다지는 동기는 정서적인 안정감보다는 소외되지 않기 위한 불안감에 더욱 가까운 것이기도 하다.** 사실 나는 이것이 맘카페에 가입하고 활동하는 더 주된 동기라고 본다.

실제로 내가 운영하는 맘카페에서 신규 회원의 가입 목적에 관해 물었을 때 십중팔구는 '정보 공유'라고 적는다. 이는 **정보 시장에서 내가 도태될 것이라는 불안감**에서 기인한 것이라고 봐도 무방할 것이다. 그 정보의 범주는 육아 관련 지식이 될 수 있고, 학교 관련이나 사교육 관련 내용일 수도 있고, 어느 반찬 가게가 괜찮은지 같은 생활 정보까지 포함된다.

아이가 아닌 내 생활에 관련된 건 인터넷 검색으로 광고를 찾아보면 어느 정도 수집할 수 있고 판단이 된다. 그런데 엄마들에게 진짜 필요한 정보는 '아이'에 관련된 정보다. 엄마들은 기본적으로 아이를 위해 가장 좋은 기회를 제공하고 싶어 하면 하지, 결코 내 아이에게 불리한 상황을 일부러 만들고 싶어 하지 않는다.

아이 엄마들과 교류할 기회가 상대적으로 적은 워킹맘의 경우는 더 그러하다. 그래서 요즘 엄마들은 학교의 학년방, 반톡방(반별로 있는 단체 메신저 채팅방)의 동향에 귀를 기울이고, 또 맘카페에 가입해 정보를 얻어야 한다는 생각을 하게 된다. **그 정보에 대한 열띤 탐색엔 기본적으로 '혼자서 육아를 책임져야 하는' 핵가족 시대의 짙은 불안감이 반영되어 있다.**

어쨌든 맘카페엔 온갖 정보들이 넘친다. 누군가에게는 시시콜콜한 이야기처럼 보일 수 있지만, 때때로 누군가에겐 간접적인 형태의 귀중한 정보가 될 수 있다. 예를 들어 맘카페의 단골 주제인 "오늘 저녁 메뉴는 무엇으로 드실 건가요?"라는 제목의 글을 보자. 저녁 메뉴는 나부터도 거의 매일 고민하는 문제다. 물론 나 혼자만 먹으면 대충 끼니를 때워도 상관없다.

그런데 가족들과의 저녁 식사는 각각의 기호와 식성을 고려하여 기왕이면 몸에 좋고 가성비 좋은 제철 재료나 냉장고에 있는 재료를 이용해 식사를 챙기는 것이다. 신경을 쓰기 시작하면 은근히 복잡한 문제인데, 이를 매일 해결해야 한다. 이럴 때 다른 집의 저녁 메뉴를 슬쩍 엿보며 참고할 수 있는 것이다. 다른 형태의 글도 마찬가지다. '이 드라마가 재미있나? 정주행을 시작해 볼까?'라고 생각해 볼 수 있고, '주말에 어디 나가서 놀지?' 생각해 볼 수 있다. 나와 비슷하게 살아가는 다른 엄마들의 여러 모습을 참고하여 내 삶에 선택적으로 적용할 수 있다.

2. 상품 및 서비스 후기

두 번째는 앞서 언급한 일상 주제형이 조금 더 발전한 성격이라 할 수 있다. 물품이나 서비스를 이용한 후에 올리는 후기 형태의 글이 그것이다.

"○○ 유모차를 1년 동안 이용한 내돈내산 진짜 후기"

"이번에 새로 생긴 치킨집에서 배달을 시켜 먹었는데 너무 맛있어서 추천합니다.^^"

"수학학원을 직접 발품 팔아 비교해 본 후기! (다른 학원 상담받아보신 분들도 후기를 댓글로 공유해 주세요)"

대다수 사람들이 맘카페에 가입해서 들여다보는 목적은 여러 가지 정보 수집이다. 그러한 측면에서 순수한 의도가 우러나오는 진짜 후기 글이 카페에 많이 올라오는 것은 매우 바람직하다.

문제는 **대가성 후기**이다. 대가성 후기란 업체 또는 광고주가 할인, 캐시백, 물품, 서비스를 제공하는 조건으로 후기를 올려줄 것을 고객에게 제안하여 고객이 그 대가를 받고 후기를 쓰는 것이다. 공정거래위원회의 '추천·보증 등에 관한 표시·광고 심사지침'에 따라, 대가성 후기를 올릴 때는 광고주로부터 대가를 받았음을 명확히 표시해야 한다. 하지만 인터넷에 후기를 작성하는 사람들은 이러한 내용이 위법임을 모를 때도 있고, 때로는 글을 더욱 신뢰하게 할 목적으로 고의로 누락시키기도 한다.

대가성 후기 때문에 정보의 보고라고 여겨지던 포털 사이트들의 블로그는 상업성으로 잠식당한 지 오래다. 이제 정보 이용자들은 블로그의 글이 대부분 광고라는 것을 염두에 둔다. 또 검색하자마자 클릭해서 들어가는 블로그의 주인과는 대개 일면식도 없는 사이다. 글쓴이와 이용자는 서로 간의 친밀감도, 동질감도 없다. 그렇기에 음식점을 찾는 경우, 사람들은 블로그의 정보에서 가게의 위치, 메뉴의 종류, 전화번호 같은 아주 단편적인 정보만 참고할 뿐,

그 집이 꼭 가보고 싶은 '맛집'이라고 별로 생각하지는 않는다.

하지만 맘카페의 글은 믿을 수 있다고 여긴다. 맘카페 회원끼리는 나와 같은 동네에 사는 이웃 혹은 비슷한 처지에서 아이를 키우는 동질감이라는 라포르(rapport), 즉 신뢰 관계가 형성되어 있기에 그들이 올린 글을 더 쉽게 믿게 되는 것이다. 그래서 온라인 마케팅을 하는 사람들은 블로그 포스팅을 상위 노출을 점유하는 것 외에는 의미를 크게 두지 않고, 맘카페에 침투하여 글을 올리는 것이 훨씬 효과적이라고 여긴다.

그래서 바이럴마케터를 카페로 침투시켜 미리 짜인 각본의 가짜 후기를 게시하기도 하고, 이벤트를 이용하여 후기를 게재하는 고객에게 금전적인 형태 등의 여러 이익을 제공한다. 그런 바이럴마케터들이 비상업적 맘카페의 라포르를 형성하기 위해 작업하는 기간은 무려 1~2년 이상 걸릴 때도 있다. 그러니 이보다 쉬운 방법은 대가성 후기 이벤트를 진행하여 기존 회원에게 맘카페에 글을 올리게 하는 것이다.

그러므로 비영리 맘카페들은 대가성 후기를 바이럴마케팅의 일종으로 보고 엄격하게 금지하고 있다. 대가성 후기로 인해 카페가 순식간에 **광고의 장**이 되어 버리기 때문이다. 누군가는 그 대가성 후기를 본 뒤 업체에 가서 똑같은 서비스를 받고, 또 대가성 후기를 올린다. 그렇게 후기들이 꼬리를 올라오면서 순식간에 광고와 정보가 구분 없이 뒤섞여 버린다. 어떨 때는 해시태그까지 써가면서 '#내돈내산'[22] 이라고 올리는 게시글 역시 돈을 낸 건 맞지만 그 대가로 할인을 받거나 물건을 증정받은 형태도 있다.

우리 카페에서도 정보와 광고를 구분하기 위해 대가성 후기를 엄격하게 금지했다. 그런데 그렇게 못을 박았음에도 불구하고 대가성 후기는 많이 올라왔다. 실제로 나는 "후기 이벤트가 있어서 할인을 받았을 뿐이고, 내 돈을 지불했기 때문에 대가성 후기가 아니다. 도대체 뭐가 문제냐?"라고 주장하는 어떤 회원과 장문으로 온종일 채팅을 주고받았던 적이 있다.

대가성 후기는 한번 올라오면 독버섯처럼 번진다. 규정에 명시되어 있더라도, 다른 사람이 올렸으면 나 역시 올려도 괜찮다고 생각하는 사람들이 생각보다 제법 많다. 그럴 땐 운영자가 개입할 때까지 똑같은 형태의 후기가 계속 올라온다. 광고를 의도한 입장에서는 아주 바람직한 바이럴마케팅의 형태로 흘러가는 것이다. 게다가 무엇이 대가성 후기인지의 여부를 확인하는 것도 점점 더 어려워지기 시작했다. 시시비비를 따지는 것은 서로 얼굴을 붉히고 마음 상하는 일이며, 후기를 쓴 작성자는 의심받는 것만으로도 마음이 상한다고 호소하기 때문이다.

그래서 예전에 카페에 설문 조사를 올려 대가성 후기에 대해 찬성과 반대를 고르는 투표를 실시한 적이 있다.

> "차라리 대가성 후기임을 명백하게 표시하고 대가성 후기를 허용하는 것에 대해 어떻게 생각하시나요? 대가성 후기를 허용한다면 당당하게 경제적인 이익을 볼 수 있을 것으로 기대합니다."

---

22 "내 돈으로 내가 샀다"는 뜻의 줄임말. 후기를 쓰는 대가로 업체를 통해 결코 협찬을 받지 않았으며 광고가 아니라고 강조하는 말.

그런데 그 설문에 참여한 우리 카페 회원들은 80% 이상의 압도적인 비율로 대가성 후기를 보기 원치 않는다고 답변하였다. 통계적으로 비교적 적은 모수가 반영된 결과이지만, 이러한 결과는 이용자들이 맘카페에서까지 광고 형태의 정보를 기대하지 않는다는 점으로 유의미하게 추측할 수 있는 대목이라고 생각한다.

사실 스마트폰이 보급되면서 이제 광고는 누구나 원하면 검색을 하여 쉽게 접할 수 있다. 상품 정보를 얼마든지 선택적으로 접근할 수 있는 시대인 것이다. 이 설문으로 사람들은 맘카페에 광고를 보려고 가입하는 것이 아니라는 것을 알 수 있었다. 바꿔 말하면 **사람들은 거짓 후기라는 지뢰나 광고를 피해서 맘카페에 가입한 것**이다. 결국 맘카페가 존재하는 이유는 정보 이용자들의 순수한 정보에 대한 열망에서 비롯된 것으로 보아야 한다.

3. 무엇이든 물어보세요

세 번째는 '무엇이든 물어보세요' 형태의 글이다.

"(늦은 새벽 시간에) 아기가 열이 나는데 떨어지지 않네요. 응급실로 가야 할까요?"

"**마트에 가 계신 특파원 계실까요? 주차 대기 줄이 얼마나 긴지 궁금해요."

"저는 세입자이고 집주인과 문제가 생겼는데 집주인이 만기 때 보증금도 돌려줄 수 없고 소송까지 한다고 합니다. 너무 억울한데 같은 경험이 있으신 분들의 조언을 구합니다."

여기서 **특파원**은 현장에 지금 나가 있는 사람을 찾는다는 말이다. 주로 마트나 쇼핑몰, 놀이공원 등 인파가 몰리고 대기시간이 길어지는 곳의 현재 상황을 궁금해한다.

어디에서 대기를 길게 한다는 것은 당연히 누구에게나 힘들고 불쾌한 경험이지만, 특히 참을성이 성인보다 더 떨어지는 어린아이를 데리고 나가면 그 고단함은 두 배가 된다. 오죽하면 주말, 특히 어린이날이나 크리스마스 같은 대목에 아이들과 외출할 장소를 정하는 것을 눈치 게임에 비유하기도 한다.

특파원 문의 글은 실시간으로 글이 올라오는 맘카페의 특징을 십분 활용한 문의 형태이다. 굉장히 사소한 문의이자 사소한 도움 같지만, 이 특파원 문의 하나로 그날 하루를 편하게 보낼 수 있다. 이용자들은 이렇게 맘카페에서만 얻을 수 있는 정보에 또 의지하게 된다.

그리고 누군가가 올린 문제 해결을 위해, 그 문제를 먼저 겪어보고 해결해 본 사람이 나타나서 조언해 주는 일도 적지 않다. 이럴 때는 종종 각 분야의 전문가들이 정체를 드러내기도 한다. 알고 보면 가정에서 엄마라는 역할에도 충실히 하는 누군가가, 동시에 사회에서는 각자의 역할에 충실한 전문가들인 경우도 많기 때문이다.

이들은 "제가 법조계에서 일하고 있는데", "제가 금융권에서 일하는데", "제가 의료기관에서 일하는데", "제가 교육기관에서 일하는데"라고 밝히며 그럴 때는 어떻게 해결하는 게 좋겠다고 답변한다. 물론 전문적인 지식은 정식으로 상담을 받는 것이 가장 정확하지만, 대략적인 지식을 사전에 빠르게 얻을 수 있는 장점이 있다. (당연히 댓글을 다는 사람들도 직접 상담을 받을 것을 권유한다.)

4. 인생 조언

네 번째는 삶의 난관이나 인간관계에 대한 조언을 구하는 내용이다.

인간관계에 대한 난관은 가깝게는 남편, 친정 부모님, 시부모님과 관련된 것이며, 자식 양육 태도에 대한 조언도 구할 수 있다. 심지어 아이 친구 엄마와의 관계나 직장에서의 처세까지 조언받을 수 있다.

"시어머니와의 갈등. 어떻게 해야 현명하게 대처하는 것일까요?"

"아이 친구 엄마들 사이에서 처세와 관계 유지가 쉽지 않아요."

"이직을 고민하고 있어요. 연봉 인상 받고 출퇴근 거리가 먼 직장과 집에서 가까운 지금 직장을 계속 다니는 것. 맘님들이라면 둘 중 어느 것을 선택하시겠어요?"

"지금 아이를 봐주시는 시터분과 너무 맞지 않는 것 같은데 역시 다른 시터를 구하는 게 좋을까요?"

"남편의 외도가 의심됩니다. 친구에게 말할 수 없고 부모님에게 털어놓으면 너무 마음 아파하실 것 같아서 어떻게 하면 좋을지 맘카페에 적어봐요."

직접적인 지인에게 나의 솔직한 고민을 털어놓고 답변을 듣는 건 때로는 굉장히 부담스러울 때가 있다. **익명성의 장점**이 발휘될 순간이다. 조언해 주는 사람도 마찬가지다. 면대면에서는 조심스럽게 오가는 이야기를 익명으로는 더욱 솔직하고 직설적으로 조언할 수 있다.

실제로 이런 직설적인 조언이 에둘러 표현하는 지인들의 말보다 신뢰가 가는 큰 도움으로 여겨지기도 한다. 그뿐이랴. 이곳에 극단적인 사연이 올라올 때는 다들 자기 일같이 공감하며 화를 내고 욕까지 해준다. 옆집 언니가 옆집 동생에게 조언하듯이 진심 어린 답변이 오고 가는 모습을 보면, 이런 때야말로 익명성이 제 역할을 다한다고 볼 수도 있다.

이렇다 보니 유난히 맘카페에 인생의 거의 모든 해결책을 의존하려는 사람들도 종종 눈에 띈다. 인생에 대한 조언부터 어느 옷이 더 잘 어울릴지까지 그 질문의 폭도 다양하다. 그래도 여기까지는 충분히 그럴 수 있다고 본다. 적어도 이런 글에는 악의적인 의도는 없기 때문에 이해할 수 있다.

그렇지만 맘카페에서 받는 과도한 공감 때문에 상황을 객관적으로 인지하지 못하게끔 하는 부작용도 발생한다. 언젠가부터 인터넷 커뮤니티에는 '중립 기어'[23]를 박아야 한다는 말이 생겼다. **우리가 우려하는 맘카페의 문제적인 상황은 대부분 그처럼 타인의 공감을 더 얻고자 하는 욕망이 일그러지는 과정에서 생겨난다.** 뒤에서 자세히 살펴보겠지만, 이 과정은 맘카페의 고질적인 문제로 꼽히는 '갑질 문제'와 '프로불편러'가 등장하는 과정과도 유사하다.

고민 글에 대한 답변은 참고용으로 듣는 것이지, 문제 해결의 열쇠는 결국 본인이 갖고 있다고 본다. 그런데 각자 사연이 있겠지만, 어떤 사람들은 갈등을 해결할 수 없다는 무기력에 빠져 맘카페를 대나무숲처럼 여기며 글을 올린다. 그 이유는 주로 맘카페 회원

---

23 어떤 정보가 확실해질 때까지 섣불리 의견을 제시하지 말자는 인터넷 신조어.

들이 자신의 상황에 공감해 주고 위로해 주었으면 하는 마음에서 비롯된 것이다. 그런데 이런 마음은 더 나아가 자신을 힘들게 하는 사람들을 다 같이 흉보고 욕해 주었으면 하는 욕망으로 변질되기도 한다.

남편과 시댁에 대한 불만 글을 하루가 멀다 하고 올리는 분이 있었다. 첫 시작은 명절 때 가사 분담에 대한 불만 글이었다. 많은 회원들이 열화와 같은 성원으로 공감해 주었다. 그러다가 평소에 느껴온 시댁과 남편에 대한 불만의 강도가 점점 거세지고, 빈도도 높아졌다. 그 글의 내용을 보고 있으면 누구라도 '이게 무슨 막장 드라마에 나올 법한 일인가?', '이것이 사실이라면 정녕 사람으로서 할 수 있는 행동인가?' 싶을 정도였다. 그러니 사람들의 공감 수위도 같이 거세졌다. 간간이 그분의 남편과 시댁을 향한 욕설까지 등장했다.

그리고 어느덧 이분의 글은 점점 동네와 세상에 대한 불만으로까지 확장되었다. "동네 가게의 응대가 나를 무시하는 것 같다.", "동네에 참으로 개념 없는 엄마들이 많다.", "이렇게 이상한 사람으로 가득 찬 세상이니 애를 어떻게 키우라는 것인지 모르겠다." 등등. 그렇게 또 몇 사람이 공감해 주니, 그 불만 글은 점점 비난, 욕에 가까운 불편한 수위까지 이르렀다.

매일 그런 글이 올라오다 보니, 어느 날부터 사람들은 이분이 올리는 글들 때문에 마음이 불편하다고 에둘러 표현하기 시작했다. 딱히 "○○맘님" 글이 불편하다고 지적하지 않았지만, 누가 봐도 그 사람의 글이 불편하다는 내용이었다. 이런 분위기 속에서 점점 아무도 그분 글에 댓글을 달지 않기 시작했다.

결국 불편함을 깨려면 중립적인 태도로 침묵을 지켰던 이가 새롭게 등장해야 했다. 보다 못한 누군가가 이분의 사연이 안타깝다며 "제가 예전부터 글을 쭉 봐왔는데 맘카페에 글을 올리는 것은 문제 해결에 도움이 안 될 것 같고, 전문적인 부부 상담이나 정신과 치료를 받아볼 것이 좋을 것 같다."라고 권유했다. 그 댓글에는 그동안 조용히 지켜보았던 사람들이 "저도 이분 말씀에 동의해요.", "치료를 받아보세요."라는 댓글들을 함께 달았다. 그렇게 맘카페에서 그 분의 글은 뚝 끊겼다.

5. 물품 거래

다섯 번째로는 드림, 나눔, 사다 드림, 공동구매와 같은 물품 거래성 글이 있다.

특히 맘카페에서 거래가 많은 품목인 육아용품이나 어린이 도서는 당장 짧은 시기에만 필요해 많은 엄마들이 중고 거래를 선호한다. 그리고 지역 맘카페의 경우 동네 간의 짧은 거리와 동선을 활용할 수 있어 인기다. 요즘은 중고나라나 당근마켓 등의 새로운 플랫폼들로 중고 거래가 흡수되어서 과거만큼 많이 올라오지 않지만, 예전에는 거래성 글이 게시판에 도배되다시피 올라와서 한 달에 몇 번으로 횟수를 제한하거나 주말에만 올릴 수 있게 규정을 둘 정도였다.

그렇지만 여전히 중고 거래 어플보다 맘카페를 선호하는 이유도 있다. 자신과 비슷한 처지에서 비슷한 상품을 찾는 사람들이 모이는 맘카페에 더 수요가 더 있을 거라는 판단 때문이다. 중고 거래 플랫폼에서 거래할 때 일명 '○○거지', '○○진상'에게 시달렸다고 표현하는 일을 직접 겪거나 들을 때가 있다. 이럴 때 차라리 가깝고 친밀한 이웃과 거래하는 것이 더 믿을 만하고 안전하다고 여기는 사람들은 아직까지도 맘카페를 거래의 장으로 선호한다.

하지만 같은 맘카페 회원과 거래하면서도 이따금씩 발생하는 분란은 피할 수 없다. 맘카페에도 "어떻게 같은 동네에 이런 사람이 있나요"라는 제목의 글이 올라오며, 또 어떤 회원은 거래 후 운영자에게 상대가 비매너 회원이라며 하소연하고 중재를 요청할 때가 있다. 다만 중고 거래 어플이 대중화되기도 하고, 또 애초에 거래 자체도 분란의 소지가 많기 때문에 어떤 맘카페들은 중고 거래 글을 아예 금지하기도 한다.

6. 시사·정치 이야기

여섯 번째는 시사 문제에 대한 견해이다.

시사 문제는 우리 삶과 매우 밀접한 주제이기에 사람 사는 이야기가 시시콜콜 올라오는 맘카페에서도 자연스럽게 볼 수 있다. 가끔은 시사 논객 수준의 심화된 견해도 올라온다. 그리고 뜻이 맞는 이들끼리 의중이 모이면서 일은 점점 커지기도 한다. 청와대 신문고의 서명운동에 동참하자는 여론이 형성될 때도 있고, 기업에 대한 불매운동같이 다수의 적극적인 참여를 유도하기도 한다. 또 오프라인으로 모여 함께 시위를 하러 가기도 한다.

이런 경우 현실 세계의 엄마들이 맘카페라는 이름을 걸고 실질적인 역할과 행동을 보여주기 때문에 세상은 **맘카페의 아고라(agora) 같은 역할**에도 주목하고 있다. 집에서 조용히 아이를 키우던 엄마들이 자기 목소리를 내긴 쉽지 않은데, 맘카페라는 공간은 엄마들의 목소리를 적극적으로 응집시키는 역할을 한다. 이 이야기는 4부에서 더 자세히 펼쳐놓을 예정이다.

타인과의 교류 없는 개별성은 존재하지 않기에

맘카페에 글을 올리는 동기와 주제는 각기 다양하지만, 한 가지 공통점이 있다. 무엇보다도 **소통을 기반으로 나의 문제를 해결하고자 하는 기본적인 욕구**에서 비롯된다는 게 그것이다. 거기에 익명성이 더해지면서 맘카페 이용자들에게는 내가 표현하고 싶은 것을 마음대로 표현할 수 있는 자유까지 부여된다. 물론 익명성은 순기능과 역기능을 같이 수반하며, 이를 어떻게 이용할지는 전적으로 사람의 의지에 달린 문제이지만.

미국의 사회학자 찰스 호튼 쿨리(C. H. Cooley)의 **'거울 속의 자기 이론(Looking Glass Self)'**은 맘카페의 역동적인 에너지를 설명하는 데 아주 유용하다. 쿨리는 '우리는 주위 사람들을 거울로 삼고 그 거울에 자신을 비춤으로써 나를 파악한다'는 자신의 이론을 부연하며 이렇게 말했다. "인간의 본성은 개인, 교우관계, 이웃 같은 집단 속에서 발현한다. 타인과의 교류 없는 개인의 본성은 존재하지 않으며, 고립은 이를 부식시킨다."[24]

맘카페는 1차적으로 엄마를 고립시키지 않기 위한 공간으로서의 강력한 의의를 가진다. 우리 사회에서 엄마라는 같은 정체성을

24 Charles Horton Cooley, 『Social Organization』, Transaction Publishers, 1909, 'Chapter II Primary Groups' 30p.

지닌 이용자들끼리 모이게끔 돕고, 자유롭게 소통할 수 있는 통로를 제공하며, 이를 통해 그들이 자기 존재를 확인하는 공간이 된 것이다. 하지만 이 고립되지 않으려는 응집의 노력이 때로는 지나친 집단적 동질감을 추구하기에, 맘카페라는 공간 자체를 사회적으로 고립시킨 원인이 되었다는 점 역시 뒤에서 주목해 볼 것이다.

개인에게 삶의 의미는 '자기성', 즉 자신의 고유함을 확인하고 지켜가는 과정이다. 그러한 측면에서 **여성에게 자녀를 출산하고 엄마가 된다는 것**은 분명 일생일대의 대사건이다. 전통적으로는 여성이 엄마가 되는 일이 당연한 것으로 여겨졌다. 이에 반해, 현대사회에서는 개인의 선택에 따라 여성이 남성과 크게 다르지 않은 삶을 추구하며 살 수도 있다. 바꿔 말해보자. 현대사회에서 여성이 엄마가 된다는 것은, 그전까지 성 중립적으로 겪어온 세계와 전혀 다른 것이 펼쳐진다는, 어떻게 본다면 전근대 시절보다 여성에게 **자신이 여성이라는 정체성**을 더욱 강하게 확인하게끔 하는 충격적인 사건이라고 할 수 있다.

이 혼란 속에서 정체성을 찾기 위해서는 '기준이 되는 집단'이 필요하다. 인터넷 속의 '맘카페'라는 공간은 그렇게 엄마라는 정체성을 확인하는 준거집단이 되었다. 이 맘카페의 집단 정체성이야말로 맘카페가 작동하는 가장 중요한 기제일 것이다. 최근 SNS 등의 개인 계정을 중심으로 연결 관계를 구축하는 것이 대세임에도 불구하고 맘카페가 아직 영향력 있는 커뮤니티로 남아 있는 이유는 이런 준거집단적 성질 때문이다.

맘카페는 비교적 동질성이 있는 집단의 세계를 구축한다. 비슷한 나이의 자녀가 있으며, (지역 맘카페의 경우) 같은 지역에 산다는 동질성까지 있다. 맘카페의 **'맘'**이 가리키는 것처럼, 우리는 그저 엄마가 되었다는 것 하나만 이전과 바뀐 것일 뿐인데, 어느새 우리의 삶의 모습은 서로 상당히 비슷해져 있는 게 사실이다. 그래서 회원들은 맘카페에 올라온 글을 통해 나의 삶과 비슷해 보이는, 같은 지역에 사는, 우리 아이와 비슷한 또래 아이를 키우는 엄마들이 살아가는 삶을 참고하고, 또 그 삶을 나의 현재 삶과 비교한다.

즉 엄마가 되어 맘카페에 참여하고 활동하는 가장 근본적인 이유는 타인과의 비교를 통해 내가 엄마라는 역할을 잘 수행하고 있는지 점검하고, 동시에 나와 비슷한 삶을 살아가는 여성들 사이에서 소통하고 친교를 쌓으며, '엄마라는 역할 너머의' 어느 개인이 지닌 사회적 정체성을 확인하기 위해서라고 할 수 있다. 거기에 지역사회를 기반으로 가까운 이들과 상호 작용하고, 동질함에 기반을 둔 집단적 소속감과 애착을 느끼는 일은 구성원들이 맘카페라는 작은 사회에 끈끈한 신뢰를 느끼게 한다. 이렇게 사람들은 맘카페에 빠져드는 것이다.

둥글둥글한
세계

3

1

맘카페에서 강퇴는 무슨 의미인가

'강퇴(강제탈퇴)'라는 말은 듣기만 해도 기분이 아주 나쁘다. 당신을 이 집단에서 영원히 제외할 테니 두 번 다시 오지 말라는 뜻이기 때문이다. 포털 사이트에 **'맘카페 강퇴'**라고 검색하면, 맘카페에서 강퇴당했다며 불만을 표현하는 글을 줄줄이 찾아볼 수 있다. 심지어 맘카페의 강퇴 처리에 대한 분노 때문에 집단적으로 소송을 준비하겠다는 기사도 찾아볼 수 있다.[25]

운영진들의 입장에서 강퇴 처리는 아주 손쉽게 이루어진다. 회원 아이디를 누르고 강제탈퇴 버튼만 누르면 바로 끝난다. 그렇게 포털 사이트에 개설되는 카페의 운영자 개인이 이용자의 가입을 받고 또 언제든지 쫓아낼 수 있다. **구조적으로 인터넷 카페는 한 개인 계정에 의해 만들어지고 그 계정 하나에 귀속되는, 일종의 소유물 형**

25 남궁민, 「"조국 비판했다고 맘카페 강퇴"…1000여명 집단소송 움직임」, 《중앙일보》 2019. 10. 30.

태로 되어 있기 때문이다. 이 강퇴라는 페널티 때문에 맘카페 운영자가 마치 대단한 권력을 휘두르는 것처럼 보일 여지가 충분하다.

네이버 등 포털 사이트에 주로 거점을 둔 맘카페 역시, 이 계정의 소유자가 원하지 않는 활동을 하는 회원이 유입된 경우 언제든지 쉽게 쫓아낼 수 있는 시스템이다. 물론 다른 인터넷 커뮤니티들도 운영 원칙에 심각하게 위배되는 행위를 할 경우 특정 회원의 이용을 제한하거나 영구히 정지하기도 한다. 즉, 집단에서 미리 정한 규칙 혹은 정서를 거스를 경우 명백하게 선을 그어 내쫓을 수 있다는 건 대다수 인터넷 커뮤니티의 공통된 쟁점이라 할 수 있다.

강퇴라는 카드를 꺼낼 수밖에 없는 이유

맘카페마다 규정이 다르기에 강퇴를 시키는 이유는 다르겠지만, 운영진 입장에선 한 가지로 수렴한다. **운영자가 만든 맘카페의 취지와 반대되고, 맘카페의 건전성을 해치는 행위라고 판단하는 경우다.** 결국 강퇴는 전적으로 맘카페 운영자가 어떤 의도와 생각을 갖고 맘카페를 운영하는지에 따라 결정될 수 있다. 요컨대 운영자의 자의적인 판단에 달려 있으며, 명분이 없어도 운영자의 판단 하나면 충분하다. 강퇴가 논란을 부를 수밖에 없는 이유다.

맘카페를 순수 커뮤니티로 운영하는 입장에서 강퇴를 해야 하는 부류는 크게 두 가지로 나눌 수 있겠다. 첫 번째, 상습적으로 분탕을 일으키고 인신공격성 글을 올려 카페 분위기를 흐리는 경우다. 회원들이 제발 강퇴시키라고 항의가 빗발치는, 일명 '비매너 회원'이다. 두 번째, 스팸 광고나 관음증적 목적으로 정체를 숨기고 위장 가입을 한 경우다.

순수 커뮤니티적 맘카페의 경우 이용자들은 맘카페의 상업적인 힘을 이용하려는 유혹에 늘 노출되어 있으므로 본래 취지와 다르게 표류하기 쉽다. 맘카페의 영향력을 의식하는 가게에서 대가성 후기를 작성해 달라고 부탁하기도 하고, 바이럴마케팅 업체는 맘카페의 일정 등급 이상 회원에게 돈을 주겠다며 광고 글을 써달라고 모집하기도 한다. 아니면 동네 상권에서 사업을 시작한 회원이 본인을 고객인 척 가장하여 홍보 글을 올리기도 한다. 이런 사례들을 엄격히 금지하려면 카페의 큰 취지와 다른 행동을 영구히 배제하겠다는, 강퇴라는 강경한 카드가 필요하다.

위의 경우엔 규정에 따라 강퇴란 방식을 선택하는 게 쉽고 명확하다. 가장 신중하게 강퇴를 고려해야 할 대상은 비매너 회원이다. 예를 들어 게시판에서 지켜야 하는 규정(이를테면 자기 글만 끌어올리는 행위 금지, 혹은 동일 게시물의 도배 금지)을 자주 지키지 않는 회원이 있다고 하자. 의도적인지 모르겠지만 사소하고도 중요한 위반이고, 강퇴시키기에는 애매하지만 운영진의 쪽지통은 쌓이고 또 쌓인다. 그래서 어쩔 수 없이 개입을 한다.

> "안녕하세요. 운영자예요. 그렇게 글을 올리시면 다른 사람들이 불편하다고 저한테까지 쪽지가 폭주합니다.ㅠㅠ 다시 한번 규정을 확인하시고 다른 분들이 불편하지 않게 올려주시면 감사하겠습니다."

나는 이럴 때 원칙을 설명하기보다도 감정에 호소한다. 대부분은 이렇듯 감정에 호소하면 수용해 주신다. 그런데 이렇게까지 읍소해도 고쳐지지 않을 때가 종종 있다. 해당 회원이 그 빡빡한 규정을 아무리 읽어보아도 이해하지 못하는 일이 벌어지는 것이다.

이런 사례를 종종 접해보고 내린 나의 결론은 이렇다. 이는 사실 개인의 문해력 문제라기보다는 다른 사람이 옆에서 옳다고 해줘야 안심이 되는, 일종의 자기 확신의 결여에서 비롯되는 것 같다고. 나는 문의를 받지 않기 위해서 규정을 쉽고 간결하게 쓰려고 노력했지만, 규정의 일부를 그대로 복사해 설명해도 똑같은 일이 또 반복된다. 그럼 나는 애간장만 끓일 뿐이다.

누군가가 '악역'이 되어야 한다면

맘카페마다 운영 원칙이 다르겠지만, 나는 아무리 비매너 회원으로 보이더라도, 웬만해서는 같은 동네에서 아이를 키우는 엄마라면 강퇴하지 말아야 한다고 생각하는 편이다. **맘카페 이용자에게 있어 이곳에서 강퇴당한다는 것의 의미는 엄마들이라는 집단에서 물리적·심리적으로 소외되는 것 그 이상이기 때문이다.**

맘카페와 별로 관련이 없는 사람들이 볼 때는 맘카페에서 강퇴당하는 것을 대수롭지 않게 생각할 것이다. 그런데 특히 지역 맘카페 회원들은 맘카페에서 강퇴당하는 것을 정말 두렵게 생각한다. 그만큼 맘카페에 대한 의존성이 강하다. 앞서 나는 맘카페를 이용하는 기본적인 동력은 불안감이라고 지적한 바 있다. 그 감정엔 정보에서 도태된다는 두려움도 섞여있을 테고, 또 자신이 애정을 갖고 다른 이들과 친목을 다졌다는 소속감 때문에라도 맘카페라는 집단에서 소외되지 않으려 애쓴다.

그래서 강퇴를 당하면 울화통이 터져 다른 카페나 인터넷 커뮤니티에 가서 운영진을 비난하고 하소연을 하기까지 한다. 단순한 소속감보다도 이 집단이 갖는 중대한 의미는 부정적인 감정을 굉장히 감정적으로 드러나게 한다.

강퇴는 배드엔딩으로 끝나기에 웬만하면 나도 강퇴 처리를 하는 것이 싫다. 강퇴 처리에 사유를 설명하거나 뒷일을 처리하는 것에 감정노동이 수반되는 경우가 태반이기 때문이다. 그래서 일부 맘카페는 강퇴 사유를 알려주지 않고, 문의도 무시하고, 다른 커뮤니티에서 비난하는 것에도 꿈쩍 않는, 이른바 "묻지 마 강퇴"로 일관한다.

내 경험상 강퇴는 되도록 신중하게 하는 것이 운영에 무리가 없었다. 우리 카페의 경우 이 지역에 사는 아이를 둔 엄마가 확실하고, 행동이 심각하게 악의적이지 않으면, 아무리 비매너 활동을 하고 다른 회원으로부터 보기 불편하다는 제보들이 쌓여도 가급적 계속 지켜보았다. 그럼에도 특정인을 제발 강퇴시켜 달라는 쪽지나 1:1 채팅이 너무 쌓이는 경우에는 개입해야 한다. 나는 강퇴보단 며칠간의 활동 정지와 같은 방식의 페널티를 사용하는 것이 최선이라고 생각하며 카페를 운영했다.

이렇게 겉보기에는 별일 없어 보이지만 나의 개인 쪽지함이 터져나가는 모습을 보면, 맘카페라는 공간은 마치 겉보기에는 잔잔한 호수가 물 밑에서는 철썩대며 소용돌이치는 것 같다. **이곳의 중재 권한을 가진 운영자라는 존재에게 '힘'을 써줄 것을 호소하며 민낯을 간간이 드러내는 것이다.** 운영자가 이 공간을 잔잔하고 매끄럽게 유지하기로 했다면 그 소용돌이의 존재와 분위기에 예민해야 한다. 소용돌이가 순식간에 분위기를 타고 거세지면 나까지 떠밀려 버릴 것 같기 때문이다.

맘카페는 보통 수만 명 이상의 사람들이 모여 있는 곳이다. 이 많은 사람들의 생각과 마음이 꼭 하나로 일치할 수는 없다. 다르고 모난 생각들이 맞물리지 않아서 생기는 불편한 상황을 매끄럽게 연마하려면 어떻게 해야 할까?

사람들의 집단지성에 의한 자정작용을 기대하는 방법이 가장 이상적이다. 누군가 문제를 제기하고 이성적인 토론을 거쳐 집단 스스로 합리적인 결론에 도달하는 것이다. 문제는 이런 방식이 너무 오랜 시간을 요한다는 것이다. 이는 마치 흐르는 물살이나 바람에 바위가 깎이는 것을 바라보는 것과 같다. 그렇기에 사람들은 그 시간을 인내할 여유가 없다. 결국 누군가가 개입을 해야 하는 것이다.

그런데 웬만해서는 이 악역을 아무도 자처하지 않는다. 그래서 싫은 소리를 대신 해줄 수 있는 권위가 있는 존재인 운영자를 찾는다. 이렇게 운영자는 별수 없이 누군가에겐 악역이 되어야 한다. 내가 감정적으로 읍소하고 이성적으로 설명하며 이해시켜 보려고 해도 분명 누군가는 이 규칙에 불만이 있었을 것이다. 또 그저 강퇴에 대한 두려움 때문에 순응하는 사람들도 있었을 것이다. 맘카페에서 도태되는 것을 두려워하는 것만큼은 모두가 일치하기에.

'갑질하는 맘카페'라는 프레임

일말의 설명 없이 자의적으로 판단하는 '묻지 마 강퇴'를 지양한다고 했지만, 나 역시 갑질을 한다는 비난의 당사자가 된 적이 종종 있었다. 내가 재고의 여지 없이 강퇴시키는 상황은 우리 지역의 거주자가 아니거나, 아이가 없어서 맘카페 회원이 될 수 없는데 동네 엄마인 척 위장 가입을 하여 카페를 상업적으로 이용하는 경우였다.

이들이 평범한 회원인 척할 때는 이곳의 정보가 생활에 너무 큰 도움이 된다며 맘카페에 대한 고마움까지 표현한다. 그러다가 이내 진짜 목적을 드러낸다. 본인이 도움받은 만큼 좋은 정보를 주겠다며 광고를 시작하는 것이다. 이와 같은 속내가 들키면 이들은 재빨리 맘카페와 본인의 정체성을 분리해 적의감을 드러내고, **'아줌마'들이 본인들 뜻대로 어리숙하게 속아주지 않은 것에 대한 혐오**를 표출하기도 한다. 나아가 **'갑질하는 맘카페'라는 세간의 프레임과 익명성**을 이용해 그 공격성을 폭발시킨다.

이런 일들은 잊을 만하면 몇 달에 한 번꼴로, 몇 주에 한 번꼴로 대중없이 일어난다. 그런 글은 주로 야심한 시간, 하루 중 긴장감이 가장 느슨해지는 시간에 올라온다. 언젠가는 우리 카페에서 강퇴를 당한 사람이 자영업자 커뮤니티와 다른 지역 카페에 한꺼번에 글을 올린 적이 있었다. 맘카페 운영자가 휘두른 갑질에 당했다는 글이 동시다발적으로 복사되어 올라온 것이다. 맘카페에 대한 악의적인 공격으로 받아들일 수밖에 없었다.

나는 그에게 쪽지를 보냈다. 처음 이런 일을 겪을 때는 나도 사람인지라 손이 부들부들 떨려서 감정을 누르는 것이 힘들었지만, 비슷한 일들을 계속 겪어보면 그냥 한숨부터 길게 나온다.

"제가 한 갑질이 뭔가요? 사장님께서 거짓말로 손님인 척 가짜 후기를 남겨서 강퇴당하신 거잖아요. 그것도 한 번만 그러셨나요? 처음에는 광고 글을 내려달라고 말씀드렸고, 분명히 알았다고 하셨는데 계속 올리셨잖아요. 저도 사장님처럼 우리 카페에 글을 올릴까요? 저는 사장님같이 일방적으로 거짓말을 안 쓰고, 사장님께서 카페에 쓰셨던 글하고 저하고 채팅하셨던 사실 내용만 증거로 올릴게요. 그동안 정말로 무슨 일이 있었는지 다들 오해가 없으셔야 하고 인과관계를 정확히 아셔야죠."

이렇게까지 나와야 그제야 죄송하다면서, 글을 다 지우겠다고, 제발 없었던 일로 해달라고 한다.

나는 단 한 번도 이러한 일이나 관련 업체명을 맘카페를 비롯해 어딘가에 토로한 적이 없다. 가끔 이런 식의 무례함을 넘어 인신공격성의 글이 올라오면, 나도 사람인지라 당연히 화가 난다. 그런데 내가 업체명을 공개하며 맘카페에 글을 올리면 어떻게 될지는 너무나 뻔하다. 그것은 맘카페라는 집단의 힘을 악용한, 갑질이라는 이름의 또 다른 폭력이 될 수 있다.

하지만 생업이라는 것은 한 사람과 그 가족들의 삶에 어떤 의미를 지니는가? 특히 사업 실패에 대한 안전망이 부족한 우리나라의 자영업이 직면한 현실은, 내가 은행 창구에서 여러 사장님들을 대해 봤기 때문에 누구보다도 잘 알고 있다. 차라리 사람은 누구나 순간적으로 실수를 할 수 있다고 생각하는 게 최선이다. 나는 평소에 발톱을 숨기고 사는 고양잇과 동물처럼 그렇게 말랑말랑한 발바닥을 유지하려고 노력했다.

어쨌든 '강퇴'는 운영진으로서 늘 어렵고 괴로운 선택지이지만, 우리 맘카페도 이 공간에 애착이 있는 회원들을 중심으로 대부분은 큰 개입 없이 잘 풀어나가고 있다. 잘 운영되고 있는 맘카페는 절대 운영진 한 명 혹은 몇 명에 의해서 굴러가지 않는다.

나는 지금까지 맘카페에서 강퇴가 어떤 의미인지, 이곳의 대다수 회원들은 왜 그렇게 강퇴를 두려워하며, 그런 두려움이 어떤 양상과 사건들을 낳았는지 서술했다. 그리고 이러한 내용은 이제 맘카페의 가장 중요한 특징으로 연결된다. 다음 장을 함께 살펴보자.

2

—

이 공간의 가장 중요한 불문율

나는 여기서 맘카페라는 공간을 특징 짓는 가장 중요한 불문율에 대해 말해보고자 한다. 바로 '둥글둥글함'이다. 맘카페는 둥글둥글한 공간이어야 하기 때문에 회원들 스스로가 규정을 어기거나 불편한 상황을 견디지 못한다. 그래서 규정을 어긴 회원에 대해 페널티를 곧바로 적용해 달라거나, 아니면 보기 불편한 내용이 있으니 규정을 새로 만들어 달라는 회원들의 요청이 많다. 이런 이용자들의 맘카페에 대한 소속감과 관심 덕분에 맘카페는 더욱 긍정적이고 건설적으로 운영될 수 있다.

다만 내가 맘카페를 운영하며 흥미로웠던 점은, 이런 내용이 맘카페의 게시판을 통해 수면 위로 떠오르는 경우는 그리 많지 않았다는 것이다. 앞의 장에서 언급했듯, 대개는 본인과 운영진 외의 다른 이용자가 볼 수 없게끔 1:1 채팅이나 쪽지, 비밀게시판을 통해 올라온다. 내가 계속 맘카페는 잔잔한 호수같이 보이지만 그 물 밑으로 들어가 보면 요동을 친다고 비유하는 이유다.

그런데 맘카페는 정말 둥글둥글한가? 특히 세상의 조명을 받는 맘카페의 사례들은 전혀 둥글둥글하게 느껴지지 않는데? 그렇다. 때로는 이 공간에서도 어떤 아줌마의 분노에 찬, 아드레날린이 격하게 뿜어져 나오는 날카로운 글에 많은 사람들이 공감하며, 다 같이 날카로워지는 순간들이 있다. 이 둥글둥글함은 맘카페 바깥까지 향하지는 않으며, **결국 맘카페 이용자들끼리 서로를 향한 불편함을 드러내지 말아야 한다는 '구성원들끼리의 약속'**에 가깝기 때문이다.

다시 말해, 맘카페는 '불편하지 않은' 곳이어야 한다. 이런 성격은 그냥 유지되는 것이 아니다. 이용자들의 수많은 소원 수리로 인해 생겨난 누더기 같은 규정도 규정이지만, 규정엔 존재하지 않는, 이용자들끼리의 디테일한 예의범절 같은 암묵적인 룰까지 포함한 모든 규범이 이 공간의 둥글둥글함을 떠받친다. 어찌 보면 갑갑해 보이지만, 둥굴둥글함은 그런 갑갑함을 감수하면서까지 지킬 만한 가치로 여겨지기 때문이다.

'여자다움'과 '엄마다움'

맘카페의 가장 차별화되는 특징인 이 둥글둥글함과 이것을 지키려는 노력을, 나는 이 공간의 이용자들이 '여자다움', '엄마다움'을 내재화하였기 때문이라고 본다. 우리는 각자의 성별에 따라 사회적 성별 정체성을 알게 모르게 내재화한다. 사회에서 정의하는 여자다움과 남자다움을 내재화하는 정도는 개인의 개성에 따라 각각 다르다.

그런데 결혼하고 아이를 낳은 여성에게 사회가 요구하는 그 정체성은 훨씬 촘촘해 보인다. 결혼이라는 사회적 제도를 수용한 여자들일수록 사회적인 기대 역할을 더 수행하려는 경향을 보이는 것일 수도 있겠다. 아무래도 뾰족뾰족한 것보다는 둥글둥글한 존재여야 엄마란 정체성과 더 잘 어울리지 않는가.

꼭 사회적이고 외부적인 압박보다도, 실제로 엄마가 되어보면 자식을 위해서 둥글둥글해져야 함을 본능적으로 깨닫는다. 나의 날카로움은 자식에게 해가 갈 수도 있기 때문이다. **즉, 엄마라는 페르소나는 둥글둥글함의 원천이 된다.**

그러므로 다른 인터넷 커뮤니티에 비교해 볼 때, 맘카페에는 조금이라도 공격적인 태도의 글이 올라오면 불편해하는 태도가 두드러진다. 또한, 작은 동네의 커뮤니티일수록 더욱 말을 조심하게 된다. 전국구 단위일수록 소란스럽고, 구 단위로, 동 단위로, 아파트 단지 카페로 갈수록 예의를 열심히 차리게 된다.

생각해 보면 수많은 단체 채팅방에 소속되어 있는 나 또한 가장 예의를 차리는 공간은 내가 누구 아이 엄마인지 반드시 오픈해야 하는 아이들 반 단체 메신저 창이다. 바꾸어 생각하면 큰 맘카페일수록, 나의 정체가 덜 드러날수록, 내 아이가 드러나지 않을수록 필터링을 거치지 않고 이야기를 한다. 작은 공간일수록 나를 알아보는 사람이 존재할 확률이 더 높고, 큰 공간일수록 나를 알아보는 사람이 없다고 여기기 때문이다.

그리고 이 엄마라는 페르소나를 집어던지는 다른 익명의 인터넷 공간에 가면 엄마들 또한 자신의 공격성을 드러내기도 한다. 내가 우리 맘카페 운영자가 되기 전, 다른 맘카페에서 활동할 때 일이다. 부동산으로 유명한 모 인터넷 카페에 집을 매수하기 위한 정보를 얻기 위하여 종종 들렀다. 그 부동산 카페는 언젠가부터 서로가 소유한 부동산을 띄우다 못해 관련이 없는 곳을 폄하하고 조롱하는 혐오성 글이 주를 이루며 과격한 성향으로 변질되어 가고 있었다. 그렇지만 그곳이 부동산 주제를 다루는 가장 큰 인터넷 커뮤니티였기에 나도 가끔 방문해서 글을 읽었다.

그런데 그곳에서 활동하는 어떤 과격한 성향의 회원 닉네임이 낯익었다. 내가 들어가는 맘카페에서 활동하는 어떤 회원의 닉네임과 같았다. 혹시나 싶어 그 아이디를 확인해 보니, 일치했다. 맘카페에서 상냥하신 그분과 부동산 카페에서 과격한 글을 쓴 그 사람이 동일인이라니. 그런데 그런 사람이 한 명이 아니었다. 비슷한 사례의 사람을 몇 명 더 알게 되었다. 그때까지 부동산 카페의 그런 '표독스러운' 글은 당연히 '아저씨'들이 썼을 것이라고 여겼던 게 부끄러웠다. 이렇듯 내가 어떤 집단에서 소속되었느냐에 따라 같은 사람이라도 익명성의 뒤에서 다양한 페르소나를 드러낼 수 있다.

'불편함'을 극도로 피하려는 정서

즉, 이용자에게 '엄마'라는 정체성을 부여한다는 것은 어쩌면 이 맘카페의 둥글둥글함을 유지하는 핵심적인 요소다. 그렇기 때문에 맘카페 내에서 이용자들은 유유자적 흐르는 분위기를 깨는 것을 두려워한다.

물론 맘카페에는 다양한 사람이 모여 있기에 가끔 예민하고 날 선 표현을 하는 사람이 없지는 않다. 그러면 대개 날 선 글들을 불편해하는 지적들이 쏟아진다. 그렇듯 특정 글을 비판적으로 지적하는 글들도 최대한 말을 돌리는 게 보통이다. **"이 공간에서만큼은 날 선 표현은 보고 싶지 않아요."** 그들은 누가 쓴 어떤 글이 불편했는지 언급하는 것조차 피한다.

이렇게 누군가 불편하다는 감정이 드러나는 순간, 이 공간의 둥글둥글함을 해치는 행동은 바로 중단된다. 날 선 글을 올린 사람 역시 이러한 지적이 한두 개만 나와도 금방 삭제하는 경우가 대부분이다. 왜 그럴까? 그들이 글을 올리는 이유도 결국 타자의 시선을 의식하는 것이기 때문이다. 작성자는 누군가 자신의 의견에 대해 동의해 주고 옹호해 줄 것으로 생각하며 글을 썼는데, 사실은 그렇지 않은 모양새가 나오면 당황하는 모습을 보인다. **그만큼 맘카페 이용자들은 맘카페를 사적인 공간으로 인식하는 경우가 많다.**

얼마 전 레즈비언으로 정자 기증을 통해 임신해서 엄마가 된 김규진 작가가 트위터에 소개한 일화에서도 맘카페의 성격이 잘 드러난다.[26] 그녀가 가입한 맘카페에 "레즈비언 출산이 역겹다.", "동성애자를 보면 가까이 못 할 거 같다."라는 글이 있었고, 자신이 거기에 "안타깝지만 이미 같은 공간에 있다."라는 댓글을 달았단다. 그러자 글을 썼던 회원은 "제 글에 너무 상처받지 않으셨으면 좋겠어요."라고 말하며 본인의 글을 금방 삭제했다는 것이다.

정상적으로 사회화가 된 사람은 혐오를 드러내는 것이 당사자에게 큰 상처가 되는 잘못임을 인지한다. 익명이 아닌 현실 세계에서는 그런 혐오를 더더욱 드러내지 못한다. 애초에 그런 혐오 발언

---

26 이승지, 「국내 첫 '임신 레즈비언' 김규진, 맘카페 혐오글에 "우린 이미 같은 공간에 있어요"」, 《MBN》 2023. 7. 3.

이 있는 것 자체가 문제인 건 틀림없지만, 만약 맘카페가 아닌 다른 인터넷 커뮤니티에서 똑같은 일이 일어났다면, 어쩌면 해당 글쓴이는 자신의 혐오를 끝까지 정당화하는 파렴치한 모습을 보였을지도 모른다. 그나마 엄마라는 정체성이 있기에 임신 중인 여성에게 악담을 했다는 최소한의 죄의식을 일깨운 것일지도 모른다. 이 공간의 '불편함을 거부하는 정서'가 다소 씁쓸하게 드러나는 사례였달까.

"애 키우는 엄마가 쓴 게 맞나요?"

이렇게 맘카페에서는 웬만해서는 선불리 공격적인 태도를 먼저 보이지 않는다. 오히려 이용자들끼리 서로 간의 소통 상황에서는 공격성을 최대한 배제하고 우호적인 태도를 취하려는 모습을 보인다. 그래서 맘카페 특유의 화법이 존재한다. 상대방의 감정이 상하지 않게 '쿠션어(cushion語)'도 들어가고, 뭔가 못마땅해도 직설적으로 주장하지 않고, 다른 사람의 생각을 물어본다든지, 타인의 반응을 계속 살피며 자신의 불만에 은근히 공감해 주었으면 한다든지 등등.

그리고 이런 둥글둥글한 분위기를 지켜나가기 위한 '태도'들이 생겨난다. 누가 먼저 시작했는지도 알 수 없다. 그런데 불문율처럼 지켜진다. 앞서 언급한 '매너사진'의 사례도 암묵적인 룰에서 비롯된 것이다. 또 맘카페를 관통하는 굵직한 이슈가 있어 종일 그런 글 위주로 올라올 때가 있다. 누군가 그 이슈에서 벗어난 글을 올릴 때 "이 시국에 죄송한데"라는 제목을 올리며 개인적으로 궁금한 질문을 하는 경우, 또 어느 민감한 이슈에 관련된 글을 올릴 때 "불편하신 분은 패스해 주세요"라는 제목을 붙여 올리는 경우도 다 같은 맥락이다.

이런 노력으로 인해 맘카페 회원 개개인은 평소에 온순하고 편안한 모습을 보인다. 물론 어떤 계기가 있어서 자극을 받고 집단성을 띠면, 이 공간도 공동의 감정선을 해치지 않는 선에서 응집하여 공격적인 모습을 보일 때도 있다. 하지만 우리 사회의 다른 커뮤니티보다 맘카페에서의 집단적 공격성은 분명 휘발적인 모습을 보인다. 특정한 이슈도 어느 정도 선까지 응집되지 않으면 맘카페 구성원을 불편하게 만드는 화제라고 암묵적으로 간주된다. 이럴 때 대다수 회원들은 무관심한 모습을 보인다. 누군가가 그에 적극적으로 반대되는 의견을 드러내기보다도, 그저 일상생활이나 정보 글에 금방 떠밀려 내려가는 것이다.

간혹 맘카페의 글 중 논란의 여지가 있는 글은 "애 키우는 엄마"가 쓴 게 맞는지 의심된다는 자기 검열적인 댓글로 시작하여 자정작용이 일어날 때도 있다. 다른 인터넷 커뮤니티에서는 심화된 갈등이 자숙과 함께 일단락되는 경우보단 누가 나가떨어질 때까지 싸우거나, 운영자가 개입하거나, 법적인 분쟁으로 이어지기도 한다. 그런데 맘카페에서는 이 말, **"애 키우는 엄마가 쓴 게 맞나요?"**가 등장하며 자체적으로 끝나는 경우가 많다. 이처럼 익명의 개인에게 이따금씩 사회적 정체성을 일깨우는 것은 인터넷 커뮤니티에선 상당히 드문 일일 것이다. 이러한 자각은 분명 공격적이며 반사회적인 행동을 경감시키는 측면도 있으리라 본다.

둥글둥글함의 아이러니가 시작되다

하지만 이렇게 부단히 노력해도 사람들이 모여 있는 곳에 어찌 싸움이 하나도 없을까? 여기에도 둥글둥글함을 깨뜨리는 일을 무릅쓰는 팽팽한 대립이 가끔 존재한다. 더 나아가서 내 의견이 죽어도 맞으니 이판사판 결판을 내보자는 식의 소란도 정말 가끔 있었다. 나의 체감상 1년에 한 번 있을까 말까 한 일이다.

이런 글을 쓰는 이는 처음부터 화가 나 있고 매우 공격적인 태도를 보이면서 이 호수 같은 세계에 돌을 던지기 시작한다. "××학원 정말 관리 안 되네요", "△△소아과에서 마음이 퍽 상했네요!!", "무개념 엄마 무개념 아이 똑바로 키우세요!!", "○○○사건을 보고…. 아이를 키울 수 없게 하는 세상에 너무 화가 납니다!!" 등등 동네와 사회에 관련된 이슈를 가리지 않는다.

그럴 때는 동네 불구경하듯이 카페 접속자 수가 폭발적으로 증가하고 논란의 댓글이 줄줄이 달린다. 만약 맘카페의 조회 수나 회원 수의 증가에 따른 광고 노출이 운영의 목적이라면 그런 논란조차 반길 일일 것 같다. 하지만 그냥 같은 동네에서 애 키우는 아줌마로서 살아가는 나 또한 결국은 둥글둥글함을 추구하기에 이런 갈등은 결코 바람직하지 않은 일이다.

시도 때도 없이 내게 쏟아지는 채팅 알림도 피곤하고 힘든 건 사실이다. 글을 내려라, 어째라, 말아라, 회원들마다 의견도 다 다르다. 그래도 다행인 것은 운영자가 등판을 고민하기 전에 대부분의 상황은 종료되어 있다는 점이다. 이를 지켜보던 다른 회원들은 그와 같은 일이 다시는 일어나지 않게 태도를 더 조심하게 된다. 이처럼 둥글둥글함이 지배적인 맘카페의 정서는 한편으론 집단지성과 자정작용의 원천이 될 수 있는 여지도 크다.

그런데 날카롭고 공격적인 말을 멀리하려는 이 공간의 분위기에서, 언젠가부터는 또 다른 '둥글둥글한' 말이 등장해 유행하기 시작했다. 바로 "이 상황…. 저만 불편한가요?"라는 것이다.

이 말을 화자가 무슨 의도에서 하는 말인지를 생각하며 천천히 곱씹어 보자. 과연 이 상황이 나만 예민하게 받아들일 상황인가? 어쩌면 다른 사람도 역시 그렇게 생각하지 않을까? 앞에서도 언급했듯, 그런 생각에서 올라오는 이런 글들엔 공통점이 있다. 공감하는 댓글이 달리는 글은 남아 있지만, "너무 예민하신 것 같아요"와 같은 부정적 댓글이 달리면 바로 지워지는 게 대부분인 것이다.

그러므로 이런 질문을 순수한 질문으로 보긴 힘들다. 누군가의 불편함에 관한 질문과 토로를 "토닥토닥", "마음 상하지 말아요"라는 공감만을 바란 것이라고 보기 힘들어진 것이다. 일련의 상황을 바라보면, "저만 불편한가요?"라는 질문은 누군가를 향한 날카로운 창으로 돌변하기 위한 준비 과정과 같아졌다는 것을 인정하지 않을 수 없다. 이렇게 맘카페에는 둥글둥글함에 묻어가는 듯하며 조용한 공격성을 표출하려는, 이른바 '프로불편한' 행태가 등장하기 시작했다.

3

'프로불편러'의 등장

나는 앞서 맘카페의 가장 큰 특징을 둥글둥글함이라고 말했다. 동시에 맘카페에서 일어난 일 중 사회적으로 조명받는 사례들은 항상 집단적으로 화가 나 있는 사건이다. 왜 그럴까? 앞에서도 말했지만, 이 둥글둥글함의 정체가 바로 **맘카페 구성원들만 느끼는 둥글둥글함**이기 때문이다.

이 둥글둥글함은 어느 글쓴이의 주장이나 의견이 맹목적인 지지를 받는다고 여기게끔 만들기 쉽다. 객관성을 잃게 만들고, 합리화를 용이하게 한다. 어떤 편향된 의견에 비슷한 생각을 가진 사람들이 하나씩 모이고, 그렇게 생각하지 않는 사람들은 겉으로 침묵하는 가운데 글쓴이는 자신의 생각이 맘카페의 지지를 받고 있다고 생각한다. 이렇게 (내부 구성원 사이의) 부드러움이 (외부를 향한) 날카로움으로 바뀌는 아이러니는 곧 맘카페가 사회적으로 비판을 받는 지점이 된다.

우리는 현대사회에서 불만과 불편함을 항상 호소한다. 특히 인터넷이라는 공간에서 우린 작은 불편함에 한없이 예민한 **'프로불편러'**가 되었다.

'불편함'이라는 개념을 뒤집어 보면 이해가 된다. 우리는 인류 역사상 가장 '편리한' 세상에 살고 있다. 먹고살기 급급했던 시절에는 입에 풀칠만 하고 살아도 소원이 없겠다고 했다. 그런데 이 편리한 세상에서는 조용한 곳에 오래 있으면 약간의 소음도 귀에 거슬리고, 에어컨이 없는 여름을 생각할 수 없고, 난방이 없는 겨울을 결코 생각할 수 없다. 이렇게 편리함은 작은 불편함조차 참을 수 없는 환경을 만든다.

거기에 인터넷과 개인 휴대전화의 보편적인 사용으로 얼굴과 얼굴을 서로 볼 필요가 없는 비대면의 소통이 활성화되었다. 얼굴을 마주하면서 사람의 표정을 읽는 데 익숙하고 공동의 감정을 중요하게 여기는 여성들의 정서를 생각하면,[27] '비대면'은 특히 여성들이 좀 더 쉽게 불편함을 드러내게끔 하는 측면도 있다. 언제든지 인터넷에 글을 올리고, 누군가에게 문자 한 통으로 불만을 손쉽게 통지할 수 있다는 것은 내가 직접 겪어내야 하는 불편함이 현저히 줄어드는 일이기 때문이다.

또 거기에 유난히 경쟁적인 우리 사회의 분위기가 더해지면, 그런 자기중심적인 사고방식은 강화될 수밖에 없다. **게다가 '모성'은 기본적으로 나와 내 자식이 경쟁에서 살아남아야 한다는 이기심을 전제로 깔고 있는 개념이다.** 그렇기 때문에 엄마들은 사회적 경

27 앤서니 기든스, 김미숙·김용학·박길성·송호근·신광영·유홍준·정성호 옮김, 『현대 사회학』, 을유문화사, 2009, 122~123p.

쟁의 분위기가 심해질수록 더욱더 불편함에 예민해지게 된다. 엄마들을 더욱 날카롭고 공격적으로 만드는 건 날이 갈수록 치열해지는 우리 사회의 공기일 수도 있다는 것이다.

이것은 정말로 나만 불편한 일일까?

그래서 맘카페에는 '불편한' 글이 유난히도 많아 보인다. **"이런 상황 저만 불편한가요?", "제가 유난히 예민한 건가요?"**로 시작되는 글들이 그렇다. 이들이 불편해하는 대상과 상황은 매우 다양하다. 이웃, 학교 선생님, 학원, 동네 상점, 아이 친구 엄마, 남편, 가족, 심지어 어린 시절 오랜 친구와 있었던 일까지 해당된다.

이런 글의 소재가 이처럼 다양한 이유는, 그 글이 그야말로 작은 불편함에서 비롯되기 때문이다. 이게 그냥 넘어갈 법한 일인가? 아니면 불편하게 생각해서 들고 일어나야 할 일인가? 이런 질문에는 문장 그대로 그저 불편한 감정을 공감받고자 하는 의도는 거의 없다. 정확하게는 **내가 느끼는 이 '공격하고 싶은 마음'이 옳은지 아닌지를 판단하려 하는 의도**다.

제목: 식당 옆 테이블에서 큰 소리로 책 읽어주며 구연동화 하시는 엄마 어떻게 생각하세요?

저만 이런 상황 불편한가요? 오늘 집 근처 식당에서 식사를 하는데 옆 테이블에서 ○○○ 동화 읽어주시던 분. 정말 너무 시끄럽더라구요. 저만 시끄러운가요. 여기가 자기 집도 아니고 왜 주절주절 책을 읽어주나요. 제가 앞에서 대놓고 뭐라고 할 성격은 못 되고 여기

다가 주절주절하네요. ㅠㅠ

ㄴ공공장소에서 시끄럽게 하면 안 되죠. 정말 무개념이네요.

ㄴㄴ(작성자) 제가 어찌나 부끄럽던지 얼굴이 확 ㅠㅠ

ㄴ맞아요. 이러니까 노키즈존 생기는 거예요.

ㄴㄴ(작성자) 이렇게 또 어디서 맘충 소리 나올까 봐 무서워요.

ㄴ안녕하세요~ 혹시 오늘 ○시에 ○○식당에 계셨어요? 제가 사실 그 식당 사장이어서 기억하는데요.^^;; 저는 그렇게 시끄럽지 않았는데요…. 그 정도는 어른들이 테이블에서 대화하는 수준이라고 생각했어요. 자리에서 뛰어다니고 소리 지르는데 그냥 두시는 분도 있는데요. 오히려 그 손님, 직원분께 정중하시고 핸드폰 바로 쥐여주지 않고 책을 갖고 와서 기억에 남네요. 그리고 본인께서 밖에서 시끄러운 게 싫으시면 집에서 조용히 드시는 게 맞는다고 생각합니다.

이 글은 내가 다른 맘카페에서 본 사례다. 역시나 이 글의 작성자는 식당 사장님께서 나타난 다음 바로 본인의 글을 삭제했다. 아마 작성자도 맘카페는 유순하고 평화로운 공간으로 유지되어야 한다는 마음을 가졌으리라. 이처럼 다른 이들의 공감을 받지 못하는 불편함은 거의 언제나 쏙 들어간다.

이러한 사실을 바꿔 생각하면 이렇다. 그 불편함의 토로에는 **'나의 편이 되어줘'**라는 지향적인 목적성이 스며든 경우가 대부분이다. 맘카페에서는 '공동의 정서'를 거스르지 말아야 하기 때문에 나의 불편함이 혹시나 내 잘못이나 이기심 때문은 아닌지 확인하는 절차가 반드시 필요하다. 때문에 "저만 불편한가요?"로 시작되는,

혹은 그 비슷한 뉘앙스의 글을 올리는 동기는 기본적으로 **맘카페 구성원들의 동조**를 받고자 하는 것이라고 할 수 있다.

문제는 이 상황의 설명 자체가 객관적일 수 없다는 점이다. 이렇게 회원들 하나둘이 모여 공감대가 형성되는 것은 그 글의 의도에 따라서 이기심을 정당화하고 합리화하는 과정이 되기도 하고, 그래서 불편한 사람의 시점에서만 바라본 편향적인 글에 몰입하고 공감하다가 극단적인 상황으로 이어지는 경우도 많기 때문이다.

누군가의 '불편함'이 해로울 때와 이로울 때를 구분하는 것은 결국 그 의도에 따라서 갈린다. 다시 말해 그 의도가 그저 감정적인 화풀이에 있는지, 누군가를 굴복시키려는 파워게임 때문인지, 아니면 정말로 '나'만 불편한 게 아닌 '모두'가 불편한 사안이어서 개선 혹은 해결책이 필요한지에 따라서일 것이다.

예를 들어 "과일 가게 사장님 말투와 응대가 너무 불편한데 저만 그렇게 생각하나요?", "○○식당 음식이 예전만 못하고 맛이 없어요." 이런 글이 올라왔다고 생각해 보자. 과거와 달리 이러한 어느 개인의 불평불만 글들은 사적인 차원에 머무를 수 없게 되었다. **맘카페라는 공간이 공공장소와 같은 의미를 띠며 공적인 책임을 수반하게 되었기 때문이다.**

맘카페는 결코 사적인 공간이 아니다

우리는 그간의 맘카페 글에 대한 법적 해석에서 '프로불편함'에 대해 생각해 볼 수 있다. 맘카페 글과 관련된 명예훼손 여부를 다투는 판례에서는, 사람을 비방할 목적인지 아닌지를 판별하는 핵심적인 요소는 **"그 글이 나의 사사로운 이익이 아닌 공공의 이익을 위해 작성했는지"**라고 해석하고 있다.[28] 즉 공공의 이익이 되는 글은 나의 감정 충족을 위한 사사로운 목적이 아닌, 그 주제에 관심을 두고 있는 이에게 객관적인 정보를 제시할 목적으로 작성된 글이어야 한다는 것이다.

예컨대 산후조리원에 대한 이런 부정적인 후기가 있다.

> "출산을 앞둔 맘카페 회원분들께서는 모두 산후조리원 선택에 고민이 많으실 텐데요, 선택에 신중하시라고 이 글을 쓰게 되었어요. 제가 여기서 산후조리원을 열심히 검색해 보고 찾아간 ○○ 산후조리원은 온수도 제대로 나오지 않았고 난방도 되지 않아서 조리하는 내내 너무 힘들었어요. 거기에 방음이 하나도 되지 않아서 잠도 거의 못 자고….ㅠㅠ (후략)"

이 경우는 실제로 대형 맘카페에 올라온 후기가 법적 소송으로 간 사례를 각색한 것이다. 법원은 정보통신망법 제70조에 따른 명예훼손으로 소를 제기한 원고(산후조리원)에게 패소 판결을 내렸다.[29] 법원의 판결은 후기를 올린 피고인 역시 이용 후기를 보고 원고의 산후조리원을 선택한 것처럼, 피고인이 산후조리원을 이용하려는 임산부의 신중한 선택에 도움을 주기 위해 인터넷에 이 사건

28 정보통신망 이용 촉진 및 정보보호 등에 관한 법률 위반(명예훼손), '대법원 2010. 11. 25. 선고, 2009도12132 판결'

29 이성엽, 「인터넷 카페에서 진실을 말해도 명예훼손이 될까」, 《조선비즈》 2021. 7. 19.

글을 게시하게 됐다고 동기를 밝힌 점을 근거로 채택했다.

"어린이집 급식에 유통기한이 지난 식재료를 사용"했다는 글로 기사화되어 시정이 된 사례도 역시 맘카페에서 작성한 것이다.[30] 해당 어린이집의 이용자들은 비위생적인 환경, 부실한 반찬, 수돗물로 만들어지고 건더기 하나 없는 국 등 총체적 관리 부실로 민원을 넣었으나 개선되지 않았고, 구청에도 신고했지만 시정이 제대로 되지 않자 맘카페에 올린 것이다.

이렇듯 맘카페는 이제 과거 아낙네들의 모임 같은 개인적인 공간이 아닌, 공공의 공간이 되었다. 많아 봤자 열 명 내외로 모였을 그런 모임과 달리, 인터넷과 포털 사이트의 태생적인 특성상, 맘카페의 글들은 말 그대로 '국민 모두'가 볼 수 있다.

그런 만큼 그 공간에는 공공의 성격에 맞는 글이 올라와야 하겠지만, 맘카페 이용자들에게 이곳이 공적인 공간이라는 인식은 **집단적 동질 의식**에 파묻혀 희박하다. 그래서 이따금씩 맘카페를 사적으로, 때로는 부정적이고 파괴적인 의도로 이용하려는 이기심이 등장했고, 그런 이기심이 이웃과 사회에 해악을 끼치는 글을 낳았던 게 사실이다. **이 '프로불편함'의 발현은 맘카페라는 집단의 외부적인 이미지를 무지하고 이기적인 것으로 전락시킨 주범이라고 볼 수 있다.**

맘카페 회원들의 '불편함'은 구조적 문제를 민주주의적으로 해결할 수 있는 단초가 되기도 하고, 이 공간의 감정공동체적인 특성

30 이현정, 「"어린이집 급식에 유통기한 지난 식재료 사용"… 학부모 '부글부글'」, 《헤럴드경제》 2017. 7. 14.

이 지나치게 발현될 때는 집단 이기주의로 변하기도 한다. 불편함을 인지하는 예민함이란 종이 한 장 같은 차이로 세상을 바꾸는 원동력이 되거나, 반대의 부작용을 낳기도 쉬운 법이다.

결국 이 공간의 부작용을 막으려면 이용자들이 자신의 감정에서 공과 사를 구분할 줄 아는 태도가 필요하다. 맘카페 특유의 둥글둥글함은 이 공간을 마치 사적인 공간처럼 보이게 하지만, 맘카페의 회원들 또한 이제는 이 공간이 결코 사적일 수 없다는 것을 명심하고, 공적인 공간에서 울려 퍼지는 본인 말의 책임에 대해 엄중히 자각해야 할 것이다.

사실 엄마는 강하고 공격적이다

인터넷에서는 누구나 공격성을 드러낼 수 있다. 그건 엄마도 마찬가지다. 여기서 엄마의 공격성에 관하여 더 섬세하게 접근해보자. 여자는 약해도 어머니는 강하다는 말이 있을 정도로, 엄마는 어떨 때는 상당히 강하고 공격적인 존재다. 이는 우리가 보편적으로 여기는 모성과 대치되며 모순적으로 보인다.

모성에서 가장 요구되는 성정은 '순함'이다. '순하다'라는 말을 국어사전에서 찾아보면, "성질이나 태도가 까다롭거나 고집스럽지 않다.", "기세가 거칠거나 세지 않다."라고 나와 있다. 전통적인 여성상은 이상적인 모성의 특징과 정확히 일치한다. **즉, 엄마는 순하고 착하고 아름답고 자애로운 존재여야 한다.**

순한 성정은 여성과 엄마에게 생존의 수단이기도 했다. 우리 사회는 표독하고, 드세고, 또 타인에게 폭력적이기까지 한 엄마의 성정은 자식을 해치거나 자식에게 악영향을 끼친다고 생각하기 때문이다. 만일 여자가 잔혹한 범죄를 저지르고, 거기에 범죄자가 애엄마라면 사람들은 더 충격을 받는다.

그러나 엄마도 때로는 공격적이며, 이 책에서 줄곧 말하고 있듯 모성이라는 감정에는 이기심이 근간인 측면도 분명히 존재한다. 내 자식과 그 아이를 키워야 하는 나를 건드리는 순간, 그 이기심이 폭발하듯 공격성이 발현되기 쉽다는 것이다.

게다가 사실 여성과 남성의 공격성에는 차이가 없다는 것이 중론이다. 많은 연구들은 외부의 도발이 있을 경우 공격성에 있어 남녀 차이는 거의 없다는 것을 보여준다. 다만 여성의 공격성은 물리적인 폭력성보다는 간접적이고 수동적인 폭력의 형태로 발현된다. 예컨대 뒤에서 욕을 하거나 따돌리는 형태가 여성들이 잘 사용하는 폭력의 유형이다.[31]

인터넷은 물리적인 공격성이 아닌 간접적인 공격성을 띠는 공간이다. 그에 더해 여기에선 자신의 성별을 숨길 수 있기에 여성의 공격성이 드러나기 더 쉽다. 그렇지만 맘카페의 '엄마'라는 정체성은 이용자에게 평소 그 공격성을 숨기게끔 한다. 현실 세계를 생각해 보자. 엄마가 아이와 함께 있는 상황에선 대개 공격적인 자세를 최대한 감추고 방어적인 태도를 보인다. 간혹 아이를 데리고 나왔는데 부당한 상황이어서 항의해야 하는 순간에도 참고 넘어가는 경우가 많다. 아이에게 그런 부정적인 모습을 보여주지 않으려고 하

---

31 한규석, 『사회심리학의 이해』, 학지사, 2017, 383p. Björkqvist 외의 연구(1992) 및 Osterman 외의 연구(1998) 참조.

고, 또 타인이 공격적으로 나오면 내 자식에게 피해가 갈 수 있다고 생각하기 때문이다.

하지만 실인즉 엄마의 공격성은 아이에게 피해가 돌아가거나 예상될 때 가장 강력하게 드러난다. 이는 사회적으로도 여성에게 독하다는 표현이 유일하게 허용되는 순간이며, 또한 역설적으로 이러한 공격성은 현실에서보다 인터넷에서 훨씬 더 쉽게 드러낼 수 있다는 특징도 있다. **그래서 맘카페에서 가장 격한 논쟁이 일어날 때도 역시 아이가 끼어 있을 때다.** 맘카페에서 가장 분노하는 글은 아이에게 피해가 갔다는 글, 아동 학대에 관련된 글이다.

공감 능력의 역설에 관하여

정리해 보자. 인터넷상에서 드러나는 맘카페 이용자들의 공격적인 태도가 더욱 비난을 받는 이유는 사회에서 보편적으로 요구되는 여성상과 본성의 괴리에서 비롯된다. **여성은 순해야 한다는 고정관념**은 여성이 언행을 하기 전 자기 검열을 하게 하고 사회적으로 더욱 비난을 받게 하는 족쇄처럼 느껴진다.

하지만 시대가 달라졌다. 인터넷이라는 익명의 공간을 만나 여성도 공격적인 언행을 쉽게 할 수 있게 되었다. 다만 **우리 사회에 만연한 성 고정관념과 이기심에서 비롯되는 모성이라는 실체의 괴리감** 때문에 맘카페의 글이 더욱 불편하게 보이는 것이다. 온라인의 사람들은 일관되게 폭력적이고 심각한 수위의 댓글을 다는 다른 인터넷 커뮤니티의 악플러보다 맘카페 이용자들의 태도를 더욱 혐오한다. 그래서 이런 글들은 캡처되어 다른 커뮤니티로 옮겨지고, 때로는 언론에 기사화되어 많은 조회 수와 관심을 받는다.

남성의 공격적인 태도는 사회적으로 용인되어 왔고, 남자다움이라며 권장되기도 했다. 하지만 여성의 공격적인 태도는 부정적인 수식어에 가까우며 최대한 숨겨야 한다. 특히 엄마의 공격성은 평소에 여러 이유로 억눌릴 수밖에 없다. 그런데 물리적인 특성이 차단되고 익명성으로 자신을 숨길 수 있는 인터넷 공간에서는 여성도, 엄마도 과거와 달리 공격성을 쉽게 드러낼 수 있다.

결국 이렇게 맘카페라는 공간은 엄마들의 공격성을 발현하기 좋은 곳이 되었다. 엄마들의 둥글둥글함이 모여 공감을 얻고, 이는 종종 이성적인 판단력을 흐리는 요인이 되기 때문이다. 우리는 지금까지 엄마들의 뛰어난 공감 능력을 '선한 존재'의 필수적인 덕목으로 여겨왔다. 그런데 이제는 공감의 복합성, 공감의 역설에 관해서도 성찰할 때가 되었다. **과연 맘카페와 같은 '힘을 가진 집단'에서 공감이 언제나 '선함'을 위해 존재했던 것인지 다시 한번 생각해 보아야 하는 것이다.**

4

둥글둥글한 욕망의 충돌: 사교육에 관하여

우리나라 최고 고액권 화폐인 5만 원권에 그려져 있는 인물은 신사임당이다. 2009년 처음 5만 원권을 만들 당시 다른 나라의 화폐와는 달리 우리나라 화폐에는 여성이 한 명도 없어서 5만 원권 화폐를 만들 때 여성이 들어가야 한다는 것에 의견이 모였다. 그런데 여러 여성 인물 중에도 고전적인 여성상이자 현모양처의 대명사로 일컫는 신사임당으로 정해진 것에 대해서는 논란이 있었던 것으로 기억한다.

지폐에 인쇄된 인물의 상징성과 중요함에 대해 별생각이 없는 것은 한때 은행에서 지폐를 좀 만져본 나의 소시민적인 의견에 불과하겠지만, 어쨌든 한 가지 사실은 분명하다고 본다. 현대사회에서 신사임당의 인생 서사는 우리에게 다음과 같은 것을 말해준다. 그녀는 본인의 재능을 훌륭하게 이어오며 자녀까지 훌륭하게 교육했으니 그야말로 훌륭한 여성이고, 그녀의 삶은 수백 년이 지난 현대에도 널리 기려져야 할, 나아가 후대 여성들도 여전히 본받아야 할 미담이라는 것이다.

수백 년 전이나 지금이나 우리나라 엄마들의 가장 주된 임무는 변하지 않았다. 단연 **자녀 교육**이다. 여기서 말하는 교육(敎育)의 의미는 한자어 그대로 단순히 가르치고 훈육한다는 게 아니다.

엄마들에게는 아주 분명한 목표가 존재한다. 과거 신사임당이 훌륭한 대학자 율곡 이이를 키워냈듯이, 내 아이를 반드시 명문 학교를 나오게 하고 고소득 직업을 가진 훌륭한 인재로 키워내야 한다는, 말하자면 자기 자식으로 **'가시적인 성과'**를 이룩해야 한다는 것이다. 배우는 아이들의 입장에서도 교육은 깨치는 즐거움이 아니다. 교육의 성공 경험은 상대평가에서 우위를 달성하는, 옆 친구보다 내가 더 잘해야 하는 경쟁에서의 승리를 가리킨다.

이렇게 한 사람을 올바르게 가르친다는 교육의 본래 취지보다 경쟁에서 수단과 방법을 가리지 않고 승리해야 한다는 이 나라의 교육 열풍은 어제오늘 일이 아니다. 자녀가 정원이 극히 소수인 명문대에 입학하려면 경쟁을 거쳐야 한다. 누구나 똑같이 받는 공교육만으로 입시 경쟁을 대비하기에는 부족하다고 생각하기에, 엄마들이 가장 얻고 싶어 하는 정보는 **사교육 정보**다.

엄마들은 다른 엄마들은 어떤 학원에 보내는지, 그 학원은 평이 좋은지, 나쁜지 알고 싶어 한다. 실제로 자녀 교육에 관심 많은 사람들이 몰려 있다는, '학군지'라고 불리는 지역의 일부 맘카페에서는 학원이나 교육기관 등 사교육 정보를 반드시 공유해야 등급을 올릴 수 있고 게시글(정보)을 열람할 수 있는 권한이 생긴다. **그런데 지역 맘카페에서의 순수한 의미를 지닌 사교육 정보 공유는 한계가 있다. 여기서 맘카페의 둥글둥글한 특성은 다시 한번 변곡점을 맞이한다.**

'내 자식의 교육'이라는 중대한 변수

예를 들어 맘카페에 꾸준히 올라오는, 학원에 대한 가장 친숙한 형태의 문의 글 사례를 보자.

제목: ○○학원과 ××학원 후기 궁금해요~

아이를 이번에 ○○학원하고 ××학원 둘 중 어느 학원에 보낼지 고민하고 있어요~ ○○학원과 ××학원 보내시는 맘님들 두 학원의 장단점을 알려주시겠어요~? 수강료도 알려주시면 좋겠어요. 미리 감사합니다. ^^

ㄴ수강료는 학원에 전화해서 물어보심이….

ㄴ저는 ○○학원 보내는데 좋아요~

ㄴ저는 ××학원 보내는데 아이가 좋아해요~

ㄴ저도 어느 학원 보내실지 궁금하네요. 맘님의 선택을 지켜볼게요. 응원합니다~~

이렇게 단순한 문의를 올린다면 질문자가 정말로 원하는 답을 듣기는 어렵다. 어쩌면 이들은 '내가 열심히 발품 팔아서 내 아이를 위해 얻어낸 소중한 정보를 단지 맘카페에 의존하는 핑거프린세스[32]에게 알려줘야 하나?'라는 생각을 하고 있을지도 모른다.

그런데 간혹 다음과 같은 사교육 고민 글이 올라올 때도 있다.

---

32 손가락이 공주님이라서 검색도 제대로 안 해보고 질문하는 사람을 뜻하는 인터넷 은어.

이런 글에는 위의 글과 달리 여러 엄마들의 진솔한 반응이 펼쳐진다. 무엇이 다를까?

제목: ××학원으로 옮길지 고민입니다.

아이 초등학교 1학년 때부터 ○○학원에 보내고 있어요. 아이는 ○○학원에 잘 적응하고 만족하며 다니고 있습니다. 선배 맘들 이야기를 들어보면 고학년으로 가면 학습량이 많은 ××학원으로 많이 옮긴다던데 중학교까지 연계를 생각하면 언제 옮길지 고민이 되네요.

ㄴ어머 저도 같은 고민인데요. 그래도 ○○학원에 잘 적응하고 다닐 정도면 아이가 공부를 좋아하는 것 같아요. ○학년 때 테스트 보고 좀 다녀보시고 결정해도 늦지 않으실 것 같아요~

ㄴ저도 ××학원에 보냈는데 숙제가 너무 많아 아이가 공부에 흥미를 잃어가더라구요.ㅠㅠ 과감히 끊었고 다른 곳에 보내니 아이가 다시 학습에 흥미가 붙었어요. 엄마의 판단이 제일 정확해요.

이 글을 쓴 엄마는 먼저 자신의 상황을 자세히 설명하였다. 다른 엄마들은 이 글에서 알 수 있는 정보와 사정을 자신의 아이와 비교하며 자연스럽게 본인의 이야기를 함께 오픈하고, 글쓴이와 진솔한 고민을 나눌 수 있는 것이다.

사교육 분야의 글이 조심스러운 이유는 여러 가지가 있다. 학원이 평판 확인을 위해 맘카페를 모니터링하고 있을 수 있는데, 만약에 누구 엄마가 악평을 썼다고 밝혀지면 자녀가 불이익을 당할지도 모른다는 노파심에 함부로 이야기하지 않는 것도 있고, 내가 선택한 학원이나 기관은 최고의 교육기관이라 생각하며 그곳의 평판이 나빠지는 걸 원치 않는 경우도 있다.

또 사교육 정보의 경우 다른 분야보다도 어떤 엄마들은 자신만 알고 싶은 특히 소중한 정보에 가깝다. 학원이나 과외 선생님에게 지나치게 사람이 몰려서 자신의 아이에 대한 관리가 소홀해지는 것을 경계하기 때문이다. 엄마들의 태도가 깍쟁이 같다고 볼 수 있겠지만, 경쟁에서 이겨야 하는 우리나라의 입시교육 현실을 생각해 보라. 이러한 태도가 어느 정도는 수긍이 갈 것이다. 이처럼 사교육과 관련된 글들에서는 인터넷 활동과 실제 현실의 거리가 아주 긴밀하고 가까운 맘카페의 전형적인 특징이 잘 드러난다고 할 수 있다.

아이를 어떻게 키울지, 사교육을 어디까지 할지에 대한 교육관은 엄마들마다 조금씩 다르다. **그럼에도 우리나라 엄마들의 교육에 관한 고민은 결국 비슷하다. 내 아이를 잘 키워내야 한다는 것이다.** 엄마들은 종종 맘카페에서 교육관에 대한 생각을 공유하며 내 자식을 어떻게 하면 잘 키울 수 있을지 고민한다. 그러나 다 같이 망망대해와 같은 곳에서 헤매고 있는 것만은 분명한 사실이다.

'진짜 정보'를 찾으려는 사람들

그래서 같은 지역에 사는 엄마들끼리 모인 맘카페 외에도 〈상위 1%〉나 〈초등맘카페〉 같은, 비슷한 교육열에 동일한 목적의식을 가진 엄마들끼리 모인 광역 차원의 맘카페가 존재한다. 과거에는 대치동이나 목동 같은 학군지에 이사해야 교육 정보를 얻을 수 있다고 생각했지만, 이런 특정 지역에 대한 수요가 높은 부동산 가격을 형성시켰기 때문에 빈부에 따라 학력의 차이가 더 벌어지는 결과를 초래하였다. 그런 의미에서 이런 카페는 정보 분배가 지역의 격차 없이 이루어지게끔 도모한다는 점에서 순기능적인 측면이 있다.

이런 카페가 존재함에도 불구하고 그 카페에 올라오는 내용이 **'진짜 정보'가 아닐 것이라는 불안감**은 여전히 존재한다. 진짜 정보를 누가 공개된 인터넷 카페에 공유를 할까? 그것도 경쟁에서 이기기 위한 정보를 말이다. 이런 카페들은 오히려 **진짜 정보는 학군지에서만 오갈 것**이라는 의문을 더 가중시켰다. 예컨대 학군지에서는 영어 유치원 입학 테스트에서 네 살부터 알파벳을 아는지 확인한다든가, 수학 학원에서 미취학 아동을 대상으로 의대반이라고 이름을 붙여 운영한다든가, 이런 식으로 피상적인 현상만을 흘려 학부모들의 불안감을 조성하는 것이다.

맘카페 엄마들끼리 이런 사실을 공유하며 불안을 달래는 경우도 있지만, 실제로 이들 카페는 상업적인 목적의 카페라서 학원들이 이미 협찬을 하고 있고, 또 사교육 업체에서 아예 마케팅 목적으로 카페를 만들기도 한다. 진짜 도움이 될 정보는 비용을 내거나 대면 상담을 받아야 알려주는 경우도 부지기수다. **이렇게 온라인 카페로 정보에 접근하기 쉬워진 현실은 교육 격차를 줄여주는 것처럼 보여도 궁극적으로는 학부모에게 더욱더 위화감과 불안감을 조성한다.** 그래서 일부 사교육 업체들은 학부모들의 불안감을 적극적으로 영업에 활용하고, 또 맘카페에 침투하여 공격적으로 거짓 바이럴마케팅을 진행하기도 한다.

내가 운영하는 맘카페에서 겪은 일 중에선 새로 개원한 영어학원 사례도 있었다. 이곳은 광고대행사가 아닌 파워 블로거나 전문 홍보 작가를 쓰는 것으로 추정되었다. 이 영어학원 개원 전후로 가입한 지 얼마 되지 않은 회원들의 호평 일색인 상담 후기가 동시다발적으로 올라왔다. 운영자인 내가 지적하지 않았는데도 회원들이 "너무 이상하다"라는 반응을 먼저 보였다. 자기 아이가 학원 수업을 들어본 것도 아닌데 그 학원에 대한 긍정적인 평을 선불리 남긴다는 것은 엄마들 정서에 매우 이상한 일이었기 때문이다.

새로 생기는 학원은 개원 전에 평판이 존재할 수가 없다. 학원에 방문해 상담하고, 느낌만으로 좋다면서 등록했다고 맘카페에 후기를 쓰는 행태 자체가 커다란 위화감을 불러일으켰다. 어쨌든 학원과 교육기관 추천은 엄마들에게 가장 조심스러운 분야이고, 하물며 공개된 곳에 의견을 올리는 것은 더더욱 그렇다. 맘카페를 상업적으로 운영하려는 업체들이 '동네 사교육 정보'를 주제로 맘카페를 운영하려고 시도하지만 쉽지 않은 이유가 이런 점 때문이다.

사교육 정보 공유가 조심스러운 이유는 이 분야의 특성 자체에도 있다. 사교육을 시키는 건 내 자식을 경쟁의 장이 된 우리 공교육 현실에서 상대적으로 밀려나지 않게끔 하기 위해서이기 때문이다. 대한민국의 교육적 본질은 경쟁에 있고, 이 체제에선 다 같이 승리할 수 없으며 필히 승자와 패자가 나뉜다.

모두가 승자가 될 수 없다는 것은, 필연적인 충돌을 수반한다. 맘카페에서는 그 충돌의 양상이 누군가에게 내 정보를 공유하지 않거나 진솔한 이야기를 털어놓지 않는, 수동적이고 둥글둥글한 모습으로 나타난다. 그래서 이곳에는 애초에 '나만 이길 수 있는 진짜 정보'가 존재할 수 없다.

사교육에 대한 의존과 불확실성 사이에서

그리고 아이들의 개성과 성향은 각각 다르다. 우리 아이에게 맞는 학원이 다른 아이와는 맞지 않을 수도 있다. 이 때문에 어느 교육기관을 절대 호평 일색으로 추천하진 않는다. 가끔 "카페에서 평이 좋아서 다녀왔는데 저는 영 별로였어요~"라는 후기가 가장 많이 올라오는 건 단연코 사교육 분야이다. 따라서 초등학교 고학년, 중학생, 고등학생을 자녀로 둔 경험이 많은 엄마일수록 다른 사람들의 평보다 차라리 아이의 평을 믿는다.

또 아이의 평과 함께 가장 믿을 수 있는 건 **엄마의 감에 기반을 둔, 스스로 내린 판단**뿐이다. 그래서 자신의 조언이 다른 엄마에게도 판단의 결정적인 요인이 아닌 참고 사항에 그칠 것을 알기 때문에 최대한 객관적인 사실만 이야기하려고 한다. 옆집 아이가 하니까 우리 애도 한번 따라 보내보자, 이런 식의 판단은 존재한다. 아니다 싶으면 바로 뺀다. 이처럼 자식이 관여된 분야에서 누군가의 말을 절대적으로 신뢰하기 어렵다.

제목: 사교육 어디까지 하세요?

초등학교 저학년 아이에게 사교육비만 ○○○만 원 쓰네요.ㅠㅠ 영어, 태권도, 줄넘기, 피아노, 미술, 수영, 그리고 여러 학습지…. 그저 남들 하는 만큼만 하는 것 같은데도 이러네요. 아이는 솔직히 딱히 똑똑한 것 같지 않고 보통인 것 같은데. 이제 아이가 겨우 초등학생인데 이렇게 지출하는 게 맞나요? 차라리 저축을 해서 아이에게 물려줄지 고민이 됩니다.

ㄴ원래 저학년이 학원비가 많이 들어요. 학교 끝나고 돌봐줄 곳이 없잖아요. 나중에 예체능 줄이고 국·영·수 위주로 돌리면 조금 낫습니다.

ㄴ많이 하시는 것 맞구요. 체육을 너무 많이 하시는 것 같아요. 아이와 이야기하시고 좀 줄여보세요.

ㄴ저도 똑같은 고민입니다.

제목: 고등학생 아이의 성적표를 보고

아이 학교 입학 후 첫 중간고사 성적표를 받아보니 헛웃음만 나오네요. 그래도 탑반[33]은 아니더라도 ○○반인데 이런 성적을 받을 줄 몰랐네요. 탑반만 열심히 관리하는 학원에 화가 나기도 하고…. 학원 탓하지 말고 내 자식의 의지 문제라고 생각해야겠죠? 아무래도 저는 학원 임대료, 전기세만 내주고 있었나 봐요. 여태까지 무엇 때문에 직장에서 열심히 일하고 있었는지 회의가 드네요. 관리가 잘되는 소규모로 옮길지 비싼 개인과외를 붙여서 포기하지 말고 바짝 달려야 할지 고민입니다.

ㄴ저도 성적표 오늘 받았는데 절망이에요.ㅠㅠ 그냥 그 돈으로 저축을 할 걸 그랬나 봐요.

ㄴ저도요. 유치원, 초등학교 때부터 열심히 달렸는데 이제 노후 자금이 없어요. 남편은 이제 곧 퇴직하는데 막막하네요.

ㄴ저는 성적표 보고 애 붙잡고 차라리 학원 그만두자고 했어요. 그랬더니 아이가 기다렸다는 듯이 좋다고 합니다.ㅠㅠ 학원도

33 학원에서 운영하는 성적순 우열반 중 가장 높은 성적의 학생이 들어가는 반.

관리 못 하는 애인데 혼자 열심히 공부를 해보겠다는데 믿을 수가 있어야지요.ㅠㅠ

나는 현재 첫째 아이가 초등학생이고, 본격적인 입시에 발도 담가보지 않았다. 급변하는 세상 속에 불확실성이 더 크게 존재하기 때문에 둘째 아이를 포함하여 앞으로 10년이 넘는 세월 동안 망망대해에서 어떻게 우리 아이를 키워야 할지 가끔 막막하기도 하다.

아마 우리나라에서 자식을 키우면서 느끼는 불안감은 비단 나만 겪는 것이 아니라고 생각한다. **이 불안감을 내려놓지 못하는 이유는 우리가 살아온 과정도 한몫한다.** 입시 경쟁부터 취업 경쟁은 물론, 회사에서 뒤처지지 않기 위해 자기 계발과 공부를 계속하며 아이들을 위해 안정적인 부를 마련해야 한다는, **살아생전에 경쟁은 끝나지 않는다는 압박감** 때문일 것이다. 게다가 우리는 앞으로 미래에 올 세상이 어떤 세상일지 전혀 확신이 들지 않는다. 그렇기 때문에 맘카페에서도 이런 교육 현실에 대해 이야기하지만 뾰족한 답을 찾지 못한다.

내가 아이를 초등학교에 보내고 학부모가 되어 인상 깊었던 때가 있었다. 어느 날 학교 공개수업에 가서 교실 뒤에 "우리는 모두가 한 송이의 꽃이야"라고 쓰여 있는 것을 보았다. 이렇게 요즘은 학교에서 아이들에게 자존감이 중요하다고 가르친다. 교육적으로 좋은 시도라고 본다. 그런데 한편으로 걱정이 된다. 오히려 이렇게 알고 있다가 나중에 중학교, 고등학교에 진학해서 본격적인 입시 경쟁을 겪어보면 아이들은 무슨 생각을 할까? 이상과 현실의 괴리감에서 오는 내적 갈등은 우울증의 근본적인 원인이 되기도 하는데 말이다.

실제로 많은 아이들은 중학교 2학년이 되어서야 처음으로 성적표를 받아본다. 그리고 거기 매겨진 서열화된 현실에 좌절하고 공부에 아예 흥미를 잃어버리기도 한다. 소위 말하는 '인서울 대학'에 들어갈 수 있는 아이들을 제외한다 치고 이 비율을 최소한으로 잡아도 열에 여덟아홉이 그런 좌절을 겪을 것이다. 이게 과연 정상적인 교육 환경인가? 나는 지금의 제도권에서 아무리 입시제도를 뜯어고쳐도 이 환경에 대해 근본적으로 성찰하지 않으면, 또 자식에게 투영된 부모의 과한 불안감과 어쩌면 비뚤어진 욕망에 대해 돌아보지 않으면 아무 소용이 없다고 본다.

그래서 맘카페에서 교육에 대한 글은 주로 불안함에 대한 것이며, 그 글들에는 정답이나 확신 대신에 '진짜 정보'를 향한 기웃거림만 있을 뿐이다. 엄마들은 내 아이가 정말로 잘하고 있는지, 어떻게 해야 잘할 수 있는지 늘 불안한 모습이다.

그래도 확실히 예전보다는 맘카페에도 과도한 경쟁적 교육의 필요성과 의미에 대해 근본적으로 고민하고, 의문을 갖는 글이 늘어난 게 사실이다. 이런 분위기가 조금 더 이어진다면, 어쩌면 우리가, 또 우리 사회가 그 답을 찾을 수 있지 않을까 기대해 본다.

지금 우리 아이들의 행복은 어디에 있을까

교육과 입시제도는 아이들이 마주하는 작은 사회의 첫 단추에 불과할 뿐이다. 많은 사람들이 맘카페 안에선 과연 사교육에 대해 어떤 말들이 오갈지 궁금해하겠지만, 사실 교육과 입시에 관련해서 맘카페에서만 통용되는 특이한 내용이나 문법의 글은 거의 없다. **그보다는 애초에 교육 문제에 대한 글 자체가 지역 맘카페엔 자주 올라오지 않는다. 이 문제가 얼마나 민감한지를 다들 잘 알기 때문이다.**

결국 우리 사회의 교육제도에 대한 전면적인 반성이 필요할 것이다. 이 모순적인 제도는 엄마들의 문제라기보단 대한민국 사회 시스템과 문화, 집단 무의식의 근본적인 지점을 건드리기 때문이다. 우리 사회의 욕망 자체에 대해 돌아보지 않고, 우리는 도대체 왜 행복하지 않은지에 대해 성찰하지 않는다면, 미래에도 여전히 존재할 더 높은 곳을 향해 아이들을 힘들게 할 것이다.

제목: 워킹맘들… 아이 숙제 어떻게 봐주고 계신가요?

퇴근하고 집에 와서 배달시킨 반찬으로 아이와 저녁을 때우고 아이 숙제를 봐주면서 내가 왜 이렇게 살아야 하는지 회의가 밀려옵니다. 저만 이렇게 살고 있나요? 영어학원 숙제만 끝내면 9시가 훌쩍 넘네요. 여기에 수학을 추가하고 다른 과목을 추가할 생각을 하니 까마득하네요. 이래서 다들 언제 주무시는 거예요? 이게 가능하신 건지 여쭙니다. 솔직히 저도 피곤하고 아이도 하기 싫다고 책상에 엎드려 엉엉 우네요.ㅠㅠ

ㄴ저는 그래서 회사를 그만뒀어요. 제가 가르쳐 볼 수 있을 것 같았어요. 그런데 제가 가르치니 아이랑 사이만 나빠지네요. 그래서 학원을 보내니 돈이 쪼들려요. 그냥 회사 다닐 걸 그랬어요.ㅠㅠ

ㄴ저는 회사 그만 못 둬요. 이렇게 아이도 저도 열심히 살아야 나중에 뭐라도 되어 있을 거라고 생각해요..ㅠㅠ

한창 뛰어놀아야 할 어린 나이에 잠도 못 자면서 학원 숙제를 하고, 또 부모까지 같이 스트레스를 받으며 그 숙제를 붙들고 있어야 할까? 왜 우리 아이들은 OECD 국가 어린이 중에 가장 불행하다고 답하고 있을까? 무엇이 우리 아이들을 위한 진정한 행복인가?

교육 문제는 이제 단순히 제도의 개선이나 사교육을 배척하는 것으로 해결될 것은 아니다. 이 책 마지막 7부에서 내 나름의 생각을 적어보겠지만, 이 시대를 살아가는 우리들의 욕망과 불안함 속에서 허우적대는 내면부터 성찰하고 정리되어야 과도한 경쟁에서 비롯된 불행이 다음 세대로 대물림되지 않을 것이다. 물론 이게 결코 쉽지 않으리란 것은 나도 아이를 키우는 입장이라 잘 알고 있다. 아마 맘카페의 많은 엄마들도 나와 마찬가지 심경일 것이다. 지금으로서는 이렇게밖에 말할 수 없다.

5

—

역지사지(易地思之)의 명암

맘카페의 가장 큰 화제이자 맘카페의 정체성을 결정짓는 것은 '육아', '아이'에 관련된 주제다. 이 때문에 맘카페의 글들은 어떨 때 보면 다소 흥분되어 있고 격앙되어 있다. 아이의 어찌 보면 별거 아닌 행동 하나하나가 감동을 주거나 슬픔을 준다. 아이가 처음으로 엄마라고 불렀다며 감동하고, 아이가 학교에서 쓴 편지에 눈물짓고, 아이가 힘든 일을 겪을 때 엄마도 같이 힘들다며 고민을 털어놓는 글들을 보면, 아이는 엄마에게 그야말로 모든 것이다.

맘카페에서 활동을 하든 하지 않든, 대부분의 엄마는 역지사지의 처지에서 생각하는 것에 너무나 익숙하다. 맘카페 회원들은 이곳의 글들을 보며 마치 자기 아이에게 생긴 일인 것처럼, 그 일을 내가 겪고 있는 것처럼 잘 공감해 준다. 특히 어떤 상황을 가정해 보면서 내 아이도 그런 일에 처할 위험이 있다는 걸 안다면 감정이 크게 흔들리기 쉽다. 그 아이의 입장이 되어보고, 내 아이가 그걸 겪으면 어떻게 될지 상상해 보기도 하며 그런 상황에 너무나 잘 몰입한다.

그리고 다 같이 분노한다.

미혼 여성 위주의 커뮤니티에서 맘카페 글이 뭔가 무섭고 적응이 안 된다며 괴리감을 느낀다고 하는 것을 종종 본다. 맘카페의 감정 과잉이 넘치는 분위기 때문이다. 그러고 보니 어느 순간 '아줌마'가 되어버린 나의 경험을 되짚어서 생각해 보면, 아줌마가 억척스러워지는 과정은 결국 **육아의 희로애락**과 밀접한 연관이 있었다.

거기에 세월까지 겹쳐 다양한 사회적 경험을 겪고 나면, 우리는 소위 '풍파'를 맞았다고 표현한다. 의학적으로는 호르몬 분비가 변화하는 과정이라고 하지만, 나는 육아의 경험이 우리 사회에서 통용되는 아줌마가 되는 과정과 상당히 맞닿아 있다고 생각한다.

혹자는 여자가 감정적이며 이성이 마비되기 쉬워 냉철한 판단을 못 한다고 한다. 남자와 여자의 뇌 구조에 대해 과학적으로 설명하려는 여러 논쟁적인 연구도 있다. 내 경험에 비추어 직관적으로 말할 수 있는 것은, 나도 살면서 가장 감정적이었던 순간을 떠올리면 결국 모성과 관련이 있을 때였다. 그리고 맘카페에서 가장 감정이 격해지는 글 역시 모성이 결부되었을 때였다.

꼭 성별의 차이가 아니라, 개인마다 타고난 공감 능력은 다르다. 남자 중에서 공감 능력이 유난히 뛰어난 사람도 있고, 여자 중에서 공감 능력이 낮은 사람도 있다는 것은 다들 저마다 경험한 인간관계를 통해 알고 있을 것이다. 나는 이 능력은 후천적인 학습에 의한 역량이 더 크다고 생각한다. 얼마나 다양한 인간관계의 상황을 경험하며 학습했는지도 개인의 공감 능력 형성에 무시할 수 없는 요소라고 본다.

모성은 선천적으로 타고나는 것인가?

모성은 기본적으로 공감 능력에서 기인한다. 여성이 선천적으로 모성을 타고나는 것인지, 후천적으로 만들어지는 것인지에 대해서도 말들이 많다. 나에게 모성애가 존재하는지는 내가 엄마가 되기 전부터 개인적으로 아주 궁금했던 문제였다. 어쩌다가 성별이 다른 두 아이를 낳고 키워보니 아들은 어릴 적에 인형과 장난감 젖병, 포대기를 주면 표정부터 시큰둥했고 흥미가 없었는데, 딸은 그런 놀이를 딱히 가르쳐주지 않았어도 아주 좋아했다.

겨우 나의 두 아이로 모성의 선천성을 일반화할 수는 없을 것이다. 이것에 대해 더 알아보자고 아이를 더 낳아볼 수는 없는 노릇이라 애석하다. 다만 어쩌면 내 생각보다 모성이라는 개념이 인류의 생물학적 역사를 통해 더 오래 전승됐기에 우리 유전자에 각인된 것이라는 생각은 들었다. 내 경험과 직관에서는, 성별에 따른 모성의 선천성을 완전히 무시하기에는 모호한 부분이 있다고 본다.

그보다도 내가 모성을 직접 경험하며 느껴보니, 모성은 선천성과 후천성의 이분법적인 관점에서 판단할 문제가 아니었다. **개인이 본능적으로 타고나는 공감 능력도 있지만, 모성의 형성은 궁극적으로 아이를 낳은 이후 경험적인 학습에 의해 완성되기 때문이다.**

가령 말 못 하는 갓난아기를 돌보는 과정을 생각해 보자. 아기는 언어적인 표현 대신에 오직 시끄러운 울음으로만 욕구를 표현한다. 배고파도 울고, 졸려도 울고, 심심해도 그냥 운다. 그런데 특히 엄마 역할이 처음이면 도대체 왜 우는지 알 수가 없는 경우도 많다. 아이는 이도 저도 아니라며 세상이 떠나가게 울고 엄마는 미칠 노릇이다.

이때는 아기의 입장을 가정해 보고, 헤아려 보고, 나의 공감 능력을 최대한 끌어 써서 아이가 무엇이 필요해 울고 있는지를 파악해야 한다. 단순히 산술적으로 계산해서 아기가 하루에 10번 운다고 치고 그 횟수가 1년만 쌓이면 3,650번의 '공감해야 하는' 상황이 만들어진다. 어쨌든 공감하는 힘이 훈련될 수밖에 없는 빈도다.

그렇기에 나는 부성 역시 모성과 똑같이 학습하는 개념이라고 생각한다. 자식에 무관심한 아버지보다 육아에 적극적으로 참여한 아버지는 자식에 대한 애착이 더욱 많아진다. 그리고 꼭 여성만 모성이 결부되는 순간에 이성이 마비되는 건 아니다. 부성이 결부되는 순간, 남성도 이성의 끈을 잡고 있기 힘든 경우가 많다. 자녀와 결부되는 감정, 부성과 모성은 분명 같은 형태로 존재한다.

그런데도 우리 사회에서 부성애보다 모성애의 감정이 압도적으로 도드라지게 느껴진다면, 그것은 우리 사회의 남성들이 억압적인 가부장적 문화에서 부성애라는 행복을 온전히 경험하지 못하고 있기 때문이고, 전통적으로 아이를 양육하는 것은 여성의 역할로만 여겨져 왔기 때문이다. 아이에 대한 감정은 꼭 성별로 나눌 이분법적인 개념은 아니다. 성별과 관계없이 누구나 자식이 관련된 일에는 감정이 앞설 수밖에 없다.

'엄마'라는 페르소나가 집단의 힘으로 뭉쳤을 때

이런 경험을 종합해 보자면 **'여성이 감정적인가?'**라는 물음에는 사람의 성격에 따라 다를 수 있다고 할 수 있다. 그런데 자녀를 양육해 본 입장에서 **'엄마는 감정적인가?'**라고 물으면, 당연히 그렇다고 생각한다.

거기에 엄마라는 공통된 경험에서 비롯되는 동질감이 결부되면, 서로 무조건적인 공감과 동조를 하게 되는 위험성이 깃들 수밖에 없다. "저만 이렇게 불편한가요?"는 "아니요, 저도 불편해요.", "그러고 보니, 저도 불편해요."라는 동조를 이끌어내며 자연스레 응집을 시작한다. 이 둥글둥글한 세계에선 혹시나 불편하지 않은 사람이 있어도 섣불리 그렇다고 말을 하지 못한다. 이렇게 불편함은 점점 확증 편향이 되는 것이다.

우리는 언젠가부터 개인의 공감 능력의 중요성을 매우 강조하고 있다. 다른 사람의 입장에서, 다른 사람의 감정에 쉽게 이입할 줄 아는 사람이 착한 사람이라고 생각하기 쉽다. **그러나 타인에게 잘 몰입하는 특성이 반드시 선한 행동으로 이어지지 않는다. 오히려 이 착각이 집단 이기주의적인 행동을 합리화하는 기제가 된다. 그런 '역지사지의 명암'이 잘 드러나는 곳이 맘카페다.**

맘카페는 더 이상 "저 속상해요.", "여기 털어놓고 끝내요."로 정도로 끝나는 집단이 아니며, 그러한 응집력을 바탕으로 자기 집단의 힘을 추구하게 되었다. 우리는 그 힘이 맘카페를 사회의 파워게임에서 우위를 점하게 했지만, 바로 그 힘이 때때로 집단 린치와 다를 바 없는 폭력으로 이어졌다는 걸 잘 알고 있다. 공감이 넘치는 맘카페의 분위기는 분명 폭력적인 상황과 잘못을 인지하게끔 하는 감수성을 무뎌지게 하고 있다.

이제 3부의 내용을 요약해 보자. 맘카페가 다른 인터넷 커뮤니티와 분명히 구분되는 특징은 모성과 일정한 상관관계가 있다. 엄마들은 이 모성적 특징에 기반을 둔 둥글둥글한 세계에서 동질감을 느끼며 서로 공감하고 응집한다. 그런데 이 둥글둥글함은 객관적인 사리 판단을 흐리게 하고, 둥글둥글함을 가장한 공격성으로 발현되기도 쉽다.

이렇게 공격성을 드러내는 것에 스스로 무뎌진 이유는 맘카페만 들어오면 카멜레온의 색깔같이 변하는 '엄마'라는 페르소나 때문이다. 엄마는 자애로웠다가도 화를 내고, 어느 순간 약한 모습을 보이면서도 갑자기 누구든 용서할 수 없다며 강력한 모습을 보인다. 참 극단적이고 다중인격적인 모습이지만 분명히 엄마라는 특징과 다 들어맞는다. **엄마라는 개인의 존재는 여전히 미약하지만, 이 페르소나는 '뭉치면 힘이 된다'**는 것을 보여주는 힘의 공간을 만나 맘카페 바깥의 세상을 놀라게 만들었다. 이제 우리가 맘카페의 '정치화'에 대해서 논할 차례인 것이다.**

정치적인
너무나 정치적인?

4

1

"뭉치면 힘이 된다"

맘카페에 대한 여러 부정적인 시선 중 빼놓을 수 없는 하나가 있다. 맘카페가 지나치게 '정치화'되었다는 것이다.

그런 비난이 수면으로 떠오른 것은 2010년대 중반부터다. 우리 사회 전체에 큰 충격을 안긴 세월호 침몰 사건이 있었고, 몇 년 뒤 대통령이 탄핵되었으며 그 이듬해에 대선을 치르게 되었다. 그 시기에는 비단 맘카페만 시끄러웠던 것이 아니고, 모든 인터넷 커뮤니티의 화제는 단연 정치였다.

내가 맘카페에 입문했을 때도 그즈음이었다. 그때 본 맘카페들의 모습은 하루도 바람 잘 날 없이 시끄러웠다. 어떤 맘카페는 정치글을 게시하는 것을 완전히 금지했고, 어떤 맘카페는 특정 정당을 지지하거나 비난하는 글을 올리는 회원을 바로 강퇴시켜 기사화되기도 했다.

다른 인터넷 커뮤니티에는 어느 지역 맘카페 운영자가 특정 정당으로부터 돈을 받고 운영한다는 소문도 파다했다. 정당들이 아이디를 사들여 맘카페마다 정치 댓글을 달아 공작을 한다는 소문까지 있었다. 실제로 2018년에는 '드루킹 여론 조작사건'이 세상에 드러나 인터넷에서 정치 여론을 조작하는 현상이 공론화되었다.

한 가지 사실을 분명히 적고 시작해야 할 것 같다. 적어도 내가 운영한 맘카페는 정치와 아무 연관이 없고, 또 카페 차원에서 직접적인 정치 글을 금지했다. 우선 나부터 어떤 정당도 지지하지 않는다. 내가 개인적인 정치 의견이 없는 것은 아니다. 선거 때마다 모든 정당 홍보물을 한 글자도 빠지지 않고 봤고, 투표권은 성년 이후로 단 한 번도 빼놓지 않고 행사했다. 다만 우리나라 정치 현실에 실망이 커서 특정 정치인이나 정당을 단 한 번도 지지해본 적이 없을 뿐이다.

그래서 나도 정치와 맘카페를 둘러싼 이런 풍문들이 정말로 사실인지 궁금했다. 내가 수많은 맘카페를 비롯해 인터넷 커뮤니티와 정치권의 관계를 모두 접한 것은 아닐 것이다. 그래도 5년간 맘카페를 운영하며 일반적인 이용자보다, 또 맘카페를 바깥에서 보는 사람들보다 더 깊이 응시하고 실감하게 된 사실은 있었다. **맘카페는 여타 온라인 공간에 비해 분명 정치적 영향력을 행사하기 쉬운 구조라는 게 그것이다.**

사회의 감시자가 된 맘카페

실제로 맘카페를 비롯한 인터넷 커뮤니티의 여론을 정당에서도 의미 있게 받아들이는 분위기다. 그래서 정당에서 각 인터넷 커뮤니티의 대세에 촉각을 세우기도 하고 고지를 탈환하려는 노력도 보인다. 정치인들이 "안녕하세요, ○○○입니다."라는 게시글을 인터넷 커뮤니티에 올려 지지를 호소하는 것도 쉽게 볼 수 있다. 문재인 전 대통령은 2017년 대선주자였을 때 지역 맘카페 운영자들을 초빙해 '전국 지역 맘카페 회원들과의 만남'이라는 간담회를 열었고,[34] 황교안 전 자유한국당 대표 역시 2019년 맘카페 회원과 미팅을 추진한 바 있다.[35]

맘카페는 많은 사람들이 동시다발적으로 보고 있기 때문에 공적인 공간으로서의 의미가 있다. 그 공공성을 의식하는 사람들이 있기에 나의 문제가 여럿의 문제가 되고, 더 나아가서는 사회의 문제가 된다.

앞서 언급한 맘카페에 올라오는 글 중 부정적인 후기를 떠올려 보자. 만약 그 후기가 사실에 부합하며 합리적인 태도와 방식으로 작성되었다면, 이는 사사로운 이익보다 공공의 이익에 부합한다고 할 수 있다. 개인으로서 당한 부조리의 글이 공감을 얻으면 비로소 '문제'로 인식되고, 이는 긍정적인 방향으로 해결책을 유도하는 **'사회 감시자'**로서의 역할까지 확장되는 것이다.

> "○○슈퍼에서 계산하고 나오실 때 영수증 잘 확인하세요. 거기서 할인을 제대로 적용해 주지 않았는데 이런 적이 한두 번이 아니어서 올립니다."
>
> "어머, 저도 그런 적이 있었어요."

---

34 강종민, 「파이팅 외치는 문재인과 맘카페 회원들」, 《뉴스원》 2017. 3. 16.

35 이슬기, 「황교안, 민생투쟁 시즌2 시동…'여성·청년' 키워드로 외연 확장」, 《연합뉴스》 2019. 6. 19.

"저도 몇 번 그래서 이상하다고 여겼는데 설마 고의로 그러는 것은 아니겠지요."

"영어유치원 내년 원비가 갑자기 한 달에 20만 원씩 오릅니다."
"저희 애가 다니는 곳도 딱 20만 원이 올라요."
"저희도 그러는데 설마 담합은 아니겠지요?ㅠㅠ"

내가 우리 맘카페와 다른 맘카페에서 본 사례로, 실제로 시정이 된 일들을 모아보았다. 앞서도 언급했듯 이는 일방적으로 음해할 목적의 후기가 아니다. 나만 알고 넘어갈 일이 아닌, 주변 이웃도 같은 피해를 볼 수 있는 일이기 때문에 카페에 공유한 것이다. 즉, 감정을 담아 매장시키겠다는 파워게임의 의도보다도 공공의 이익 추구에 기반을 둔 행동이다.

기껏해야 이웃집과 동네 친구들 엄마 몇 명만 아는 오프라인 중심 사회였을 때는 이런 정보가 적극적으로 공유되는 것은 어려웠다. 잘 모르는 이웃까지도 빠르게 연결할 수 있는 온라인 공간의 장점이 발현되는 순간이다. 이렇게 맘카페는 이용자가 사회적 감시의 역할을 할 수 있게끔 하고, 이는 투명하고 건강한 사회를 유지하는 데 도움이 될 수 있다.

뭉치면 살고, 흩어지면 죽는다는 말이 있다. 그 말대로 일개의 개인은 힘이 없다. 맘카페 회원들도 그냥 평범하게 아이를 키우는 엄마에 불과하다. 하지만 이들이 맘카페에서 모이면 힘을 갖게 되는 것을 종종 목격한다. 맘카페에서 종종 다양한 사회적 이슈에 관련된 서명운동이 벌어지고, 청원에 서명을 부탁하는 글이 올라오는 게 그런 맥락이다. 다른 인터넷 커뮤니티에서 "여기 말고 맘카페에 청원 요청 글을 올려 화력을 올려보자"라는 글을 종종 접할 수 있다는 것은 그만큼 맘카페의 영향력을 외부에서도 강하게 인식하고 있음을 보여준다.

맘카페의 폭발적인 불매운동을 되돌아보면

청원 글 외에도 맘카페의 응집을 보여주는 가장 대표적인 사례로는 **불매운동**을 들 수 있겠다. 유니클로,[36] 남양유업,[37] 스타벅스,[38] SPC[39] 등등 특정 제품, 회사, 국가를 대상으로 전개된 다양한 불매운동은 여러 맘카페를 관통하는 이슈였다.[40][41] 이런 이슈에 동조하는 회원들은 예컨대 'NO JAPAN'이란 구호를 적극적으로 내세우거나, 맘카페에서 본인을 드러내는 계정 사진을 특정 국가나 브랜드 사진에 빨간색 × 표시를 한 사진으로 바꾸기도 한다.

이렇게 집단적인 움직임에 동참하는 것은 개인의 사회적 자아

---

36 이경열, 「유니클로 '욱일기' 디자인 논란… 맘카페 불매 운동 확산」, 《베이비타임즈》 2018. 12. 11.

37 문수정, 「또 다시 '불매운동'… 창사 이래 최대 위기 남양유업」, 《국민일보》 2021. 4. 20.

38 김지효, 「스타벅스 충성고객도 맘카페도 뿔났다, 캐리백 사태 불매운동 확산 조짐」, 《비즈니스포스트》 2022. 7. 26.

39 최해민, 「SPC 불매운동 확산… 가맹점주들 "우리가 무슨 죄" 울상」, 《연합뉴스》 2022. 10. 21.

40 장호영, 「인천 맘카페 중심 일본제품 불매운동 확산」, 《인천투데이》 2019. 7. 18.

41 김봉주, 「"파업 참여 병원 거르겠다"… 맘카페에서 돌고 있는 블랙리스트」, 《아시아경제》 2020. 8. 27.

를 실현하는 수단이 된다. 즉, 스스로를 미약한 존재라 여기는 개인의 자기 효능감을 고양한다. 나와 뜻을 같이하는 사람들이 하나둘씩 뭉치는 모습을 보면 역시나 내 생각이 나만의 것이 아니었음을 확인할 수 있다. 또 댓글과 '좋아요' 숫자가 늘어나며 직관적인 수치로 점점 더 많은 사람들이 동참하는 모습과 응집이 이루어지는 과정을 실제로 보는 것은 적극적 행동의 충분한 유인이 될 수 있다.

하지만 뭉치면 힘이 된다는 이 논리는 종종 위험한 상황을 초래하기도 한다. 사람이 모이고 뭉칠수록 강력한 힘이 된다는 건 무엇을 뜻하는가? 불매운동과 같은 강력한 집단 운동은 역시 참여자가 많을수록 효과적인 것이다. 그런 운동은 그에 동참하지 않는 사람들을 소위 말하는 '개념이 없는 사람', 더 나아가 '나쁜 사람'으로 비난하게 될 여지가 있으며, 급기야는 '타파해야 할 적'으로 여기는 이분법적 사고방식과 공격적인 자세에 빠지게끔 할 수도 있다.

제목: ○○○ 점주입니다.

그냥 갑갑해서 써봅니다. 저도 맘카페 회원이어서요. 본사 이슈 때문에 불매운동이 일어나 손님이 뚝 끊겨 매출에 타격이 큽니다. 당장 다음 달 임대료를 낼 수가 없을 것 같아요. ㅠㅠ

ㄴ 안타깝지만 소비자로서 보여줄 수 있는 항의는 이것밖에 없어요. 사장님도 동참하셔야 본사에서 더 이상 나쁜 짓을 못 합니다. 사장님. 본사에 꼭 소송하시기를 바라요.

ㄴ …소송이 말이 쉽죠. 이겨도 피해를 보상받으려면 몇 년이 걸릴 텐데요. 그 전에 가게 문 닫고 식구들 굶어 죽게 생겼어요. ㅠㅠ

제목: ○○○에서 물건을 구매하는 사람을 보니 힘이 쭉 빠져요.

저 혼자 불매운동에 동참하고 있나 봐요. ○○○에서 물건을 아무렇지 않게 계산하는 사람을 보니 무기력하네요. ㅠㅠ

ㄴ 저도 지나가다가 봤는데 어찌나 힘이 빠지던지요.

이무리 둥글둥글한 표현으로 공격성을 띠지 않으려 에둘러 말해도, 이들이 말하고자 하는 바는 같다. 맘카페와 같은 인터넷 공간에서는 나와 생각이 다른 사람들의 표정을 볼 수 없다. 그에 더해 민감한 이슈에 관해 다들 침묵하는 분위기가 보편적이라면, 반대 의견을 가진 사람의 목소리는 어디서도 들리지 않는다. 이런 무감각함이 더 나아가면 어느 개인이 극단적인 사고에 빠지는 것을 객관화시키기 어렵게 하는 것이다.

이런 극단적인 사고는 어느 운동에 동참하지 않는 사람을 향한 공격이나 혐오로까지 이어지게 한다. 특히 특정 브랜드에서 물건을 구매하는 사람을 보았다며 사진을 찍어 올리는 행위는 아주 위험하다. 종종 인터넷에서 불거지는 사건에서 볼 수 있듯, 만약에 특정인을 식별할 수 있을 만큼 사진이 뚜렷하다면 법적으로 문제가 될 수 있는 상황이다. 사진이 불분명하더라도 당사자가 그런 게시물과 거기에 동조하는 공격적인 댓글까지 본다면 그것은 자신에 대한 조리돌림이라고 인식될 수밖에 없다.

꼭 사진의 당사자가 아니더라도, 이런 식의 글은 ○○○ 브랜드의 불매운동에 동의하지 않아 그 브랜드에서 구매한 경험이 있는 사람들에게도 본인을 비난하는 것처럼 느껴질 수밖에 없다. 결국 불매를 강요한다고 말을 하지 않더라도 사실상 암묵적인 강요가 맞으며, 이는 내 생각과 다른 행동을 하는 사람은 개념이 없다고 몰아붙이는 것과 같다. 나도 몇 년 전 맘카페에서 불매운동이 활화산처럼 불타올랐을 때 이러한 공격적인 분위기를 두려운 마음으로 실감했던 게 사실이다.

'정의 실현'이라는 집단적 신념이 위험한 이유

불매운동은 맘카페의 응집력으로 사회 이슈에 대한 힘을 드러내는 수단처럼 보였지만, 결국 맘카페가 지닌 정치적 에너지의 한계를 여실히 드러냈다. 확실히 요즘 맘카페의 불매운동은 초기와 같은 폭발력이 떨어지는 추세를 보인다. 여타 다른 집단적인 이슈몰이에 대한 반응도 마찬가지다.

그 이유는 무엇일까? 결국 이런 폭력성을 여러 번 학습하여 질려버린 사람들의 불쾌감 때문이라고 본다. "어떻게 맘카페에 마음에 드는 글만 올라오겠어요. 사람의 생각은 다 다르니까요." 많은 회원들은 가끔씩 이런 식으로 자조적인 글을 쓸 뿐이다. 맘카페의 '부드러운' 정서를 거스르고 있는 것에 대한 불만을 수동적으로 보여주는 것이다. 이들은 폭력성에 휘말리지 않기 위해 불매운동파의 뜻에 반대한다는 말조차 직접적으로 꺼내지 않았다.

각자의 신념과 선택은 자기 삶의 경험이 녹아 있는 합리적인 것이다. 각자의 판단에는 이유가 있고, 타인은 그것을 존중해야 한다. 그러나 맘카페의 불매운동을 비롯한 다양한 사회 이슈 참여의 태도에서는, 아쉽게도 이렇듯 개개인의 판단을 이해해 보거나 배려하지 않는 점이 두드러졌다. 내 편이 아닌 사람은 양식과 개념이 없

1. "뭉치면 힘이 된다"

는 몰상식한 사람이며, '우리의 뭉침'으로 인해 누군가 애꿎은 피해를 입더라도 우리가 주장하는 정의를 실현하기 위해서는 마땅히 감수해야 한다는 태도를 취했던 것이다.

맘카페의 집단적 사회 참여가 정말로 '정의'를 실현하고자 하는 수단인지, 일시적 소용돌이와 같은 힘과 권력에 편승하고자 하는 욕망에 불과한 것인지는 알 수 없다. **그러나 정의의 실현에 다소의 폭력이 정당화될 수도 있다는 사고방식**은 앞으로 점점 더 많은 이들의 공감을 받기가 어려워질 건 분명하다. 뭉치면 힘이 되는 것은 맞는다. 그렇다면 뭉치지 않고 흩어져 있는 사람들은 어찌할 것인가? 맘카페의 집단적 에너지는 몇 년간 그 어려운 문제에 봉착했던 게 사실이다.

2

정치 아르바이트는 실존하는가?

선거철이 다가오던 즈음, 우리 카페에 이질감이 확 느껴지는 아이디들이 무더기로 가입 신청을 했다. 아이디와 함께 우리가 요청하는 간단한 질문에 대한 답변 정도만 보이는 나는 그것만으로 그들의 정체를 알 수는 없다. 그 아이디 중의 한 명이 카페에 가입한 후 자기소개 말을 쓰는 공간에 썼던 한마디를 잊을 수가 없다.

"세상을 바꾸는 작은 빛이 되고 싶어요."

평소 보던 문장과 확연하게 다른 이 문장을 보는 순간 내 머릿속에는 거대한 물음표가 하나 떴다. 보통 가입 인사를 올리는 회원들은 대부분 "반갑습니다", "새로 이사 왔어요", "사이좋게 잘 지내보아요" 같은 별말 아닌 말을 쓴다. 그런데 이게 대체 무슨 한밤중에 봉창 두드리는 소리란 말인가? 이런 혼이 넘치는 말은, 그동안 수천 개의 가입 인사를 일일이 봐왔지만 그때가 처음이었다. 도대체 뭘 어떻게 바꿔보겠다는 거지? 아니, 평화로운 이곳에서 어떤 소동이라도 벌이려고 작정하는 걸까?

처음에는 개인 계정이 정치적인 단체에 의해서 해킹을 당한 것이 아닌지도 의심했다. 그러나 그녀가 운영하던 블로그(예전에는 카페에 회원 가입 시 본인 정보의 기본 설정은 블로그를 공개하도록 설정되어 있었다. 이것을 기본값으로 둔 것으로 추정된다.)의 내용 중에 특정 정당을 열렬히 지지하고, 평범하게 아이를 키우는 내용을 확인한 뒤 이분은 자발적인 정치적 목적으로 들어오신 분이라는 판단이 들었다.

우리 카페에는 정치적 이야기를 자제하자는 규정과 기조가 있다. 뒤에서 더 자세히 설명하겠지만, 정치적 논쟁거리가 이곳을 관통하면 맘카페의 본래 목적인 육아 정보 교류 글이 뒤로 밀려버리며 쉽사리 감정적인 싸움으로까지 번지기 때문이다. 이로 인해 많은 회원이 불편을 호소하기 때문에 그렇게 정했다.

하지만 그녀는 눈치도 없었다. 가입하자마자 사회적인 논쟁거리에 대해 글을 쓰기 시작했다. 덕분에 운영진인 나뿐만 아니라 많은 회원들도 이상한 느낌을 받았다. "거동이 수상한 자"에 대한 신고 글이 운영진 게시판에 쏟아지기 시작했다. 나는 우리 카페의 취지와 전혀 다른 행동만을 반복하는 그녀를 강퇴시킬 수밖에 없었다.

맘카페를 통해 '세상을 바꾸고 싶은 사람들'

"세상을 바꾸는 작은 빛이 되고 싶다"던 그녀뿐이랴. 얼마 뒤에 또 다른 "거동이 수상한 자"가 눈에 들어왔다. 당시 우리 카페의 논쟁거리는 지방자치단체의 행정 처리에 대한 비난이었다. 예컨대 아파트 단지가 입주를 시작했는데 버스노선 확충 등 생활 여건을 개선할 의지와 생각이 없어 보인다는 내용 같은 것이었다.

그런데 그런 글들에 어떤 아이디로 댓글이 달리기 시작했다. 가입한 지 얼마 되지 않은 회원이었다. "쓸데없는 유언비어를 삼가 달라"는 내용으로 시작하여 지방자치단체에 직접 확인해 보니 그런 일이 없었으며, 주민 생활 편의를 위해 "불철주야" 노력하고 있다는 것이었다.

"거동이 수상한 자"에 대한 신고 글이 또 쏟아지기 시작했다.

"공무원이 위장 가입한 것이 아닐까요? 무슨 내용을 이렇게 잘 안다는 식으로 써놓죠?"

"본인이 20대 젊은 애기 엄마라는데 완전 50대~60대 아저씨 말투예요. 사자성어를 참 좋아하네요."

그분이 댓글로 쓰신 내용을 쭉 훑어보았다. 누가 보아도 내부자라고 의심될 만한 댓글이 여러 개 달려 있었다.

내가 유난히 예민한 걸 수도 있지만, 말하는 것을 들을 때 그 사람의 특징은 잘 드러난다. 목소리, 억양, 버릇처럼 많이 쓰는 단어, 그리고 직접 마주했을 때 얼굴에서 느껴지는 인상과 표정들까지 더해지면 더 디테일해진다. 물론 나도 보이는 것만으로 사람을 판단하고 편견을 갖는 걸 경계하지만, 안타깝게도 많은 경우 그 사람을 알아갈수록 처음에 드러난 표상들이 무의미하지 않았다.

신기하게도, 얼굴이나 표정도 모른 채 익명의 글을 들여다봐도 그러하다. 사람마다 지문 같은 고유의 '글투'가 있다는 것을 발견할 때가 많다. 예컨대 말줄임표로 마침표를 찍는 횟수, 유난히 잘 쓰는 단어, 특정 기호, 이모티콘, 잘 틀리는 똑같은 맞춤법, 그 사람만 쓰는 독특한 띄어쓰기 같은 것 등등이 그렇다.

아무튼 이분의 경우도 보통의 30~50대 여성의 글투와는 다른, 마치 딸 아이디를 빌려 쓰는 아버지의 글투 같은 위화감이 들었다. 그렇다고 위장 가입에 대한 결정적인 증거가 없는데 대다수 회원과 의견이 다른 글을 쓴다는 이유만으로, 혹은 위장 가입의 심증만으로 강제탈퇴 처리를 할 수 없었다.

결국 어떤 회원이 대놓고 "애기 엄마가 아니고 아저씨 아닌가요?", "정말 이상한 사람"이라며 그 사람의 글마다 쫓아다니며 저격 댓글을 달기 시작했다. 나는 운영진으로 나서기도 애매한 상황에 직접 나서주신 그분을 마음속으로 응원했다. 그 소동 이후 그분은 우리 맘카페에 접속한 이력이 없다. 그분이 아저씨 같다는 저격 글 때문에 마음의 상처를 입고 우리 카페를 떠난 것인지, 아니면 정체가 들킬 것 같아서 다시는 돌아오지 않는 것인지 나로서는 알 수가 없다.

누군가의 신념이 무서운 이유

'정치 아르바이트'라는 말에 대해 다시 생각해 보자. 우리는 일상에서 자신이 이해할 수 없는 행동을 열심히 하는 사람들을 볼 때 **"혹시 누군가에게 돈이라도 받은 것이 아닌가?"**라고 여긴다. 그렇지 않고서야 어떻게 저런 행동을 그토록 진심으로 할 수 있느냐는 의미다. 정치에 대한 사람들의 의견은 대개 양극화되었거나 무관심하기에, 나와 전혀 다른 정치적 신념을 갖고 행동하는 사람들을 비하할 때도 이 말은 즐겨 쓰인다.

그래서 맘카페의 정치 아르바이트는 실존하는가? 위에서 언급한 사례처럼 의문스러운 행동을 했던 아이디 소유주들에게 금전적인 대가가 오고 갔는지까지는, 나는 정확히 알 수 없다. 그러나 한 가지 사실만은 분명했다. 최소한 그분들은 어떠한 정치적 이념이나 자신이 지지하는 신념이 있으므로 그렇게 움직였다는 사실 말이다. 이들의 행태에서는 바이럴마케터처럼 성의 없는 단어들과 건성의 문장들이 아닌 **진심과 사명감**이 존재했다.

사람의 신념은 그렇게 때로는 무서운 것이다. 정치의 신념을 종교의 신념에 비유하듯이 말이다. 이처럼 정치 아르바이트로 추정되는 사람들의 모습은 마치 교회 전도를 하는 사람들의 행태와 비슷한 이유다.

그리고 이 공간을 마음대로 할 수 있는 맘카페 운영자가 그릇된 의도를 가지고 있다면 더욱 위험해진다. 꼭 맘카페 운영자가 아니더라도 일부 맘카페 이용자들은 기를 쓰고 특정 정치적 성향으로 맘카페를 응집하고자 노력한다. 보통 맘카페에서 누군가가 "불편해요"라는 말을 하는 순간, 이 공간의 분위기를 해치지 않기 위해 다들 자제하려고 하지만, 이 신념의 사람들은 누가 피로감을 호소해도 자신의 의지를 쉽게 꺾지 않는다. 그렇게 불편하다고 말하는 것을 포기할 때까지 공격적인 태도를 서슴지 않는다.

우리는 나에게 불편한 소리를 듣지 않고 점점 듣는 귀를 막고 있다. 이 시대의 디지털 리터러시란 무엇일까? 요즘 그토록 강조하는 문해력보다 더 필요한 것은 서로를 열린 귀로 이해하려는 자세라고 본다. 우리는 내가 동의하는 말에는 신통한 이해력을 보이지만, 나와 다른 의견은 누가 아무리 잘 설명하려고 해도 귀를 닫아버린다. 어쩌면 우리는 점점 더 나와 다른 의견을 가진 상대방에 대해 아무것도 따지지 않고 그저 '아르바이트'로 취급하는 것이 아닐까?

왜 진정성 있는 '신념'을 가진 사람들은 다른 사람들에게 공감을 얻지 못하고 있을까? 아니, 그 전에 지금 우리 시대의 신념이란 대체 무엇일까? 맘카페의 '신념으로 무장한 사람'들을 바라보며, 나는 이런 의문을 멈추지 않을 수 없었다.

3

게시판의 여론이 확성기로 바뀌는 순간

이제는 포털 사이트 이외에도 개인들은 자신의 SNS에 주로 접속한다. 그리고 이 SNS에서는 개인화된 알고리즘이 각자의 편향적 사고를 강화한다. 맘카페는 '개인의 성향'보다도 '엄마'라는 공통점에 의해서만 모이는 커뮤니티이기에, 비교적 특정 개인을 뛰어넘은 다양한 의견이 드러나는 공간이라고 할 수 있다. 맘카페의 그 '불특정함'과 '다양함'은 중요한 특성이다. 이곳의 개인들은 자신의 의견이 불특정 다수에게 주목받을 수 있는 가능성을 보고 게시글을 쓴다.

우리는 맘카페를 포함한 인터넷 커뮤니티를 **게시판**의 형태로 본다. PC통신의 BBS 시절부터 내려온 이 텍스트 기반의 똑같은 양식으로 많은 사람들의 의견을 읽을 수 있고, 나의 의견을 불특정 다수가 주목하는 공간에 올릴 수 있다. **권위가 있는 사람이든, 없는 사람이든 모두 온라인 커뮤니티의 게시판에 글을 쓰는 순간에는 평등해진다.** 개개인이 올리는 글은 최초에 글을 올리는 순간 가장 노출이 잘 되는 게시판의 맨 상단에 올라가 똑같은 스포트라이트를 받는다. 그리고 올린 순서대로 점점 뒤로 밀린다. 이 때문에 글이 주목받을 기회는 처음에는 균일하고 평등하게 돌아간다.

이 스포트라이트를 더 받기 위해 자신의 글을 더 많은 사람에게 다시 주목받게끔 '도배'나 '끌어올리기'(한참 전에 올렸던 글을 더 많은 사람에게 노출시키기 위해 다시 올리기)를 하여 게시판의 상위 노출을 시도할 수 있다. 하지만 맘카페의 경우 회원 대부분이 이렇게 상단을 독점하는 것을 불편해하기 때문에 아예 규정으로 도배와 끌어올리기 금지를 못 박아두는 것이 대부분이다. 또한 포털 사이트에서 맨 상단에 중요한 글을 고정할 수 있는 기능을 제공하기에 일부 맘카페는 이 공간을 광고 글로 노출하는 대가로 업체로부터 수수료를 받기도 한다.

'싫어요' 대신 '침묵'을 선택하는 공간

주목해야 할 점은 현실 세계에서 목소리가 작고, 권위가 없는 사람의 목소리도 맘카페에 글을 올리는 순간 그 공간을 만나 크게 확대된다는 것이다. 수천 명, 수만 명, 수십만 명의 회원을 보유한, 그리고 하루에 몇만 명, 몇십만 명 단위로 방문하는 맘카페는 **확성기** 역할을 한다. 지나가는 소시민 아줌마의 별말 아닌 말을 맘카페란 온라인 공간에선 수천 명, 수만 명이 다 같이 읽어주며 공감하고 동조한다.

현실 세계에서 보통 엄마라는 존재는 그저 아이 키우며 일하느라 바쁘고, 목소리를 낼 엄두가 나지 않는다. 만약 어느 엄마가 무심코 넘길 수도 있던 일을 올려서 많은 사람의 동조를 받는다면 그 의견은 '의미 있는 의견'이 된다. 이렇게 현실 속에 묻힐 수 있는 목소리가 맘카페를 통해 많이 발굴된다. 다수와 힘 있는 사람의 의견에만 귀를 기울이는 것이 당연시되는 우리 사회의 맹점을 극복하고, 엄마들의 목소리가 사회적으로 주목받는 기회가 제공되는 것이다.

그러나 정치적 이슈와 집단 운동에서도 맘카페의 본질적인 특성, 구성원들 사이에서 심적으로 불편한 상황을 꺼리는 그 둥글둥글한 문화는 비켜가지 않는다. 앞의 장에서도 살펴보았듯, 어떤 민감한 쟁점에서든 맘카페 구성원으로서 집단의 소속감과 균일함을 유지해야 하기 때문에 여기서는 대세의 의견에 반대하는 의견을 표현하는 일이 적다. **이 공간에서는 트러블메이커가 되어 소외될 위험에 빠지는 것보단 침묵을 선택하는 것이다.**

거기에 포털 사이트 카페 게시판에서 제공하는, '좋아요'를 표시하는 하트 누르기 기능은 이 둥글둥글함을 더욱 강화하는 장치가 되었다. 포털 사이트 게시판에는 '좋아요' 버튼만 있을 뿐 '싫어요' 버튼은 없기 때문이다. 혐오를 배제하기 위해 만든 이 기능은 게시글의 객관적인 판단력을 흐리게 만든다.

이 경우 침묵하는 다수의 의견은 잘 드러나지 않기 때문에 마치 내 의견을 반대하거나 싫어하는 사람은 존재하지 않는 것처럼 착각을 일으키기 쉽다. 그래서 어떤 이들은 자기 의견을 계속 반복해서 올리며 자신들의 신념을 강화한다. 이렇듯 강화된 신념이 집단적인 에너지로 바뀌는 건 금방이라, 맘카페에는 주관적인 의견이 쉽게 올라오고, 잘 뭉친다. 그러다가 맘카페라는 알껍질을 깨고 현실을 마주한 뒤 상처를 받기도 한다.

몇 개의 지역 맘카페에서 '이태원 압사 사고'에 대해 맘카페 이름으로 현수막을 건 일이 있었다.[42] 젊은이들의 희생에 안타깝고 슬픈 마음을 모아 현수막을 제작하자고 맘카페 내부에서 의견이 모아졌기 때문이었다. 회원들은 의견 글에 하트를 수백 개씩 누르며 동조했고, 현수막 제작 모금에 참여했다.

그리고 이런 사례들이 모여 인터넷 뉴스에 기사화되었는데 포털 사이드의 댓글 창에는 정치적인 악성 댓글이 줄줄이 달렸다. 슬픔과 애도에 대한 표현뿐만이 아니라 누군가에게 책임을 물어야 한다는 일부 문구가 결국 정치적으로 해석되었기 때문이다. 게다가 이들은 분명 수많은 맘카페 회원들의 지지로 현수막을 제작했는데, 생각과 너무 다른 악성 반응이 주를 이루어 많은 회원들이 다소 놀란 모습이었다. 해당 맘카페 회원들은 서로 악성 댓글에 상처받지 말자고 위로했지만, 안타깝게도 그것을 끝으로 그 이슈에 대한 게시글은 더 이상 맘카페에 올라오지도 않았고 언급조차 되지 않았다.

'엄마들의 목소리'는 정치적 여론이 될 수 있을까

특히 나는 지역 맘카페가 그 지역의 정치적 성향을 대표한다고 간주하는 것에 대하여 매우 조심스럽게 접근했으면 한다. 정치권에서 지역 맘카페는 아주 매력적인 작업 장소일 것이다. "○○ 지역의 여성들도 우리를 지지한다."라는 메시지는 지지층을 응집시키는 데 도움이 될 것 같기 때문이다.

---

42 송승화·김도현, 「이태원 참사, 대전·충남·세종 맘카페서 애도 글 올라와」, 《뉴시스》 2022. 10. 30.

그런데 서울 기준으로 구 단위 지역 맘카페는 대개 회원 수가 5만 명 안팎이다. 서울 구 단위 인구가 20만~50만 명 정도인 점과 그 지역 맘카페에 이사 가고 오는 비율이나 그냥 다른 지역에서 가입한 비율, 아니면 다른 목적으로 위장 가입한 비율까지도 고려하면 대표성은 아주 많이 떨어진다.

그러므로 단순히 산술적으로도 맘카페가 그 지역의 여론을 얼마나 제대로 대표할 수 있을지 의문이 든다. 하지만 이런 메시지를 표현하는 것을 원하는 사람들에게는 대표성이 중요한 사실이 아닐 것이다. 중요한 건 지지 수요층을 향한 메시지가 될 수 있는지 여부다. 대세가 기울고 있듯, 당신도 확신을 갖고 우리를 지지해 달라는 것이다.

그래서 정치권에서도 맘카페를 비롯한 커뮤니티 여론을 적극적으로 모니터링한다. 선거철만 되면 '알바'인지 '신념에 가득 찬 사람'인지 모를 낯선 사람들이 유입되어 여론의 대세를 열심히 돌리고자 노력하는 모습을 보인다. 그래서 무언가 해당 커뮤니티의 고지를 달성한 것같이 보이기도 하고, 그것을 자기 진영의 선거 승리로 확신하기도 하는 걸 자주 지켜보았다. 그런데 막상 선거 결과의 뚜껑을 열어보면 다소 충격을 받는다. 인터넷 커뮤니티만 봤을 땐 우리 편이 압도적인 차이로 이길 것 같았는데 결과는 전혀 그렇지 않은 것이다.

어쨌든 이상적인 민주주의를 실현할 수 있을 장(場)으로 기대되었던 맘카페는 안타깝게도 그 가능성에 비해 제 기능을 다 하지 못하고 있는 모습이다. 정치권에서도 철마다 기웃거리고, '맘카페는 정치화되었다'고 비난을 일삼는 사람들도 많은데, 정작 맘카페에서 성숙한 정치적 에너지가 펼쳐졌다고 보긴 어려웠다. **이 공간은 과거 정치의 장에서 소외되었던 '평범한 엄마들'의 의견에 균일한 스포트라이트를 주고, 다양한 의견을 들어볼 수 있는 장소였다. 그럼에도 이 장점이 제대로 발현되지 못했던 이유는 무엇일까?**

결국 맘카페의 '불편함을 피하려는 정서'를 지적하지 않을 수 없다. 그 정서는 맘카페를 마치 하나의 여론으로 수렴해야 하는 것처럼 이용자들을 압박했으며, 때때로 '엄마들의 목소리'를 하나의 여론으로 응집시키고 수렴해야 한다는 강박에서 벗어나지 못했다. 그래야만 맘카페가 가진 힘, 사회적인 영향력을 행사할 수 있다는 몇몇 구성원들의 과도한 욕망을, 나 또한 맘카페 운영자로서 오랫동안 지켜봐 온 게 사실이기 때문이다.

4

—

맘카페에서 정치 글은 왜 금지하는 추세가 되었는가?

우리 카페를 처음 만들 때, 카페 첫 오프라인 모임 때도 가장 먼저 나온 이야기는 **'정치 글 허용 여부'**였다. 카페가 처음 개설되었을 때도 카페가 '순했으면' 좋겠다는 글이 게시판에 올라왔으며 그에 동조하는 댓글이 쏟아졌다. 그것은 여러 측면을 의미했지만, 특히 그동안 이사 전에 가입했던 다른 맘카페들의 숱한 사례를 겪은 뒤의 정치적인 피로감을 내포한 말이었다. 많은 회원이 의견을 그렇게 모아주어서 우리 카페의 최초의 기조는 '정치 글 금지'로 시작했다.

그런데 게시글 내용이 '정치 글'인지 아닌지 판단하는 게 의외로 쉬운 일이 아니었다. 정치 글을 금지한다는 의미는 운영진이 글을 골라내어 '정치 글인지 아닌지 판단'하고 삭제를 해야 한다는 것이다. 하지만 정치 글은 평범한 일상 주제 글과 깔끔하게 분리될 수가 없었다.

예컨대 공공 의대 설립으로 의료진들이 파업을 선언했을 때 동네 대부분의 소아청소년과들이 며칠 휴진했던 일이 있었다. 그리고 급박한 글들이 올라오기 시작했다.

> "저희 아이 갑자기 토하고 아픈데 어떡하죠…. 오늘 동네 소아과들 대부분 휴진인데.ㅠㅠ"

이분은 사기 아이가 아픈 글을 올리며 하소연을 했을 뿐이다. 그런데 그 밑에 댓글로 의료진들의 파업에 대한 자신의 의견들이 첨예하게 대립하기 시작했다. 그 대립은 당연히 정책을 만든 정부로 화살이 돌아갔고, 정권에 대해 호의적인 사람과 그렇지 않은 사람으로 또 갈려서 싸우기 시작했다. 자연스럽게 정치 글로 이어진 것이다.

정치는 결국 우리 삶에 밀접하게 맞닿은 것이었다. 특히 지역에 기반을 둔 맘카페일수록, 지역 현안과 맞닿은 문제에 관련된 글이 많이 올라온다. 삶에 불편함을 주고 논쟁거리가 되는 문제들은 정치권에서 공약으로 내세워 해결해 줄 수 있고, 또 정책적인 해법으로 풀어낼 수 있다. 이런 불만에 대한 글을 보면 공공기관에서는 그 문제에 대해 어떻게 대응하고 있는지, 그리고 자연스럽게 지역구 정치인들은 이에 대해 어떻게 대응하고 있는지가 연상될 수밖에 없다.

이는 정치에 관한 관심으로 이어진다. 결국 우리는 특정 후보에 대한 호불호나 지지 호소 같은 글이 아니면 정치 글과 일상 글은 분리될 수 없다는 결론을 내렸다. 다만 개인의 정치적 성향은 강한 신념을 바탕으로 하기에 상황에 따라 공격성이 표출되는 상황이 있었고, 그런 상황이 인신공격과 싸움으로 이어지면 가끔 옐로카드를 꺼내야 하는 순간이 있었다.

정치 이슈의 강력한 파괴력

꼭 맘카페뿐만이 아니라 인터넷 커뮤니티에서 '정치 이슈'는 강력한 회오리바람이다. 정치 이슈가 관통하듯이 인터넷 커뮤니티를 휩쓸고 지나가면 그 커뮤니티에서 원래 주로 논의되던 것이 쏙 들어가 버린다. 목적성이 분명한 커뮤니티일수록 이렇게 '본래의 정체성'이 파묻히는 현상이 두드러진다. 때로는 날이 선 댓글 공방이 오고 가며 게시판이 초토화되다시피 한다. 우리가 온라인 커뮤니티의 수십여 년의 역사에서 여실히 엿볼 수 있었던 지점이다.[43]

더욱이 맘카페는 친목성 커뮤니티보다도 사실 '육아 등의 정보를 공유'한다는 목적이 분명한 커뮤니티다. 맘카페 이용자들이 단지 심심하다거나 인간적인 유대관계를 느끼려 여기에 들어오는 목적은 부수적인 것이다. 그들은 자신에게 필요한 지역, 육아, 교육 정보를 얻고 싶어서 맘카페에 접속한다. 그러니 다른 커뮤니티에서 활동하는 사람보다 '자신이 맘카페에 들어오는 목적의 글'이 묻히는 것에 대해 예민할 수밖에 없다.

그래서 우리처럼 많은 맘카페들이 정치 글을 금지한다. 물론

---

43 예컨대 인터넷 최대의 부동산 정보 커뮤니티인 네이버 〈부동산 스터디〉 카페의 사례는 기사로 조명되기도 했다. (이재원, 「국내 최대 부동산 카페 이름 바꾼 까닭은」, 《조선비즈》 2018. 5. 9.) 본래 이 카페에선 정치 글을 올리는 것이 금지되어 있었다. 하지만 부동산 시장의 급격한 변화로 부동산에 대한 관심이 커져 신규 회원이 폭발하듯 유입되었다. 이후 정치 글은 관리할 수 없는 수준으로 도배되다시피 올라왔고, 카페의 운영자는 더 이상 정치 글에 간섭하지 않겠다며 사실상 관리를 포기하는 공지를 올렸다. 이후 지역 갈등과 인신공격성 글은 더욱 많아졌고 예전처럼 심도 있는 부동산 시장 분석 글은 많이 올라오지 않게 되었다.

운영자가 글을 일방적으로 금지하면 표현의 자유를 침해한다는 비판을 감수해야 한다. 우리 카페에도 정치 글 여부를 판단하기 애매한 글들은 끊임없이 올라온다. 요즘같이 양 정당의 지지율이 비등비등할 때는 그 이슈도 특정 정당의 입장에 치우치지 않고 골고루 다양하다.

이처럼 논란의 여지가 있는 정치 글이 올라오면, 글쓴이의 의견에 반대하는 이용자들은 정치 글을 내려달라고 운영진 건의 게시판에 불이 나게 요구한다. 그리고 신고가 많이 들어온 글을 정치 글로 간주해 처리하면, 당연히 운영자인 나는 글 게시자와 그 입장을 지지하는 사람들 싫은 소리를 듣는다.

나는 차라리 맘카페에서 정치에 대한 논의가 활발히 이루어지도록 촉진한다면 긍정적인 효과를 기대할 수 있을지도 모른다고 기대하기도 했다. 그러나 안타깝게도 정치 논쟁의 끝은 건설적인 결론으로 이어진 적은 별로 없었고, 서로에게 지독한 내상만 남기는 경우가 대다수였다.

정치와 정치인들을 탓하기 이전에

혹자는 여자들이, 또 맘카페 회원들이 정치에 관심이 없으므로 이곳에서 정치 글이 금지되어 가고 있다고 해석한다. 그러나 그런 지적은 틀린 것이라고 자신 있게 말할 수 있다. 운영자인 나의 쪽지함이 가장 터져나갈 때는 단연 정치 이슈가 관통할 때였기 때문이다.

여성들이 남성들보다 상대적으로 정치에 관심이 없을까? 그렇지 않다. 정치는 삶에 직접적인 영향을 끼치는 이슈다. 맘카페에서

가장 활발하게 활동하는 회원층인 30~50대 여성은 한창 사회활동이 왕성하고 삶의 최전선에 접해 있는 세대이다. 그렇기에 정치에 관심이 클 수밖에 없다. 정치 글 게시를 허용하는 맘카페에서는 오늘도 강성적인 정치 글이 올라오고 있다.

나는 사람들이 정치 글을 올리는 일 그 자체를 부정적으로 보진 않는다. 그러나 맘카페에서 정치 글을 올리는 사람들은 대개 다른 이야기를 거의 올리지 않았고, 남들의 말을 들으려고 하지 않았으며, 때로는 세상을 향한 원망이 서린 감정을 폭포수처럼 쏟아내곤 했다. 그만큼 그 사람의 삶이 정치에 매몰되어 있기 때문일 것이다.

결국 어느 인터넷 커뮤니티를 가도 이성적인 토론의 글을 찾아보기 힘든 이유는 무엇일까? 우리 정치가 저열하고 수준 낮은 탓이라고 봐도 될까? 그렇지만 정치 글이 혐오로 변질되었다는 이유로 정치와 사회 이슈를 외면한다면, 그 피해는 결국 시민들에게 고스란히 돌아간다. 이런 분위기에선 많은 사람들이 **스스로를 힘이 없고 약한 존재라고 상정하며 분노하는 것** 이외에는 방법이 없다고 생각하기 때문이다.

흔히 사람들은 우리 사회에 이토록 문제가 많은 원인을 찾으면서 정치인들을 탓한다. 그러나 세상을 향한 혐오와 분노를 표출하는 것 외에는 무관심하고 무능력한 스스로에게 문제가 있는 것이 아닌지도 돌아보아야 한다. **힘이 있든 없든, 누군가의 정치적 신념이 편협한 아집으로 변한다면 그 신념은 당위성을 잃게 된다는 것을 우리 모두가 명심해야 할 것이다.**

5

"불편하신 분들은 패스해 주세요"라는 함정

정치적 성향은 개인의 궁극적인 신념을 대변하는 것이다. 누군가의 인생 경험과 총체적인 가치관이 투영된, 나름대로는 아주 고도화되고 합리적인 선택이다. 그러다 보니 그 종교와 같은 신념을 꺾는 일은 거의 있을 수 없고, 누군가의 글을 읽고 쉽게 설득당하는 일은 거의 없다. 이 때문에 맘카페를 비롯한 인터넷 커뮤니티에서의 정치 의견은 정반합의 결론이 도출되기보단 주로 평행선만 지저분하게 그려진다.

그런데 어쩌다 누군가가 정치적 논란이 예상되는 글을 올릴 때 다른 커뮤니티에선 거의 볼 수 없는 맘카페만의 특징이 있다. **이때 "불편하신 분들은 패스해 주세요~"라는, 맘카페의 암묵적인 룰이 등장하는 것이다.** 이들은 자신이 올리는 글이 정치 글이 아닌 우리의 실생활, 생존 여부와 연결된 글이라고 주장한다. 그러면서 다른 이용자들에게 '혹시나 불편하신 분들은 패스해 달라'고 요청하며 자신의 강경한 메시지를 쏟아내기에 급급하다.

가끔 일부 맘카페 운영자는 자신의 정치적 성향을 노골적으로 드러내며 아예 불편한 회원들을 자신의 공간에서 '패스'시켜 버린다. 이게 무슨 말이냐면, 운영자가 본인의 정치적 성향과 반대되는 사람들을 강퇴나 활동 정지와 같은 페널티를 적용해 직접 걸러내는 것이다. 결국 이들의 목적은 맘카페라는 이름으로 세상에 영향력을 행사하는 것이기에 그렇다. 포털 사이트의 맘카페 계정은 개인 소유로 간주되므로 얼마든지 운영자 마음대로 강퇴를 할 수 있다는 건 앞에서도 이미 설명했다.

이렇게 자신의 신념과 맞는 글만 올라오게끔 그대로 둔다면 카페의 여론은 마치 한쪽 방향으로 쏠리는 것처럼 보인다. 이러한 일들이 반복되면 마치 '○○ 지역 맘카페의 회원의 의견은 모두 이렇다'는 식으로 비칠 수 있다. 맘카페 운영진들의 자의적 판단과 권한 남용으로 여론을 얼마든지 편집하고 왜곡할 수 있는 것이다. 이런 나의 서술이 아주 극단적인 상황을 가정한 것처럼 보일 수도 있다. 하지만 내용엔 다소 차이가 있더라도 다수의 지역 맘카페에서 비슷한 형식으로 되풀이되던 논란이다.[44][45]

과연 진정한 배려란 무엇인가

맘카페가 사회의 대세에 큰 영향력을 행사하는 것처럼 보일 때

44 김수현, 「"정치 편향 질렸다" 서울대 2030 동문 뭉쳐 '클린 맘카페'」, 《문화일보》 2020. 4. 6.

45 오승영, 「맘카페서 우한폐렴 文정부 대책 비판했더니…'강퇴' 당했다」, 《뉴데일리》 2020. 2. 9.

가 있었던 것은 사실이다. 그런데 지금은 어떤가. 이 공간이 처한 현실을 생각하면, 분명 세상과 고립된 측면이 강해 보인다. 때로는 새로운 회원의 가입도 받지 않으며 고인 물이 되어버리고, 집단의 의견에 동조하는 사람들만 남은 것처럼 느껴지는 자신들의 왕국을 바라보며, 이곳의 구성원들은 주로 자기가 가진 신념을 강화한다.

이제 맘카페의 사람들은 듣고 싶은 것만 듣고, 거르고 싶은 건 거르고, 자신들이 믿고 싶은 것만 취사선택하여 믿는다. 그러나 그 안에는 조용히 침묵하는 사람들도 여전히 남아 있다. 이들은 그저 맘카페의 분위기를 망치지 않기 위해 방관하고 침묵한다. 어쩌면 그 세계에서 축출되지 않기 위해, 비록 그 방식이 폭력적이고 비합리적으로 느껴질지라도 억지로 순응하는 것이다.

대세의 의견과 다른 생각을 가진 사람들은 종종 "보기 싫은 글이 있어서 차단했다"라는 글을 올리기도 한다. 그 글에 누구의 글인지, 어떤 글인지는 언급하지 않는다. 그리고 동조하는 사람은 조용히 '좋아요'를 의미하는 하트를 누르고, "저도 그랬다"라거나 "저는 몰랐는데 차단 기능을 알려주셔서 감사하다"라는 댓글을 쓰기도 한다.

나는 이런 맘카페의 분위기가 우려스럽다. 인터넷 커뮤니티엔 언제나 사회 이슈에 대한 다양한 의견이 올라오고, 거기엔 나의 생각과 일치하지 않는 글이 있을 수밖에 없다. 많은 사람이 모여 있으니 그럴 수도 있는 것 아닌가? 그런데 더 이상 깊이 알아보고 싶지 않아서, 호전적인 태도가 싫어서 그런 글을 기피하려는 문화가 이 공간에선 주류라고 할 수 있다.

"불편하지만 패스해 주세요"라는 문장이 문제적인 건 바로 이 지점이다. 그 말은 누군가를 '배려'한다는 가면을 쓰고 있지만, 결국

사람들이 점점 자신의 생각과 이질적인 의견을 타당한지 따져보지도 않고, 곧장 불편해하고, 아예 듣지도 않게끔 만들기 때문이다. 이렇게 맘카페에는 배려라는 명목으로 스스로를 고립시키는 벽을 쌓고, 입맛에 맞는 의견만 보면서 생각을 확증 편향하는 분위기가 존재한다. 이런 지점은 모든 인터넷 커뮤니티의 공통적인 한계라고 할 수 있겠지만, 맘카페에 좀 더 두드러지는 측면이 있다는 건 부정하기 힘들다.

사회와 점점 더 단절되어 가는 맘카페

그렇게 맘카페가 집단의 압력에 도취되어 객관적인 판단력을 상실할 지경에 빠지면, 세상과 자연스럽게 괴리된다. 자신들만의 세상으로 응집할수록 비이성적인 행태에 빠지기 쉽다. 그 행태는 자신과 다른 의견을 조금도 견딜 수 없어서 배척해 강퇴시키는 행위와 다르지 않다.

현실 세계에서 당연히 명분도 없고 이해할 수도 없는 행위를 아무렇지도 않게 벌이는 것이다. 이런 비이성적인 행동을 하니 바깥에서는 이들을 결국 말이 통하지 않는 이단으로 취급하게 된다. 결국 이런 분위기는 의도한 바와 다르게 진짜 세계에서의 영향력을 잃어버리게 만드는 결과를 초래한다.

그렇듯 고립되고 단절된 맘카페가 사회적인 영향력을 끼치려는 목소리를 내어보아도 외부에서는 이제 **'그들만의 성'**으로 취급할 뿐이다. 일부 맘카페는 정치 편향적이라는 프레임이 씌워지며 결국 그 목소리의 신뢰를 잃었고, 맘카페가 엄마들의 의견을 응집시켜 민주주의에 기여한다는 취지는 설득력을 상실했다. **게다가 일부 맘카페에서 생겨난 이런 극단적인 행태가 맘카페 혐오, 엄마 혐오, 여성 혐오를 정당화시키는 근거로 악용되고 있다.**

그렇다. 지금 맘카페가 우리 사회에서 이처럼 부정적인 이미지를 갖게 된 데에는 물론 맘카페의 책임도 있다. 그런데 그 원인을 모조리 맘카페의 닷으로 돌릴 수 있는가? 동의할 수 없다. 맘카페의 고립은 그렇게 단순하게 분석될 수 있는 성질의 것이 아니다. 나는 다음 장에서 맘카페가 왜 '마녀들의 공간'처럼 묘사되고 있는지를 찬찬히 들여다보려 한다.

고립된 성(城)

5

1

—

마녀들만 남은 음침한 곳

맘카페라는 그들만의 성이 견고해진 건, 일부 사례에서 찾아볼 수 있듯 맘카페 내부 구성원들의 극단적인 정치 성향에서 비롯된 이유도 있었다. 하지만 결정적인 이유는 결국 **외부적인 요인**이라고 본다. 애초에 이 공간에 대한 동질감도 소속감도 없이, 수단과 방법을 가리지 않고 이곳을 물어뜯었던 사람들이 참 많았다.

어느 순간 맘카페를 향한 세상의 관심이 아주 많아졌다. 이들의 관심은 외부에서 지켜보는 관심을 넘어서기까지 한다. 애를 둔 엄마가 아닌데 맘카페에 직접 가입하려는 경우도 많다. 고립된 성에 어떻게 해서든 잠입을 시도하는 것이다. 도대체 이 이상한 현상은 무슨 이유 때문일까?

이들의 목적은 다양하다. 상업적인 목적으로 들어온 바이럴마케터도 있고, 다른 인터넷 커뮤니티에 맘카페의 글을 가져가서 비난 댓글을 형성하고자 하는 관음증적인 시선도 있다. **이들의 심리 기저에는 공통적으로 맘카페를 자신들이 원하는 방향으로 이용해**

보고 싶어 한다는 점이 깔려 있다. 이들이 벌이는 행위는 맘카페의 신뢰성을 해치는 결과로 이어지고, 맘카페의 본래 취지와도 철저하게 상충된다.

누가 이 세계를 음해하는가

운영자로서 체감하는 요즘 유난히 두드러지는 현상은 편견 또는 혐오적인 시선으로 맘카페에 잠입하여 맘카페 자체를 음해하려는 목적이 눈에 띄게 늘어났다는 것이다. 이는 특히 유명한 맘카페일수록 자주 겪는 일이다.

그렇게 1년에 한 번 어쩌다가 올라오는 글이, 작위적인 편집과 함께 다른 커뮤니티로 뿌려지는 일이 종종 일어난다. 아니면 처음부터 의도적으로 카페에 분란을 일으키려는 목적으로 들어오기도 한다. 앞서 언급한 정치적인 목적으로 추정되기도 하지만, **그저 혐오를 분출하기 위한 악의적인 장난**으로 느껴지는 행위도 있다.

맘카페가 아닌 인터넷 커뮤니티에 맘카페의 글을 가져와서 비난하는 사례는 흔하다. 그런 곳에서 '맘카페'라는 단어로 검색하면 '맘카페 근황', '맘카페에서 핫한 글', '맘카페에서 난리 난 내용'으로 시작되면서 맘카페를 이해할 수 없다는 내용을 쉽게 볼 수 있다. 그리고 댓글들은 **"역시 맘충들…."**이라는 내용이 주를 이룬다.

그런데 내가 목격한 사례들은 맘카페의 글을 단순히 퍼다 나르는 것에 그치지 않았다. 내가 몇 번 범인을 잡아낸 사례는 황당하기 그지없었다. 맘카페에 남자가 엄마인 척 가입해서 개념 없는 엄마처럼 행세한다. 그렇게 혐오를 유도하는 글을 쓴 후 자기가 쓴 그 글을 다른 커뮤니티에 가져가서 '역시 맘충'이라고 조리돌림하는 사례도 있었다.

우리 카페에 있었던 가장 충격적인 '음해 공작'은 따로 있다. 놀랍게도 범인은 10대였다. 고등학생 아이가 엄마의 핸드폰으로 우리 맘카페에 접속해서 글을 캡처해 〈네이트 판〉에 올린 것이었다. 〈네이트 판〉의 '10대 게시판'에 들어가 보니 맘카페와 맘충이라는 욕설이 난무하는 것을 보고 경악스러웠다. (그중 가장 황당했던 내용은 "우리 엄마는 맘카페를 안 할 거야. 맘카페를 한다는 생각만 해도 역겹다."라는 글이었다.) **아직 어린 아이들에게조차 맘카페와 엄마라는 개념이 혐오로 왜곡되어 있는 것이 현실이다.** 우리 사회에 혐오가 얼마나 독버섯처럼 퍼져 있는지 알 수 있었고 매우 우려스러웠다.

이렇게 외부의 침입이 맘카페의 정체성과 신뢰를 해치기 때문에 맘카페는 성의 벽을 점점 높고 견고하게 쌓는 고립을 선택한다. 외부에서 고압적으로 보일 수 있는 이런 선택은 궁여지책의 자기 보호에 가까울 것이다.

그런데 앞서 언급한 쿨리의 '거울 자아 이론'은 이 집단적인 고립에 대한 나쁜 결과도 설명한다. 바로 고립은 결국 자기성을 부식시킨다는 점이다. **즉, 외부 세계와의 단절은 자기 집단에 대한 객관적인 판단력을 잃게 한다. 이렇게 남아 있는 맘카페는 고립된 성으로 변해가며, 맘카페는 보통 사람들과의 정서와 점점 더 멀어져가는 악순환이 반복된다.**

아이들이 점점 낯설어지는 세상에선

우리는 모두 엄마라는 존재로부터 태어났으니 성장 과정에서 모성을 경험했다고 생각할 것이다. 그래서 육아라는 개념이 익숙하다고 착각한다.

하지만 내가 자식의 입장에서 느끼는 모성과, 육아를 하는 입장에서의 모성은 굉장히 다를 수밖에 없다. 나의 엄마로부터 경험한 모성은 절대적이지만, 그만큼 타인의 모성은 비이성적으로 보이기도 쉬운 것이다. 책의 6부에서 자세히 적어보겠지만, 그건 마치 **무조건적인 사랑과 한없는 이기심의 충돌**이라고 할 수 있겠다. 전혀 다른 그 두 개념을 마치 같을 것이라고 여기는 건 타인의 모성을 이해할 수 없는 것, 더 나아가 불편한 것이라고 느끼게 하는 중요한 이유라고 할 수 있다.

그렇기에 엄마라는 존재와 양육의 세계를 잘 모르는 사람들이 보면, 엄마들이 모여 있는 공간은 '마치 마녀들이 모여서 솥단지에 거미나 쥐를 넣고 시시덕거리는' 모양새처럼 보일 여지도 충분하다. 그리고 그 괴리감이 커지며 엄마들은 점점 '엄마가 아닌 사람들'이 이해할 수 없는 행동을 하고, 그래서 무섭기도 하고, 때로는 혐오의 대상이 되기도 하는 것이다.

지금 우리 사회에선 새로 태어나는 아이가 급격히 줄어들고 있으며 이는 직간접적으로 육아를 경험하는 사람조차 점점 더 사라진다는 것을 의미한다. 이런 분위기에서 맘카페가 계속 남아 영향력이 있기를 바라는 것조차 어불성설이다. 하지만 아이러니하게도 우리 사회에는 맘카페가 영원히 존재했으면 하는 바람이 있다. 그것도 맘카페의 구성원이 아닌 사람이 그런 바람을 가지는 이중적인 측면이 공존한다. 맘카페를 과도하게 돈벌이의 수단으로 보는 사람들 때문이다. 그게 아니라면 사람들이 '맘카페에서 검증된' 상품에 그토록 관심을 갖는 일을 어떻게 설명할 것인가?

본래 평범한 엄마들이 모여서 소소한 수다를 떠는, 빨래터 정도와 같던 공간은 어쩌다 보니 오늘날 이렇듯 마녀의 성처럼 변해 버렸다. 마녀는 정말로 원래 마녀였던 것인가? 아니면 만들어진 상상 속의 대상인가? 아니면 그들 모두 어쩌다가 마녀가 된 것인가? 다른 성은 모르겠지만, 그 '마녀의 성'에서 수상한 사람을 쫓아내는 '문지기' 역할을 하고, 때로는 사람들 사이에서 떠밀리다가 지친 나는 아직 할 말이 잔뜩 남아 있다.

2

'나는 힘이 없는 존재입니다'라는 무기

나는 먼저 맘카페 안의 분위기가 어떻게 스스로 고립을 초래했는지를 지적하고자 한다. 그중에서도 **자신을 '약자'로 여기는 문화**는 내가 가장 주목하고 있는 지점이다.

맘카페에서는 내가 스스로 약한 존재임을 일컫는 글이 종종 보인다. 특히 맘카페의 '프로불편함'을 내비치는 글에서 자주 나오는 표현이 있다. "제가 앞에서 바로 뭐라고 할 성격이 아니어서요." "제가 할 수 있는 일은 여기 (맘카페에) 올리는 것밖에 없어요." 이렇게 글쓴이는 스스로 **'나는 힘이 없는 존재'**임을 글에 명시한다.

이 전제는 여러 가지를 의미한다. 그중에서도 가장 중요한 건, **내 일을 스스로 해결할 수 없다는 무력감**이다. 그런데 누군가가 맞닥뜨린 문제가 정말 스스로 해결할 수 없는 일이 아닌 듯한 상황이 보일 때도 많다. 예컨대 가게에서 불편한 점이 있으면, 사장님에게 직접 이야기할 수 있다. 아파트에 대한 불편한 점은 관리사무소에, 동네에서 불편한 점은 관청에 민원을 제기하고 해결하는 것이 순서다. 그런데 이와 같은 절차를 스스로 나서서 진행해 보기 전에 우선 맘카페에 올리는 것이다.

감정을 사적으로 드러내는 것이 '사적인 상황'에서 끝날 때는 큰 문제가 없다. 맘카페라는 온라인 커뮤니티가 없던 시절, 빨래터에서 흔하게 오갔을 아낙네들의 이야기들을 생각해 보자. 예컨대 ○○댁이 동네 장터에서 투박한 대응 때문에 속상했었다고 치자. 거기서 서로 이야기하고 끝났다면 그저 개인적인 일에 그치고, 별문제 없이 지나갔을 것이다.

그런데 이 빨래터의 화제가 현대에서 맘카페라는 공간을 만나면, 그때의 상황과 전혀 다른 의미가 된다. 이곳은 과거에는 상상할 수 없을 수천수만의 군중이 동시다발적으로 모여 주목하는 공간이다. 게다가 이 공간을 특징짓는 '둥글둥글한 공감의 늪'은 사소하게 기분 나쁜 일도 공적으로 쉽게 문제화시킨다.

'약자'라는 프레임이 위험한 이유

오랜 세월 여성은 약자의 위치에 있었다. 앞에서도 살펴보았듯, 이는 여자가 순해야 한다는 사회적 강제, 여성스러움의 덕목을 여성 자신이 내재화한 영향으로 볼 수도 있다.

예를 들어 아이와 같이 어느 가게를 이용하는데 부당한 상황이 있었다고 가정하자. 아이에게 엄마의 공격적인 모습을 보이기 싫어서이든, 학습된 무력감 내지는 사회에 대한 불신 때문이든, 만일 그 자리에서 직접 항의하지 못했다면 엄마는 전화나 다른 여러 경로를 통해 사장에게 직접 피드백을 할 수 있다. 그런데 그 불편함을 토로

하는 곳이 꼭 맘카페여야 하는 의미는 무엇일까?

단지 불편한 감정을 공감받기 위함이 아니다. 이들이 원하는 것은 결코 사적인 공감을 받는 것에서 끝나지 않는다. **'나는 약자'라는 프레임에 기대서 당면한 문제를 직접 해결하는 일을 귀찮아하고 회피하려는 심리를 가진 이들에게, 맘카페는 편리한 문제해결사다.**

내가 그저 "저만 불편한가요?"라고 쓰면, 맘카페의 회원들은 알아서 공감해 주고 힘을 모아 집단적으로 공격해 준다. 그러니 이들에게 맘카페라는 공간은 당사자가 결국에는 알아서 "죄송합니다." 소리를 하게 만들고야 마는, 약자를 순식간에 강자로 만들어 주는 궁극의 편리함을 제공한다. '약자'라는 프레임은 이렇게 내 손을 더럽히지 않고 문제를 해결하는, 거기에 더하여 '착함'이라는 프레임으로 스스로를 합리화하는 도구가 될 수 있다.

공적인 장소이자 '엄마'라는 정체성으로 뭉친 이 강력한 집단이 바깥으로 활짝 오픈되어 있다는 의미는, 이제는 그들이 더 이상 '단순한 약자'가 아니라는 의미와 연결된다. 언제나 자신이 약하고 보잘것없는 존재임을 상정하며 '나는 문제를 해결할 수 없다'고 여기는 무의식은 이 **"도와줘요, 맘카페"**란 정서를 합리화한다. 그러다가 문제가 터지고 그 시발점이 된 당사자를 찾아 비난의 화살이 돌아갈 때, 그는 다시 '약자의 프레임' 뒤로 숨는다.

그런데 과연 맘카페 이용자들이 이 공간의 '공적'인 의미를 의식하지 못하고 있을까? 나는 대부분의 이용자는 집단 무의식의 차원에서 **맘카페의 공공적인 힘**을 분명히 의식하고 있다고 본다. 이 공간을 자기 뜻대로 이용해 보고자 하는 욕망은 맘카페 곳곳에서 분명히 드러난다. 일이 커져버린 원인을 찾다가 그 비난의 화살이 본인을 향하는 순간 상황이 이렇게 될 줄 몰랐다고 하지만, 결국 이는 비겁한 모습에 불과하다.

우리는 공감이라는 프레임을 조심해야 하듯 약자라는 프레임도 조심해야 한다. 앞에서도 적었지만 공감 능력이 곧 착하다는 뜻은 아니다. 약자는 언제나 착하다고 착각하기 쉽지만, 꼭 그렇지만도 않다. 이 **'약자는 선하다는 프레임'** 안에서 '착한 사람들의 정의로운 행동'이라 합리화하며 생겨난 사건들이 있었고, 이는 결국 남을 굴복시키고 자신의 우위를 점하려는 이기심을 만족하기 위한 것이었다는 걸 우리는 잘 알고 있다. 이처럼 공격성을 수반하며 종국엔 갑질로 귀결된 사건들을 맘카페란 공간도 그간 다분히 보여주었다. 이렇게 우리는 지난 몇 년 동안 맘카페로 인해 가게가 폐업하고, 사람의 죽음까지 목격하는 시대에 살고 있다.

인간의 본성은 힘이 주어질 때 드러나기에

더욱 안타까운 것은 이렇게 맘카페에서 사회적으로 물의를 빚는 사건이 발생하면, 진정한 자기 성찰적인 반성은 거의 찾아볼 수가 없다는 점이다. 오히려 이 문제적인 상황과 나를 순식간에 분리해 버린다.

내가 사고를 친 것은 아니니 내 잘못은 아니니까, **'개념 없는 엄마'**를 응징하겠다며 또다시 군중 속에 섞여 돌팔매질을 한다. 그것이 마치 사회정의를 실현하는 일인 것처럼. 슬프게도, 엄마를 맘충이라는 존재로 매도하며 비난하기 좋아하는 공간 중에서 빠질 수 없는 건 맘카페 내부일 것이다.

그렇게 맘카페와 맘카페 회원들은 세상의 강력한 비난을 받고 있다. 이런저런 사건이 보도될 때마다 "너희들이 죽인 것"이라며 맘카페는 사회의 미운털이 박혔다. 글을 올린 것은 한 명의 개인이고, 그 글에 적극적으로 동조한 회원은 몇만 명 중에 몇십 명이라고 쳐도, 맘카페 회원 모두가 죽음의 방조자가 된 것이다. '우리는 속상해서 공감해 준 것뿐인데', '그저 착한 마음으로 공감을 해줬을 뿐인데….' 맘카페 안의 사람들은 여전히 이렇게 생각하고 있을지도 모른다.

어쩌면 맘카페가 성장한 이유도 여성이 자신을 오랫동안 힘없고 약한 존재라고 여겨왔고, 현대사회에서도 여전히 자신이 약하고 수동적인 존재임을 은연중에 내재화한 데서 찾을 수 있다. 누군가가 맘카페에서 '약자가 아닌 강력한 존재'가 될 수 있다는 자기 효능감을 크게 느낀다면, 그런 사람들은 맘카페에 글을 더욱 적극적으로 올리게 된다. 게다가 맘카페의 규모가 커질수록 수만 명, 수십만 명을 아군으로 내세울 수 있는, 나의 든든하고 강력한 힘이 되는 것 같다.

그런 글이 맘카페라는 둥글둥글한 세계를 벗어나 일파만파 퍼지면, 밖에서 본인을 비난하는 글을 보고 이렇게까지 될 줄 몰랐다며 당황한다. 막상 그 파도가 본인에게 부메랑같이 돌아오면 비로소 본인이 했던 행동의 의미를 깨닫는다. 무심코 던진 돌에 개구리가 죽을 줄 몰랐다는 듯 울먹이며, 여전히 약자인 자신이 뭘 할 수 있겠느냐며, 운영자인 나에게까지 자신의 글을 맘카페 밖으로 유출시킨 범인을 꼭 잡아달라고 한다. 그런데 운영자 역시 방법이 없는 것이 현실이다.

인간의 본성은 힘이라는 것이 주어질 때 드러난다. 힘이 없던 약자가 선량한 존재라고 착각하기 쉬운 이유는 그들의 공격성이 억눌려 왔기 때문이다. 그러나 이제 누구나 인터넷을 통해 든든한 힘을 가지는 세상이다. '나는 힘이 없는 존재'라는 전제는 오히려 무분별한 공격성을 합리화하게끔 하는 매우 위험한 가정이 되어버렸다.

현실 세계에서 온갖 갑질 사건이 난무하게 된 것 역시 이와 연관이 있다고 본다. 이제 우리에게는 "맘카페에 올리겠다", "△△ 커뮤니티에 올리겠다", "별점 테러를 하겠다"라는 말들이 너무나 익숙해졌다. 맘카페와 같은 공간에선 이런 공격성이 강력하게 발현되고, 이용자들의 이성적인 판단력을 더욱 흐리게 만들기도 쉽다. '약자는 선량하다'는 함정이 '내 편'을 찾으면서, 나의 이기심을 강화하고 집단의 힘을 좇는 일로 이어졌던 것은 아닌지 냉정한 성찰이 필요하다.

3

맘카페가 돈이 된다는 시선에 관하여

맘카페의 사회적인 영향력 못지않게 세상에서 주목하는 힘은 바로 이 공간이 시장에서 지닌 영향력이다. 마케팅과 광고 시장에서 '맘카페 핫템', '맘카페에서 검증받은 제품'만큼 강력한 서사를 가진 문구가 있을까? 맘카페에서 흥행하는 제품은 소비자가 절대적으로 믿고 사는 보증 수표가 되었다.

앞에서 살펴보았듯 맘카페는 신뢰로 이루어진 집단이며, 맘카페 회원의 추천은 엄청난 홍보 효과를 지니게 되었다. 그러니 이 끈끈한 신뢰 집단을 가만히 두지 않고 수단과 방법을 가리지 않고 이용하려는 사람들이 많다. 자본주의 사회에서 맘카페라는 판으로 돈 좀 벌어보겠다는 게 뭐가 나쁜지 의문을 갖는 사람들도 있을 것이다. 그러나 그것은 이 공동체의 기본적인 지향성, 구성원들의 정서적 기대와 지지를 유지하면서 이루어지는 선까지여야 한다.

우선 운영자부터 상업화의 유혹에 빠지기 쉽다. 맘카페는 기본적으로 운영자의 사적 소유물인 구조이기 때문이다. 인터넷에는 카페 매매 사이트가 존재하며, 광고에 대해서도 먼저 적극적으로 제의가 들어온다. 이용자들 간의 신뢰를 제고하며 적정한 선에서 상업화를 꾀한다는 건 공동의 이익을 증대하는 방안이 될 수 있다. 실제로 그런 방향으로 운용하는 모범적인 맘카페들 역시 이제는 많이 존재한다.

물론 이용자들은 광고를 보는 불편함과 이 집단에서 교류되는 정보의 신뢰도가 떨어진다는 점 때문에 대부분 상업화에 반대한다. 몇 년 전 일부 지역 맘카페들은 상업화를 선언했고 해당 카페 회원들의 저항은 심각했다. 어떤 맘카페는 회원들이 집단으로 반발하여 새로운 비상업적 성격의 맘카페를 만들었지만, 그 새로 만든 맘카페조차 운영자가 광고업자에게 팔아서 상업화되자 원래 맘카페로 회원들이 다시 돌아간 사례도 있었다.

나도 기본적으로 맘카페 이용자의 입장이기 때문에 그간 상업화에 반대해 왔다. 그런데 카페를 운영하면서 느낀 건 상업화되지 않은 카페의 부작용이 오히려 상당하다는 점이다. 비상업화된 카페는 "클린 카페"라는 말을 표방하여 신뢰를 제고한다. 그러나 맹목적인 믿음 때문에 속임을 당하는 사례도 부지기수로 존재한다. 아무리 클린 카페를 표방해서 운영자가 눈을 부릅뜨고 쳐다봐도 광고를 100% 차단하기는 불가능하다는 것이 맘카페를 5년간 운영해본 결론이다.

맘카페가 최적의 마케팅 집합체가 된 이유

그러나 맘카페 외부에서 이 공간을 돈벌이 그 자체로만 바라보는 세력은 문제가 아닐 수 없다. 아무리 운영자로서 맘카페를 상업화하지 않겠다는 생각을 가져도, 맘카페를 상업적인 공간으로 여기며 뒤흔드는 사람들이 반드시 존재했다. **맘카페만큼 최적의 마케팅 대상을 추린 집약체가 없기 때문이다.**

요약컨대, 맘카페는 마케팅 대상으로 잘 세분화(segmentation)된 회원의 집합소(cluster)이다. 일반적인 기업에서 마케팅을 기획할 때, 효과를 볼 마케팅 대상을 추려내고 집약시키는 작업조차도 상당한 시간과 노력이 소요된다. 그런데 마케팅할 대상을 알아서 모아놓은 집합이 이미 존재한다는 것은 기업 입장에선 광산에서 노다지를 발견하는 것과 같다. 판매해야 할 대상, 타깃(target)을 정확히 조준하여 마케팅을 적용할 수 있기 때문이다. 지역 맘카페의 경우, 특정 지역 상권을 대상으로 하는 업체라면 마케팅의 정확도는 더욱 높아진다.

보편적으로 우리나라에서 엄마는 가정의 모든 소비를 최종적으로 결정하고 참견하는, 키맨(keyman) 역할을 한다. 의사결정이 어려운 어린아이들과 관련된 물건을 사고, 교육비를 집행할 뿐만 아니라, 가정에 수입을 가져오는 남편까지도 보통은 아내의 의견을 참고해서 물건을 산다. 심지어 남편의 옷은 아내가 알아서 사거나, 남편이 옷가게에서 옷을 직접 고를 때도 아내의 의견을 물어보거나, 아니면 무언가를 혼자 사 와도 왠지 아내의 의견이 신경 쓰여서 비밀로 할 때도 있다.

그 이유는 무엇일까? **우리나라 문화에서 가족이라는 의미는 단순히 혈연관계로 이어진 감정의 유대관계보다도, 공동의 목표 의식을 가진 사회적 소집단의 의미가 강하기 때문이다.** 그래서 전통적인 가정에서는 서로의 역할 분담이 철저하다.

우선 아빠는 바깥일을 담당한다. 더 큰 수입을 위해 사회적인 성공에 힘쓴다. 그리고 엄마는 집안일을 총괄한다. '살림'이라고 부르는 가정의 재정관리와 내조와 자녀 교육에 힘쓰고, 이는 가정의 존재 이유라고까지 할 수 있는 '어떤 목표'를 위한 노력으로 이어진다. 바로 자녀가 공부를 열심히 하여 좋은 학교에 진학하고, 보기 좋은 일자리를 갖고, 누가 보아도 훌륭한 어른으로 자라나는 것이다.

이렇게 '우리 사회의 행복한 가정'은 가족 내의 유대관계와 화목함보다도, '이러한 사회적인 목표를 달성했는지' 여부에 따라 결정된다. 다시 말해 가정의 궁극적인 목표 달성은 엄마의 주된 미션이 되고, 또 그 목표의 실패는 엄마가 아이를 잘못 키운 책임으로 돌아간다. **그러니 엄마에게 있어 맘카페에서 얻어야 할 정보는 내 자식, 내 가족의 성공을 위해 필요한 정보라는 의미가 된다.**

맘카페의 회원들, 즉 엄마들은 '내 가족의 성공을 위한' 정보를 교환하기 위해 이 공간에 모였기 때문에 외부의 정보 수용에 호의적이기까지 하다. 그러므로 일정 수준 이상의 소득을 갖추었으며, 가족을 위한 소비 용의가 충분한 이들에게 조금만 집중한다면 아주 효과적인 마케팅 효과를 기대할 수 있다.

도덕적 불감증에 빠진 바이럴마케팅

그렇다면 많은 업체들이 바이럴마케팅의 유혹에 빠지는 이유는 무엇일까? 광고라고 표기하는 순간 마케팅 차원에서 서사의 매력을 잃어버린다고 생각하기 때문이다. 그래서 맘카페나 다른 인터넷 공간에서 아무리 광고를 할 수 있게끔 광고판을 깔아주어도 바이럴마케팅을 고집하는 사람들이 꼭 있다.

이들은 화려한 문구로 광고 배너를 띄우고, 여러 개의 맘카페에 다수의 아이디를 침투시켜 바이럴마케팅을 동시다발적으로 진행한다. **맘카페를 운영하며 느낀 건, 바이럴마케팅의 규모는 그야말로 방대하고 조직적이라는 것이다.** 특히 맘카페를 대상으로 한 바이럴마케팅은 업계와 종목에 관계없이 본래의 의미를 망각하고 심각한 도덕적 불감증에 빠져 있는 것이 현실이다.

바이럴마케팅을 하는 집단은 병원, 학원, 과외, 점집 같은 소규모의 영세한 사업자에서부터 중소기업에서 만드는 육아용품, 건강식품, 그리고 대기업의 제품을 가리지 않는다. 영세한 업체의 경우 직접 바이럴마케팅을 시도하기도 하고, 후기의 진정성을 위해 전문 작가를 고용하기도 하고, 아이디를 불법으로 수백 개에서 수천 개쯤 보유한 전문 대행업체를 고용하기도 한다.

우리 맘카페에도 어떤 날은 하루 동안 가입 신청을 했던 수십 개의 계정이 바이럴마케팅을 위한 위장 가입자인 것으로 추정되어 가입을 전부 거절하기도 했다. 이들 중에선 매크로(반복 작업을 자동화하는 컴퓨터 프로그램)를 사용하는 사례도 있다. 이를테면, 엊그제 가입한 아이디의 카페 방문 횟수가 수십 번이나 수백 번에 달한다면 정상적이지 않은 것이다. (네이버의 경우 카페 방문 횟수를 30분당 한 번을 올릴 수 있다. 그런데 오늘 가입한 회원의 방문 횟수가 수십 회 이상이면 밤에 잠도 안 자고 카페만 계속 접속했다는 것이다.)

또는 같은 아이디가 다른 온라인 커뮤니티에서 복사해 온 글을 그대로, 다수의 맘카페에 동시다발적으로 올리는 행태가 그러하다.

이렇게 맘카페마다 무의미한 글을 올리고 방문 횟수를 조작하는 이유는 간단하다. 가입하자마자 첫 글부터 광고 글을 쓰면 맘카페 회원들이 광고로 여기고 믿지 않기 때문이다. 그러니 이런 행태는 기존에 활동했던 회원처럼 보이기 위한, 업체들의 신뢰도 형성을 위한 밑 작업이라고 할 수 있다.

가짜 맘카페의 난립

이렇게 맘카페를 '광고판'으로만 바라보는 과도한 상업화된 시선은 진짜 회원이 존재하지 않는 **가짜 맘카페**의 사례를 만들기도 한다. 네이버에 등록된 맘카페만 약 1만 2천 개에 달한다는 사실을 떠올려 보자. 앞에선 그중 대부분이 활성화되지 않았다는 점도 언급했다.

언젠가부터 우리 카페에도 다른 맘카페들을 홍보하려고 가입하는 아이디들이 눈에 띄게 늘어났다. 그 카페들은 대부분 우리 지역의 맘카페를 표방하는 곳이었다. 우리 카페가 존재함에도 성격이 유사한 맘카페를 또 만든 것이다. "여기 말고도 ○○ 맘카페에도 정보가 많은데 링크를 타고 들어오세요~^^" 이들은 카페 게시글에 댓글로 다른 맘카페의 링크를 남기며 홍보하거나, 때로는 카페 초대 기능이나 채팅 기능을 통해 무작위로 알림을 보냈다. 카페 회원들은 곧 피로함을 호소하기 시작했다.

이들은 강퇴를 시켜도 계속 수십 개의 다른 아이디로 가입하며 끈질기게 댓글을 달았다. 상당히 필사적으로 홍보하기에, 나는 그들이 운영하는 맘카페에 들어가 보았다. 회원 수는 적고 글은 없었으며, 아직 제휴한 광고업체도 없는 것 같았다. 그럼에도 제휴 문의와 업체별 게시판이 이미 잘 정리되어 있는 것을 보고 역시나 맘카페로 수익을 얻고자 하는 목적임을 알 수 있었다. 흥미롭게도 카페의 주인들은 '미스터 ○○○', '△△ 아빠' 등등 성별이 남자로 추정되었다. 이들의 블로그에는 1인 창업 강의와 수익형 맘카페 개설 강의 내용이 빼곡히 적혀 있었다.

상업적인 수단으로 포털 사이트 카페를 운영하는 사례는 꽤 흔하다. 심지어 아파트 입주예정자 모임 카페를 입주용품 공동구매 업체가 미리 영업용으로 만든 사례도 있었다. 이들은 자신의 카페에 가입자를 유도해 개인정보 유출 문제가 불거지기도 했다.[46] 가짜 맘카페는 어쩌면 이런 사례보다도 법적, 도덕적으로 훨씬 더 심각한 문제를 내포하고 있다. 거래로 인한 효용은 반드시 상호교환이 되어야 하는데, 가짜 맘카페에는 허수적인 유령회원만 수만 명씩 존재할 뿐 실제로 광고 글을 클릭하는 숫자도 매우 미미하기 때문이다. **즉, 이들은 '맘카페 회원'이라는 허울만을 상업적으로 이용하고 있을 뿐이다.**

이런 식으로 한쪽이 금전적 이득을 취하는데, 한쪽은 아무 실익이 없다면? 게다가 금전적 이득을 취하는 쪽이 사실상 상대방이 아무 이익이 없을 것을 알고 이런 일을 벌이는 것이라면? 그것은 비도덕적인 행위이며 철저한 기망이다. 이들은 금전적 이득을 취하는 것에 급급한 나머지 비윤리적인 상업 행위가 잘못되었다고 전혀 생각

---

46 박재연, 「"아파트 입주 예정자 모임" 카페, '업자'가 개설한 것이었다」, 《SBS》 2023. 2. 22.

하지 않는다. **더 심각한 문제는, 바로 이러한 가짜 맘카페가 온라인에서 이미 기발한 돈벌이 수단으로 포장되어 있다는 점일 것이다.**

상업화가 나쁜 건 아닐지라도

상업화된 맘카페가 무조건 나쁘다고 가치판단을 할 일이 아니다. 다만 맘카페가 가지는 공공적인 성격을 인식하고 운영하느냐의 여부는 중요하다.

상업화된 맘카페 중에서 회원들과 지역사회에 크게 기여하는 곳도 많다. 이 맘카페들은 업체들에서 받은 수익 혹은 인센티브를 적극적으로 회원들과 나눈다. 예컨대 ○○업체에서 지원했다고 밝히며 아이들과 가는 공연 행사에 회원들을 추첨하고 초청하는 것이다. 이렇게 맘카페 본래의 공공적인 취지를 잃지 않고, 적절한 상업성과 함께 중심을 잡으면서 운영하는 분들은 이 사회를 위해 대단한 일을 하는 것이라고 생각한다.

다만 가입 회원 수 불리기에만 집중하고 입점 업체를 들여 수수료만 받는 것에 급급한 맘카페가 너무도 많아졌다는 게 문제다. 이들은 맘카페의 영향력을 회원 수로 생각하며, 그래서 가짜 아이디를 가입시키는 등 수단과 방법을 가리지 않고 회원 수 불리기에 집중한다.

이런 카페의 경우 회원 수가 수만 명 내지는 십만 명 단위이지만, 들어오는 사람이 없어 광고 글의 조회는 한 자릿수에 불과하다. 그런데도 이런 실태를 잘 모르는 지역 소상공인들은 지역 맘카페에 홍보를 하면 영업에 도움이 될 것 같아서, 그 맘카페가 유령 맘카페인지 따져보지도 않고 광고 글을 올리는 대가로 수수료를 지불한다.

이렇게 아줌마들이, 지역의 영세한 소상공인들이 그저 속아주기를 바라는 가짜 맘카페와 바이럴마케팅의 사례를 보면 씁쓸하다. **이들의 탐욕으로 인터넷의 점점 더 많은 사람들은 맘카페를 이제 믿을 수 없는 공간으로 여기는 경우가 늘어나고 있다. 또 이런 맘카페 상업화의 광풍에 맞서 기존의 맘카페들이 자신들의 공간을 믿을 수 있는 곳으로 만들기 위해 점점 더 외부와의 벽을 쌓게 만드는 요인이 되기도 한다.** 어쨌든 이 세상의 탐욕에서 성을 지키는 방법은 벽을 더 높고 튼튼하게 쌓고, 빗장을 열어주지 않는 것이라고 생각하게 되는 것이다.

4

'예비맘'이라는 아픈 쟁점

출산율보다도 인구구조에서 눈에 띄는 변화는, 결혼 상태에 대한 인구구조의 변화가 최근 몇 년 사이에 가파르게 변하고 있다는 점이다. 내가 결혼을 한 2015년, 그리고 2021년의 초혼 연령은 남녀 각각 한 살씩 올라갔다. 남녀의 연령별 미혼율에 대한 통계청 자료를 보면 만혼의 추세는 더욱 와닿는다.

이와 같은 만혼의 세태가 난임과 연관이 있는 것은 부정하기 어려운 사실이다. 아무리 의학 기술이 발달하는 추세라고 하지만 생물학적으로 건강한 자녀를 가질 가능성이 큰 나이는 존재한다는 점, 그리고 나이가 많아질수록 산모와 태아가 위험할 수 있다는 점은 여러 의학적 연구에서 말해주고 있다. 실제로 난임에 쓰인 비용은 2018년부터 급격히 증가했고 연간 20만 명이 난임 진단을 받고 있다.[47]

---

47 여성가족부, 「2022 통계로 보는 남녀의 삶」

이렇게 난임이 만연화된 사회에서, 자녀 출산은 아주 예민한 문제가 되어버렸다. 신혼부부 중에서 약 80%는 결혼 후 2년 이내에 자녀 출산을 계획하지만, 실제로 성공한 신혼부부는 그중 30% 정도라는 통계가 있다.[48] 애초에 결혼 시작 단계에서 자녀 출산을 처음부터 계획하지 않는 딩크족(DINK族)보다 난임 혹은 다른 이유로 출산을 포기하게 되는 사례가 더 심각할 수도 있다는 것이다.

엄마가 아닌 사람들이 가입을 원했을 때

엄마들의 모임인 맘카페에 자녀가 없는 여성이 가입하고 싶어 하는 경우가 있다. 맘카페는 기본적으로 자녀가 없으면 가입을 받지 않는 것이 원칙이다. 자녀가 없는 사람 중에는 기혼인데 자녀를 준비 중인 여성도 있고, 미혼이고 자녀가 없는 여성도 있다. 물론 싱글맘이나 미혼모는 자녀라는 공통분모가 있기 때문에 가입 대상이다.

자녀가 없는 여성들이 맘카페에 가입하는 이유는 주로 동네 맛집 등 지역사회의 정보를 얻기 위해서이다. 또는 동네 또래와의 정서적인 소통을 필요로 하는 이유도 있다. 가입을 원하는데 단지 자녀가 없다는 이유로 반려한다면, 누구라도 집단에서 소외된다고 여길 수밖에 없다. 그들 입장에서는 충분히 그런 감정을 느낄 일이다.

운영자의 입장에서 이들의 가입을 받지 않는 이유를 설명할 필요는 있다. 우리 카페의 경우 처음에는 기혼자라면, 우리 지역에 살

48 한국보건사회연구원 보도자료, 「2년 이내 자녀 출산 계획 있는 여성의 30%만 출산 실현」, 2021. 6. 7.

고 있으면 자녀 유무와 상관없이 가입을 다 받았다. 기혼인 여성을 자녀가 없어도 **예비맘**이라고 생각하는 게 자연스러웠기 때문이다. 우리 카페가 생겨난 5년 전쯤만 하더라도 그렇게 생각하는 것은 사회적인 통념에 가까웠다.

그런데 아이가 없는 회원이 맘카페의 취지인 육아 정보 공유가 아닌, 상업적인 목적으로 가입하여 카페 취지에 어긋나는 행동을 하는 사례가 많아졌다. 요즘은 20대에 결혼하는 사례조차 드물다. 그래서 20대인데 본인을 예비맘이라고 적거나, 또는 아이가 있다고 적더라도 그 말은 거짓말일 확률이 매우 높다. 우리 맘카페의 예를 든다면, 아이가 없다고 밝히면서 가입한 20대 회원은 아주 높은 확률로 바이럴마케팅을 목적으로 가입한 사례였다.

처음에는 순수한 목적으로 들어온 회원도 맘카페의 구매력을 보고 마음이 바뀌어 결국 상업 홍보로 이어지는 경우 역시 빈번했다. 내 눈으로 여러 번 확인한 안타까운 사실이지만, 애초에 '엄마라는 집단'에 대한 동질감이 없는 사람은 맘카페 구성원끼리의 연대의식과 신뢰 관계의 필요성을 잘 이해하지 못할 때가 많았다. 이런 일이 너무 잦아지다 보니 회원들은 엄마가 아닌 사람이 맘카페를 상업적으로 이용하는 게 맞는지 문제를 제기하기 시작했다.

엄마들의 정서와 전혀 다른 이야기를 하여 언행이 거슬리고 불편하다는 신고가 회원들에게서 들어올 때도 있었다. 예를 들어 어린아이는 미숙할 수밖에 존재임에도 산만하고 시끄러운 걸 전혀 이해하지 못하거나, 집을 어지르기만 하는 어린아이를 키우며 정리하기 벅찬데 사진 속의 집이 난장판인 것을 구태여 지적하는 글도 있었다.

여기에는 극히 일부의 사례만 적었지만, 육아 경험이 없는 사람들은 이런 표현이 은연중에 위화감을 느끼게 한다는 것을 전혀 인지하지 못했다. 이런 정서적인 갈등이 수면 위로 드러나면, 애초에 엄마가 아닌 사람이 왜 맘카페에 있느냐고 의문이 제기되며 날선 댓글이 오간다.

분란이 사그라지지 않을 때는 운영자가 명확한 기준을 마련해야 한다. 과도한 논쟁이나 감정싸움은 맘카페라는 공간의 신뢰를 무너뜨리는 결과로 이어지기 때문이다. 우리는 엄마들의 공간이라는 맘카페의 본래 운영 성격을 유지하기 위해 결국 아이가 없는 회원은 더 이상 받지 않는 것으로 결정했다.

우릴 기다리는 더 어려운 쟁점이 있었다. 아예 아이가 없이 가입하는 것이 아닌 임신 중일 때 가입하는 경우, 보통 우리는 이들을 예비맘이라고 표현한다. 이 중에는 임신을 준비하는 사람도 있었지만, 중간에 유산을 겪고 출산하지 않은 상태가 되는 분들도 있었다.

그런데 이런 아픔을 겪는 분들과 함께, 안타깝게도 가입할 때부터 예비맘이라고 거짓으로 작성한 뒤 결국 상업적인 홍보 목적으로 가입했다는 게 확인되는 사례가 너무 많았다. 어떤 분은 50대인데 20여 년간 임신과 유산만을 10번 넘게 반복했다고 주장하셨다. 당연히 거짓말이었고 산후 관리 업체와 산부인과의 광고 목적으로 가입했던 사람이었다. 선량한 피해자가 있을 것으로 예상되었지만, 이런 빈번한 사례들 때문에 결국 예비맘의 가입도 받지 않게 되었다.

개인적으로는 이들이 엄마들과 계속 같은 공간에 있게 하여 아이가 없는 아픔을 계속 건드린다는 죄책감 같은 감정도 들었다. 아기를 정말 원하는 사람이 아기 이야기를 많이 하는 맘카페의 글을 보면 과연 기분이 괜찮을까? 또는 만약 "아이가 없는 사람이 맘카페에 있는 게 맞나요?"라는 글이 공개적으로 올라온다면, 그리고 "그건 아닌 것 같다."라는 댓글이 줄줄이 달린다면 아이가 없는 사람은 어떻게 느낄까? 나는 그분들이 직접 받는 상처를 애초에 차단하는 게 차라리 나을지도 모른다고 생각했고, 그래서 새로운 예비맘 가입자를 받지 않았던 것이다. 그런데 가입을 받지 않는다는 이런 규정도 분명 누군가의 마음을 아프게 했을 것이다.

나는 과연 분열과 갈라치기를 조장했던 걸까

그 후 나는 많은 쪽지를 받았다. 많은 사람이 모여 있는 공간에서 한 가지를 결정할 때 구성원 모두를 충족시킬 수는 없다. 그렇기 때문에 이번에도 누군가의 비난이 예상되지 않았던 건 아니었다. 가장 기억에 남는 쪽지는 "여자의 적은 역시 여자인 당신이었고, 당신은 여성을 갈라치기를 하는 사람"이라는 비난의 내용이었다.

의도치 않게 갈라치기의 주체로 지목당하는 것은 그다지 유쾌한 경험은 아니다. 그 사람을 붙잡고 시시비비를 따져야 하나 잠깐 고민했지만, **'내가 정말 갈라치기를 한 건가? 이 공간의 현실적인 운영 상황과 사회적인 통념을 기준으로 가입을 받았던 것뿐인데 그것을 유지한 것이 과연 분열을 조장한 건가?'** 생각이 매우 많아졌다. 이렇게 날이 선 비난은 아이를 원하면서도 갖기 어려운 사람들의 아픔을 직접 건드린 대가일지도 모른다는 생각이 들었다. 그래서 내 나름의 진심을 담아 쪽지에 답장을 적었다.

"죄송합니다. 카페의 존재 의미와 성격을 유지하기 위해 내린 결론으로 이해해 주시기 바랍니다. 아이와 함께 좋은 인연으로 꼭 다시 뵙기를 소망합니다."

우리 카페의 원칙은 아이가 없는 사람은 받지 않는 것이었지만, 사실 나는 회원 중에서 엄마가 아니면서도 엄마인 척 활동하는 사람을 몇 명 알게 되었다. 어떻게 알았느냐고 누가 묻는다면, 그만큼 엄마가 아닌 사람들의 언어와 엄마인 사람들의 언어가 아주 다른 것을 알기 때문이라고 답할 수밖에 없다. 콕 집어서 뭐라고 설명할 수 없지만, 이 둘이 사용하는 문장에는 분명히 다른 정서가 흐른다. 다만 이들이 상업적인 목적이 아닌 순수한 의도로 활동하는 것을 알기에, 알면서도 눈을 감는 것이다. 그저 이분들이 엄마가 아니라는 사실이 다른 사람에게는 들키지 않아 상처받지 않았으면 하는 마음일 뿐이다.

결혼하고 아이를 낳고 키우면 개인의 관심사와 생각, 더 나아가 가치관까지 많은 변화가 온다. 학창 시절 친했던 친구들이 여럿 있다고 치자. 이들 중에는 결혼한 사람도 있고, 하지 않은 사람도 있고, 결혼했어도 아이가 없는 친구들이 있다. 그런데 아이라는 존재 하나가 여자의 삶과 생각을 송두리째 바꿔놓는 것이기에, 단지 자녀의 유무 하나로 서로 간의 거리감은 확연히 벌어지는 것처럼 느껴진다. 그래도 함께했던 추억과 그동안 쌓은 정이 있고, 또 사람의 본질은 크게 변하지 않기에 지금 서로의 상황이 다름을 이해하고 배려하며 우정을 유지한다.

그런데 불특정 다수가 모여 있어 누가 누구인지도 모르고, 처한 상황에 대한 설명도 부족하고, 아무나 거침없이 말할 자유가 있는 온라인 공간에서는 그 선을 지키기가 몹시 어렵다. 원래 친했던 친구가 아니라 기본적인 친밀감도 없고, 또 아주 예민한 누군가는 상대방의 글이 불편하기도 할 테고, 또 익명성이 주는 자유를 남용하며 할 말, 안 해야 할 말을 모두 쏟아내어 상처가 되기도 한다.

이건 비단 맘카페나 일부의 문제가 아니다. 우리 사회 전체가 점점 그런 양상을 띠어가고 있다. 자녀가 있는 사람들과 없는 사람들은 서로의 상황을 점점 이해하지 못한다. 육아를 잘 모르는 사람들이 육아휴직을 쓰고 왔다고 하면 집에서 놀다 왔다고 생각하며, 전업주부는 집에서 한가롭게 노는 사람이라고 생각하는 것이 그 예이다. 또는 그 반대의 경우도 마찬가지다. 아이를 키우는 사람은 종종 자녀가 없는 사람은 철이 나지 않았다는 표현을 쓴다. 육아의 고충도 모르고 대책 없이 현재만 사는 사람이라는 편견을 가지기도 한다. 극단적이고 극히 일부의 사례일 수 있지만, 우리 사회에서 아예 존재하지 않는 편견이라곤 할 수 없을 것이다.

서로 다른 삶의 조건 앞에서

서로에 대해 이해할 수 없는 것에 그친다면, 기분만 나쁘고 끝날 일이다. 진짜 문제는 개인이나 작은 집단의 문제에 그치지 않고 사회적인 문제가 되었을 때 나타날 것이다.

자녀가 없는 이들과 자녀가 있는 이들의 갈등 양상은 이 초저출산의 시대에 더 격화될 것이다. 이들 간의 대립이 사회적 합의에 도달하는 것은 점점 더 어려워질 것이다. **나는 우리 사회가 '아이가**

있는 사람'과 '아이가 없는 사람'끼리 혐오를 부추기고, 그 혐오가 경제적 혹은 정치적인 이익 세력을 굳건히 하는 데 악용될 것 같아 무섭다.

사회가 달라져 가는 모습, 그리고 분열되는 모습을 목격하는 건 안타까운 일이다. 그것이 당사자들의 잘못도 아닌데 서로에게 잘못을 찾으려고 하는 모습은 더욱 그렇다. 나는 맘카페라는 정체성을 지켜야 하는 운영자였기에 예비맘의 가입을 받지 않는다는 선택을 했다. 그러나 일반적으로 상대를 포용하려 먼저 손을 내밀어야 하는 쪽은 아이가 있는 사람이 되어야 한다. 여성에게 아이를 낳을 수 없다는 것은 오랜 세월 소외와 차별의 요소였기 때문이다.

엄마가 되었다는 것이 대체 무엇이길래…. 나는 앞에서 아이가 있는 여성과 없는 여성의 정서가 너무나도 다르다는 걸 느낀다고 말했다. 그 갈림길에서 서로 멀리 떨어져 있어야 한다는 건 감정적으로 서글픈 일이기도 하다. **그러나 서로가 달라진다는 이유로, 서로를 이해하고 포용하려는 끈을 놓아서는 안 된다. 우리는 결국 현실 세계에서는 함께 살아가야 할 존재이기 때문이다.**

5

우리 마음속의 전쟁터

우리나라에서 자녀 출생 시 이름을 지을 때는 보통 태어난 아이가 어떻게 자랐으면 하는 부모의 염원과 가치관을 담는다. 대법원은 1948년부터 10년 주기로, 그해 출생신고를 토대로 가장 많이 작명된 이름을 남자아이와 여자아이 이름으로 나누어 발표하고 있다.[49]

그 이름의 통계를 보면 그 시대의 인생에 대한 가치관을 엿볼 수 있다. 1948년에는 이름에 '영(永)' 자를 많이 썼다. 전쟁으로 정세가 불안한 시기였기 때문에 무사히 오래 사는 것이 가장 중요했을 것이다. 여자아이들의 이름을 살펴보면 1948년부터 1968년까지는 일본 식민지 시대의 영향을 받은 '자(子)'로 끝나는 이름이 점점 사라져가고, '순(順)', '숙(淑)', '정(靜)' 자가 들어가는 이름이 많았다. 현모양처로 대표되는, 전통적인 여성상에 충실한 이름들이 주류였다.

49 황재하, 「시기별 선호 이름…1940년대 영수·영자에서 2010년대 민준·서연」, 《연합뉴스》 2016. 5. 9.

1978년도의 이름들은 '은(恩), 혜(惠)'와 '진(眞), 선(善), 미(美)'의 조합이 주를 이룬다. 그리고 1988~1998년 통계에는 똑똑함과 빼어남을 의미하는 '지(智)', '현(賢)', '수(秀)'가 들어가는 이름이 갑자기 많이 나타나기 시작한다. 전 세대보다 중성적인 느낌의 이 이름들은 여자아이도 순한 성정만 지닐 게 아니라 똑똑하고 빼어나야 하는 시대가 왔다는 것의 상징이다.

통계의 10위권 순위 안에는 없지만, 1985년에 태어난 내 주변 언저리 세대의 이름에서는 여전히 '진, 선, 미'나 '은, 혜'의 글자 조합을 흔하게 볼 수 있다. 나와 비슷한 또래들은 '여성은 순해야 한다'는 전통적 여성상을 자연스럽게 미덕으로 접하며 자라온 세대인 것이다. 2000년에 들어서야 그런 글자들은 여자아이들의 이름에 과거처럼 많이 쓰이진 않기 시작했다.

순하고 정숙하고 단정해야 한다는 것. 이는 여성에게 요구되는 전통적인 덕목과 일치한다. 여성의 주된 사회적 역할은 자녀 출산과 육성이었기 때문이다. 여성은 오랫동안 남성을 주체적으로 선택하고 의견을 내세울 권리가 없었으며, 그저 선택받는 존재에 가까웠다. 여성이 좋은 배우자를 만나려면 사회가 요구하는 전통적인 가치관을 습득하는 것이 최선이었다. 여성에게 요구되는 가치는 남성과 비교하면 그 결이 훨씬 더 촘촘하며 빳빳했으며, 여성은 수동적으로 그 가치관을 수용할 수밖에 없었다.

2020년대인 이 시대를 돌아보면 어떨까? 순하고 착하며, 은혜로움과 진선미의 덕목을 갖추라는 이름의 여성들은 30대부터 70대까지 걸친 연령대의 여성으로 이 사회에 살아가고 있다. 그렇듯 우리는 오랜 역사 동안 전통적인 여성상 하나만 생각했으며, **이렇게**

다양한 여성상이 등장한 것은 비교적 짧은 세월이라고 할 수 있다. 이것이 의미하는 바는 무엇일까? 여성은 순하고 착하고 아름다워야 한다는, 즉 '모성의 가치와 일치하는 전통적 여성상'은 여전히 이 시대에 혼재하고 있다는 것이다.

이처럼 아직도 다양한 여성에 대한 사회적 관점과 관념 중에서 어떤 것을 선택해야 할지, 여성은 당연히 혼란스러울 수밖에 없다. 이렇게 혼란스러울 때 우리는 다른 사람의 사례를 비추어 나의 상황을 돌아본다. **엄마들이 맘카페를 확인하는 중요한 이유도, 여기에서 과연 내가 그 혼돈과 불안을 잘 극복하고 있는지 점검할 수 있기 때문이다.**

결국 엄마들이 맘카페에 모인 이유를 '불안함'이라고 정리할 수 있다면, 이들은 맘카페의 글들을 보며 자신의 혼돈과 불안을 효과적으로 해소하고 있을까? 아니면 또다시 비교를 거듭하며 더욱 혼란에 빠지고 있을 뿐일까? 어쩌면 그 불안함은 사회에서 엄마들을 더욱 고립시키고 있는 것은 아닐까?

과부하가 걸린 워킹맘

이제 우리가 주변에서 흔하게 보고 들은 이야기들, 그러니까 어쩌면 우리가 직접 겪고 있는 현실 사례에 대해 생각해 보자. 내 주변 세대 여성들, 그러니까 **똑똑하고 일도 잘하고 사회적으로 능력도 있어야 하는데, 예쁘고 순하면 더 좋을 것 같은, 여성으로서의 다양한 미덕과 가치관을 접하며 혼란을 겪고 있는 여성들**의 이야기다.

워킹맘은 출산 이후 복직을 해도 난감하다. 이들 중엔 업무의 공백과 자리 보전을 위해 법적으로 보장된 출산휴가를 다 쓰지 않고 출산하자마자 복직하는 경우가 많다. 아니면 회사의 현실적인 문제로 이전에 했던 일이 아닌 다른 업무를 맡을 가능성도 크다. 어린아이를 키우면 돌발 상황 때문에 휴가를 잘라 쓸 때도 많다. 그러면 자신이 회사 업무에 민폐를 끼치는 것만 같다. 이렇게 회사에서 위치가 어중간해졌지만 버텨본다.

워킹맘은 아이에게도 어중간한 것 같다. 보통은 퇴근 후 지쳐서 아이와 시간을 보낼 여유조차 없다. 아이가 아플 때 어떻게든 휴가를 써보지만, 현실적인 문제로 생기는 양육의 공백은 어쩔 수 없다.

시터(sitter)를 써보기도 하고 아이 조부모의 도움도 받는다. 그러나 이마저도 내 마음 같지 않고 힘들다. 때로는 시터나 가족과의 갈등도 발생하지만, 아이 하나만 생각해서 어떻게든 넘겨야 한다. 아이가 어느 정도 크면 알아서 잘해준다고 해도, 또래보다 발달이 더딘 모습을 보이면 불안하다. 어린아이는 항상 결핍되어 보이고 그 결핍을 채워주기에는 엄마가 한없이 부족한 것 같다.

워킹맘의 위기는 자녀가 초등학교에 입학하면서 또 찾아온다. 퇴근이 늦어도 안심하고 아이를 맡기라는 보육시설과는 달리, 초등학교 1학년은 점심만 먹고 집에 온다. 그 공백을 돌봄교실과 방과후교실 등 학교가 워킹맘을 위해 지원하는 프로그램과 학원에 의지해야 한다. 부모의 퇴근 시간에 맞춰 어린 자녀를 밤늦게까지 여러 학원에 돌리는 모습은 이제 낯설지 않다.

그렇다고 회사를 그만둘 수는 없다. 회사에 다님으로써 대학을 졸업한 학력에 맞춰 그에 합당한 직업을 갖고, 월급을 받아 아파트 평수를 넓혀 자산을 증식하고, 내 아이를 더 교육시킬 수 있고, 그 아이에게 더 많은 기회와 더 좋은 미래를 제공할 수 있다고 믿어본다. 이 고난과 스트레스를 모두 이겨내야 비로소 **'인생의 가치'**를 달성할 수 있기 때문이다.

아이가 초등학교와 학원 생활에 적응한다고 번뇌가 끝난 게 아니다. 워킹맘의 허무함은 잊을 만하면 반복해서 찾아온다. 그 초등학교 저학년의 고난을 이겨내며 학원 뺑뺑이를 돌리다가 문득 또 깨닫는다. 적지 않은 돈을 사교육비로 지출했지만, 어느 날 내 아이에게 정작 학습 효과가 별로 없었던 것을 알게 되는 것이다. 마치 내가 학원의 임대료와 관리비를 내주려고 돈을 버는 것 같다.

또는 사춘기를 겪는 아이들과 심리적인 갈등을 겪기도 한다. 역시 내가 집에 없어서 애가 이렇게 되었나? 회사를 그만두고 이제라도 엄마로서 아이를 밀착해 돌보아야 하나? 애 엄마라서 업무에 집중하지 못했다는 이유로 회사에서 위치가 어중간해졌지만, 인내심으로 버텨왔던 세월까지 내 머릿속에 겹친다. 이 반복되는 과정은 내가 회사를 그만두거나 아이가 학교를 졸업해야 끝난다.

이런 현실 속에서 자식도 잘 키우고 직장 일도 놓치지 않는 **슈퍼맘**의 사례가 알음알음 존재한다. 그런데 이게 결코 미담이 아니다. 시간에 쫓겨가며 몸을 여러 개로 쪼개 살아야 할 만큼 갈아 넣었던 그들의 생을 들여다보면, 하나같이 너무도 힘들고 고된 모습이다. "행복했어요. 저는 힘들었지만요. 아이도 잘 커서 알아줄 것이라고 믿어요." 그들은 자기 삶을 이렇게 털어놓는다.

이 과정에서 엄마가 겪는 스트레스는 어른이니까 버틸 수 있다고 치자. 사실 진짜 문제는 아이다. 아이는 엄마의 고생을 과연 알아줄 것인가? 아니, 그전에 엄마의 이 고생으로 아이는 과연 행복하단

말인가? 2022년 발표한 우리나라 어린이의 행복지수는 OECD 국가 22개 국가 중 최하위였다. 어린이 우울증 환자는 최근 3년 동안 50% 가까이 증가하였다는 통계도 있다.[50] 마음 아픈 현실이 아닐 수 없다.

이처럼 슈퍼맘을 꿈꾸어야 하는 우리 사회의 워킹맘을 바라보면 절로 인지적 부조화 현상이 떠오를 수밖에 없다. 모두가 불행한데, 아무도 그 불행을 똑바로 쳐다보지 않는다. 이 가학적이고 모순적인 상황이 어디서부터 잘못되었는지 알지 못하고, 만약 안다 해도 바꾸지 못하고, 그저 불안감 때문에 모두 손에서 놓지 못하고 있는 현실인 것이다.

삶의 의미를 잃어버린 전업주부

그렇다면 전업주부인 여성들은 행복한가? 갓난아기를 갓 낳은 여성을 생각해 보자. 출산 직후 임신으로 증가한 체중은 빠지지 않는 경우가 많고, 처음 아기를 마주하면 시도 때도 없이 울어대는 아기 때문에 정신이 하나도 없다. 주변의 다른 여성 혹은 과거의 나와 비교하면 지금 내 모습이 초라하다고 여길 수밖에 없다.

이들도 양육이라는 내면의 행복에 온전히 집중 못 하기는 마찬가지다. 위의 워킹맘 사례처럼 복직이라도 할 수 있었으면 다행이다. 요즘 전업주부들이 회사를 그만두는 이유는 무엇일까? 아직도 양육에 집중하려는 자발적인 의사보다는 회사의 상황에 떠밀려 임

---

50 박홍주·박나은, 「"우리 아이들은 행복하지 않답니다"」, 《매일경제》 2022. 5. 4.

신과 동시에 퇴사를 선택해야 하는 사례가 대다수다.

안 그래도 서러운데, 한 푼이라도 더 벌어 아이에게 뭘 더 해줘야 할 것처럼 느껴지게 만드는 단어가 있다. **경력단절.** 세상은 그들을 경력단절 여성이라고 부른다. 이 말을 들으니 사회에서 돈을 벌지 않고 애만 보는 내 존재가 정말 아무것도 아닌 것 같아서 불안하기까지 하다. 출산 전 경력에 따라 직업을 다시 찾아간 운 좋은 경우도 있지만, 대부분은 경력이 단절되어 출산 전의 직업과 전혀 상관없는 새로운 일을 시작한다. 출산 전에 했던 일에 비하면 급여는 턱없이 부족하고, 나의 생산 가치가 떨어졌다는 사실에 많은 엄마들은 우울함을 호소한다.

그리고 세상이 그들을 부르는 무서운 단어가 또 있다. **맘충**이다. 이 단어는 비뚤어진 모성애를 지닌 사람만 칭하는 말이 아니다. 경제적 능력이 없으면서 집에서 놀고먹고, 테이크아웃 커피잔을 들고 거리를 돌아다니는 애 엄마도 맘충이다. 육아는 해도 해도 누가 알아주지도 않는데, 차라리 최저 시급이라도 받고 일하면서 내 소비에 당당해지고 싶다.

상황이 이렇다 보니, 결혼하지 않은 여성들에게 엄마라는 존재가 어떻게 보이겠는가? 그들에게 경력이 단절된 전업주부나, 회사에서 위치가 어중간하고 집에 돌아가서도 아등바등 사는 워킹맘은 결코 선택하고 싶지 않은 미래의 모습이다. 아이를 낳으면 삶의 질이 떨어질 게 명확하다. 그러니 그들은 차라리 결혼하지 않고 지금의 삶을 사는 게 낫겠다고, 아니면 결혼을 하더라도 아이는 낳지 않겠다고 선언한다.

이렇게 아이를 출산하고 육아하는 일, 모성을 우선시하는 것은

여자들의 경제적인 가치를 떨어뜨리는 행동이 되었다. 결국 출산과 육아는 여성들의 '생산 가치'를 떨어뜨리는 일이 되어버린 것이다. 이처럼 우리 사회에선 출산과 육아라는 행동이 오직 경제적으로만 평가되고 있으며, 한 아이를 낳고 기르는 일이 갖는 진정 내면적인 가치는 아무도 주목하지 않는다.

경제 불황으로 인해 남성 혼자의 외벌이로는 중산층의 가계 경제를 지탱하기가 쉽지 않다. 그런 사례가 늘어나며 남성이 선호하는 여성상은 단연 **경제력을 갖춘 여성**이 되었다. 정년이 보장되는 안정적인 직업을 갖고 있거나, 아이를 키우면서도 병행할 수 있는 직종이거나, 아니면 처갓집이라도 경제적인 지원을 해줄 재력을 갖춰주거나, 최소한 노후 대비가 되어 있기를 바란다. **여성의 입장에선, 이제 아이도 잘 키워야 하고 거기다 경제력까지 갖춰야 한다. 다양한 역할 요구에 과부하가 걸리는 것이다.**

그렇게 오늘날 우리나라의 결혼 적령기 여성들은 그 가치의 혼돈과 과부하 속에서 지극히 합리적이고 경제적인 선택을 하게 되었다. 바로 모성을 버리고 출산을 하지 않는 것이다. 아니면 애초에 결혼을 하지 않으면 더 깔끔해지는 일이다. **다시 말해 현대 여성은 이제 더 이상 어머니가 되고 싶지 않다는 결론까지 도달한다.**

아직 결혼하지 않은 여성, 혹은 결혼하고 출산 의지가 있지만 아이가 아직 없는 과도기적인 시기의 여성들은 인터넷 커뮤니티에서 맘카페가 '무서운 곳'이라고 말하기도 한다. 그 이유를 삶의 희로애락에 대한 감정 과잉이라고 말하지만, 아이를 데리고 아등바등 살아가는 절박함에서 비롯된 이 과잉은 맘카페라는 집단을 한없이 이질적으로 보이게 할 것이 분명하다. 그들의 입장에선 이 공간이 결코 안락해 보이지 않는, 엄마가 아닌 나는 절대로 들어가고 싶지 않은 세계일 것이다.

엄마는 늘 불안함을 느낀다

여성들은 오랜 세월 동안 '언젠가는 발현시킬, 내재된 모성'에 맞춰 사회화되어 왔다. 그런데 모성의 내면적인 의미보다 사회적인 의미에 온통 초점이 맞춰져 있다는 게 지금 여성이 직면한 현실이다.

모성의 사회적 의미가 여성을 옭아맨다는 것은 무엇을 뜻할까? 결국 우리 사회의 모성은 자신이 정한 것보다 타인이 만들어낸 잣대, 외부적 잣대에 끼워 맞춰져 있다는 것을 가리킨다. 사실 여성의 내면과 삶의 가치관이 굳건하다면 자녀를 어떻게 키우든지 누가 뭐라 해도 위축되지 않고 당당하게 살면 된다. 그러나 이 사회는 여성과 엄마에게 바라는 것이 너무도 많다. 이 과정에서 엄마로서의 긍정적인 정체성이 약해져 있다면, 모성은 한낱 자신을 옭아매는 기제로 느껴질 것이다

누군가에게는 엄마들을 위해 존재한다는 '맘카페'라는 공간마저도 자신을 모성으로 옭아매는 존재로 느낄 수도 있겠다. 그러나 이런 현실에서도, 지금 이 순간에도, 워킹맘과 전업주부를 가리지 않고 자녀를 둔 여성들은 이 전쟁터 같은 세상에서 균형과 기쁨을 찾으려 애쓴다. 그만큼 육아가 주는 내적 행복이 크기 때문이다.

맘카페에서 종종 나오는 우스갯소리 같은 글을 하나 소개해 본다.

제목: 다시 태어나면 또 지금 남편을 만나서 결혼하시겠어요?

남편하고 또 투닥거렸네요. 그래도 왕년에는 저 좋다는 남자들이 꽤 많았는데ㅋㅋ 제가 어쩌다가 성격도 잘 안 맞는 이 남자랑 결혼해서 살고 있는지 모르겠어요.ㅠㅠ 맘님들은 어떠세요? 다시 태어나면 지금 남편이랑 결혼하실 거예요??

ㄴ아… 한참 생각해 볼 문제입니다. ㅋㅋㅋ

ㄴ남편한테 물어보니 저랑 또 만나고 싶다는데요, 저는 좀. ㅋㅋㅋ 그런데 생각해 보니 다른 남자와 결혼하면 우리 애들은 어떻게 되는 거죠??

ㄴ저도 우리 애를 다시 만나야 해서 지금 남편하고 결혼을 다시 할 거예요. ㅠㅠㅋㅋ

ㄴ저도 우리 애들 없이 못 살아서 꼭 남편을 다시 만나야겠네요. 에잇ㅋㅋㅋㅋㅋ

내 아이들을 만나야 하니까, 이제 내 아이들이 없는 삶은 상상조차 할 수 없으니까. 나는 많은 엄마들이 이 시시콜콜한 이야기에 공감할 것이라고 생각한다. 그들은 나처럼 엄마가 된 선택을 결코 후회하지 않을 게 분명하기 때문이다.

아이를 다 키운 우리 어머니들도 마찬가지다. 아이를 키워낸 일이야말로 인생에서 가장 행복한 일이라고 회고한다. 그것이 고독한 내면의 싸움이었다고, 정말 힘들었다고, 그러나 그만큼 가치가 있는 일이었다고. 마치 나빴던 일은 금세 잊고 좋은 일만 기억하는 므두셀라 증후군[51] 같다.

모두가 불안에 시달리는 사회

처음 접하는 모성으로 여성의 내면은 혼란스럽다. 어떤 여성이든 마찬가지다. 모성은 처음부터 확신을 가지면서 굳건히 내면화하기엔 너무 어려운 개념이다.

특히 대부분 자녀를 한 명만 낳는 요즘은 엄마가 되는 경험이 최초이자 마지막이다. 가뜩이나 육아 가치관을 단단히 갖추기가 힘든 노릇인데, 더욱이 육아는 이론과 실전이 다른 경우도 많아 실제 상황에서 혼란스러움과 좌절의 연속을 겪을 수밖에 없다. 그렇기에 엄마들은 육아에 대해서 무언가에 의존하고 싶은 마음이 든다.

게다가 나의 육아는 아마도 인생의 마지막 경험이기도 할 것이기에, 자녀에게 완벽해야 한다는 압박감까지 느껴진다. 이렇게 **'처음이자 마지막일' 요즘 육아의 특성**은 양육자가 육아를 여유로운 마음으로 받아들이기 힘들게 하는 측면이 있다. 거기에 여성에게 주어진 다양한 역할로 오는 과부하까지 생각하면, 모성은 과거보다 현재의 여성에게 훨씬 더 부담스럽게 다가온다.

거기에 덧붙여 넘쳐나는 육아 서적과 육아 정보들은 내면이 편안하지 않고 흔들리는 상황 속에서 불안감을 더 조장한다. 육아 서적을 많이 읽을수록 엄마의 우울감이 증가한다는 말을 들어본 적이 있는가? 특히 요즘 엄마들은 이전 세대를 통틀어 교육을 가장 많이 받았기 때문에 육아와 자녀 교육에 지나치게 관심이 너무 많다.

---

51 구약성서에 나오는, 969살까지 살았다는 므두셀라에서 유래된 말. 추억은 항상 아름답다고 하며 좋은 기억만 남겨둔다는 심리학 용어.

그 육아 교육 이론들을 몰라서 못 하는 것이 아니다. 그런데도 육아서를 보는 건, 내용을 모두 알면서도 도덕 교과서를 펼치는 것처럼, 육아 스트레스로 튀어나올 수 있는 자신의 부정적인 감정을 다스리려는 것이다. 그런데 애를 길러본 경험도 없고, 전문적으로 공부해 본 경험이 없는 사람까지 나서서 타인의 육아에 대해 쉽게 훈수를 둔다.

이미 내면적으로 이런 어려움이 있는데, 이 사회가 요구하는 외재적 가치까지 신경을 쓰면 엄마들의 혼란은 깊어지다 못해 쉽게 고립된 성이라는 수렁으로 빠진다. 즉 기혼 여성들은, 워킹맘이든 전업주부든, 자신의 삶에서 행복을 찾기 극히 어려워진다. 여전히 우리 사회의 여성들은 무엇이 진정 내가 되고 싶은 자아인지, 나에게 가장 잘 어울리는 정체성은 무엇인지 찾지 못한 채 표류하고 있다.

엄마들이 자신의 선택에 100% 만족하지 못하는 이유는 무엇일까? 그리고 이것은 비단 여성들만의 문제일까?

그렇지 않다. 우리가 사는 이 세상에는 맘카페라는 성만 존재하지 않는다. 사실 우리 모두는 각자 자신들만의 성을 찾아 거기에 안착한 뒤 높은 벽을 쌓고 있다. **우리 스스로는 고립의 성으로 가두고 그곳에서 나오려고 하지 않으며, 엄마들의 성 내부와 똑같이, 그 안에는 모두의 불안감이 자리 잡고 있다.** 개인의 불안은 넘치는데 점점 더 상호 교류가 없어지는 현실 속에서, 서로에 대한 무지는 몰이해로 이어진다. 그 몰이해가 혐오가 되는 건 시간문제다. 나의 맘카페에 대한 분석이 혐오의 시대를 가리키게 되는 건 바로 그 때문이다.

전면적인 혐오의 확산

6

1

맘카페 혐오에 대한 단상

언제부터인가 '맘카페'라는 단어 자체가 매우 부정적인 의미와 가깝게 되었다. 2000년대 초·중반 맘카페가 생기기 시작한 맘카페 태동기에는 지금과 같은 혐오적인 시선이 없었다. 그런데 맘카페의 영향력이 커지고, 뉴스의 사회면을 장식할 만큼 부정적인 사건이 연달아 터지면서 이곳은 문제 집단으로 인식되었다.

그리고 2010년대에 이르러 우리나라 온라인 커뮤니티의 양상이 '남초 커뮤니티'와 '여초 커뮤니티'로 분리되기 시작했다.[52] 우리나라의 온라인 커뮤니티는 〈디시인사이드〉, 〈루리웹〉, 〈오늘의 유머〉, 〈에프엠코리아〉, 〈엠엘비파크〉, 〈82cook〉 등의 커뮤니티명에서도 알 수 있듯이 처음에는 취미 생활을 주제로 모이는 것이 시발점이 되었다.

---

52 성별에 초(超)를 덧붙인 말에 커뮤니티를 합쳐, 남자 이용자가 주를 이루는 커뮤니티와 여자 이용자가 주를 이루는 커뮤니티를 나타내는 인터넷 은어.

그것이 오랜 기간 유지되면서 특정 연령층과 성별로 나뉘어 유입되는 특성을 보였고, 그 특정 연령층과 성별대가 공통으로 공유하는 화제에 대해 자연스럽게 이야기를 나누며, 취미 생활 외에도 일상 분야 전반에 걸친 주제를 아우르는 커뮤니티가 되었다. 이후 2010년대에 이르러 공격적인 성향의 이용자들이 〈일간베스트〉나 〈메갈리아〉로 갈라져 나오면서 남초, 여초 커뮤니티가 나뉘어 파생되었다.

이후 전개된 남녀 커뮤니티 간의 첨예한 갈등은 우리 모두 잘 알고 있는 사실이다. **대표적인 여초 커뮤니티 맘카페도 온라인 커뮤니티에서 벌어지는 성 대결의 공격 대상에 포함이 되었다. 그런데 재미있는 사실은, 맘카페가 아닌 여초 커뮤니티에서조차도 맘카페를 부정적인 시선으로 바라본다는 점이다.** 주로 20대~30대 젊은 미혼 여성들로 이루어진 커뮤니티에서도 맘카페를 좋아하지 않는다. 이들은 맘카페에는 억척스러운 아줌마들이 모여 있으며, 자기 자식만 끔찍하게 챙긴다는 '이기적인 모성'의 집합체로 맘카페를 매도한다.

남초든 여초든, 이용자 수가 많은 대형 커뮤니티에는 다른 커뮤니티의 글을 캡처해서 올리는 사례가 거의 매일같이 올라온다. 특히 누군가 맘카페에서 조악한 글을 퍼 오면 조회 수가 폭발하고 비난의 댓글들이 줄줄이 달린다. 그리고 인터넷 뉴스의 가십 기사로 재생산되어 '가장 많이 본 뉴스'에 올라간다. 역시 맘카페를 이용하는 맘충들이라는 혐오성 짙은 댓글과 함께 말이다.

모든 커뮤니티의 적이 된 맘카페

과연 맘카페에 모인 여자들이 유난히 이상한가? 그런 여자들의 특정한 행태적인 속성은 혐오를 불러일으킬 정도로 이상한 것인가? 그래서 그곳의 엄마들은 비난받아 마땅한 것인가?

아니다. 그렇지는 않다. 상대방에 대한 증오와 혐오를 일삼는 집단은, 이미 상대에게서 발견하는 악덕을 자신 안에 자신만의 방식으로 품고 있다.

예컨대 우리 사회의 **서열화**에 대한 논쟁을 살펴보자. 타인에 대한 비교와 극심한 경쟁을 골자로 하는 대한민국에서, 이 키워드만큼 각 커뮤니티의 성격과 정체성을 잘 보여주는 것은 없기 때문이다.

남성 위주의 커뮤니티에서 서열화의 이슈는 노골적으로 드러난다. 대학 서열, 연봉 인증하기, 직장 서열, 부동산 서열, 명품 계급도, 외모에 대한 서열화는 물론이고, 수치화된 '키'에 집착하는 글도 단골 주제다. 그렇게 서열화로 먼저 계급을 정의하려 하고, 그 안에서 자신의 위치를 확인하며 안도하는 경향이 강하다.

둥글둥글한 맘카페와 여초 커뮤니티엔 회원들의 정서를 해칠 수 있는 서열화된 비교 글이 직접적으로 드러나지는 않는다. 대신 맘카페에는 '자랑 글'이 있다. 우리나라 사람들은 노골적으로 자랑하는 것을 지양한다. 서열을 의식하는 사회에서 나의 자랑이 누군가를 불편하게 할 수 있다는 것을 알기 때문이다. 특히 지인들 사이에서 섣불리 자신의 무언가를 대놓고 자랑하지 않는다.

그런데 인터넷의 익명성은 타인의 시선을 의식하지 않고 이런 자랑 글을 쓸 심리적 자유를 준다. 때문에 맘카페에도 자랑 글은 참 많다. 부러워하는 댓글도 많이 달리지만, 어떤 이에게는 남의 자랑 글이 그리 즐거운 글은 아닌 것 같다. 그래서 맘카페엔 "남편이 ○○ 명품 가방 사줘서 자랑해요."라고 남기는 이들이 있지만, "명품 소비 저만 불편한가요?"라는 글도 올라온다. 또 "코로나 시국에 해외여행 글 저만 불편한가요?"라는 식으로 구태여 불편할 명분을 찾아보기도 한다.

하지만 모두의 부러움의 대상이 되는 글이 있다. "우리 아이가 이번에 ○○ 학교에 합격해서 자랑해요." 여기에 대고 "자식 자랑 글 저만 불편하다."라고 할 명분은 딱히 없나 보다. 불편하다고 인정하는 순간 엄마로서의 자존심이 초라하게 느껴지는 것일까?

또 맘카페가 아닌 여초 커뮤니티에 올라오는 글 중에서는 문제를 해결해야 하는 고민형 글이 많다. 특히 결혼하지 않은 이용자들이 주를 이루는 커뮤니티에서는 시시콜콜한 연애 문제 상담부터, 지금 만나는 남자의 현실적인 상황을 언급하며 정말 결혼해도 괜찮은 것인지, 심지어는 어떤 화장품이나 옷이 더 나은지 골라 달라는 등의 고민까지 올라온다. 그런데 여기서도 노골적이지 않을 뿐이지 **서열에 대한 예민한 감각**은 똑같이 존재한다. 자신의 기준이나 취향이 주가 되기보다도, 개인적 취향부터 인생사의 중대한 결정까지 사회적인 시선에 끊임없이 의존하는 것이다.

타인의 시선에 지극히 민감한 사회에서

내가 굳이 서열화에 대한 여러 커뮤니티의 양상을 살펴본 이유

는, 타인의 삶과 자신의 삶을 비교하며 자기 위치를 확인하려는 건 우리나라 인터넷 커뮤니티의 공통적인 현상이라는 것을 말하기 위해서다. 이것은 우열의 문제가 아니다. 누가 더 눈치를 보고 줏대가 없는지를 논하는 건 의미 없다. 어느 커뮤니티든 자기만의 스타일로 타인과 세상의 기준을 지극히 민감하게 의식하고 있다. 이런 서열적인 비교 글을 보며 대다수 사람들은 불안함과 혼란만 가중시키고 있을 따름이다.

맘카페도 마찬가지다. 엄마들이 맘카페라는 인터넷 커뮤니티를 이용하는 이유는 '나 혼자서 내 아이를 제대로 키울 수 있을까' 하는 불안함을 벗어나고자 하는 동기가 가장 크다. 때때로 내 상황을 타인의 시선에 맞춰 바라보고 객관적으로 인지할 필요는 있겠지만, 이런 측면에 지나치게 의존하는 건 결국 **타인의 시선과 기준**에 너무도 예민하기 때문이라고 봐야 한다.

그동안 대한민국 여성의 사회화 과정은 분명 순종적이고 의존적인 역할에 초점이 맞춰져 있었던 게 사실이다. 남성에게도 전통적인 남자다움을 요구해 왔지만, 남성에게는 '성정'보단 '성과'의 달성을 우선적으로 요구했다. 여성들에겐 다양한 기준치가 요구되기에 그것이 더 촘촘하고 억압적인 것처럼 보일 수 있지만, 남성들에게는 냉정하게 오직 '성과만으로' 평가하면서 그 성과의 기준이 더 높은 측면도 있었다.

이 기준이 가장 노골적으로 드러나는 사례는 **결혼 시장**이다. 이제는 과거보다 남녀 교육 이수의 차이도 없고, 결혼 전 사회적 지위 또한 비슷함에도 불구하고, 이 시장에서는 여전히 남자가 여자보다 직장, 연봉, 자산 등에서 더 좋은 조건이어야 한다는 점이 명백하게 드러나기 때문이다. 이는 아직도 남성의 사회적 성과 달성의 기준이 여성보다 훨씬 높은 수준으로 책정되어 있음을 의미한다.

정리해 보자. **결국 개인의 내면의 주체적인 상(想)보다 사회적인 기준에 준거하는 상에 맞춘다는 것은 대한민국 남녀가 모두 동일하고, 기혼과 미혼 여부를 가리지 않는다.** 그처럼 타인과 사회의 외적 기준에 민감한 분위기는 곧장 타인을 향한 증오와 적대감으로 변하기 쉽다. 과격한 단어만 쓰지 않았을 뿐, "저만 불편한가요?"로 포장된 혐오적인 감정은 맘카페라는 집단의 힘에 기대는 공격적인 행위를 낳았다. 동시에 그만큼 공격적이고 날카롭게, 맘카페 바깥에서도 이미 '맘'들을 향한 혐오가 꿈틀대고 있었던 것을 우리는 잘 알고 있다. 이제 우리가 '맘충'이라는 아픈 말에 대해서 살펴볼 차례다.

2

어쩌다가 엄마는 혐오의 대상이 되었나

맘카페 혐오는 단순히 맘카페의 회원만을 향한 것일까? 아니면 아이를 둔 여성, 더 나아가 여성 전체에 대한 혐오 정서에서 비롯된 것인가?

그 혐오의 대상이 '엄마'로 범주화되어 있는 것은 부정할 수 없을 것이다. 맘카페 글이 기사화가 된 포털 사이트 기사 댓글은 일부 몰상식한 몇몇 사람에 국한된 비난에서 그치지 않는다. 순식간에 "여자들", "맘충"이라는 단어와 함께 혐오가 확대되는 것을 엿볼 수 있다. 그런 극단적인 글이 단편적이고 돌출된 사례라는 의견은 거의 찾아볼 수 없다.

어쩌다가 맘, 엄마라는 존재는 공격의 대상이 되었을까? 그 공격의 대상이 된 결정적인 이유는 맘카페의 행태보다도 '맘'이라는 사회적 위치가 혐오 대상이 된 이력에서 찾을 수 있다.

내가 결혼하던 2015년을 전후로 이 사회에서 뜨거운 논란이 되던 단어가 있었다. 틀딱충, 급식충, 출근충, 흡연충 등등 여러 단어에 '벌레 충(蟲)' 자를 붙이며 혐오가 인터넷에서 아무렇지 않게 밈(meme)로 번지고 있던 때였다.[53] 그리고 그 단어는 '맘충'이라는 말도 만들어냈다.[54] 그동안 신성불가침의 영역이라고 여겨온, 모성을 의미하는 엄마라는 단어에 '벌레 충' 자를 붙이는 사례까지 등장한 것이다.

이때부터 무분별한 혐오 문화가 이렇게까지 번져도 괜찮은 것인지는 사회적인 화제가 되었다. 개인적인 기억을 꺼내 보면, 그즈음 처음 출산한 나조차도 맘충이 되지 않기 위해 얼마나 조심하고 살았나 모른다. 나는 맘카페에 종종 올라오는 다음과 같은 글들을 보며, 그 시기의 엄마로 살았던 여성들이 대부분 나와 같은 심정이었다는 것을 느낄 수밖에 없었다.

> 집에서 아기와 단둘이 있기가 너무 답답해서 유모차를 끌고 산책을 나왔어요. 오늘따라 날씨가 더워서 아이스 아메리카노 커피 한 잔이 너무 간절하네요. 그런데 너무 눈치가 보여요. 비싼 브랜드 커피도 아니고 동네에서 파는 1,500원짜리 커피인데. 요즘 유모차 끌고 다니며 테이크아웃 커피를 사 먹으면 맘충이라잖아요. 정말 사 먹으면 안 되는 걸까요? 주변에서 절 보고 손가락질할까요?ㅠㅠ

앞서 나는 사람들이 맘충이라는 단어를 사용하는 이유가 '비뚤어진 모성애를 비난하기 위해서'라고 했다. 그런데 과연 모성애가

---

53 서지혜, 「맘충, 급식충… 벌레가 된 사람들」, 《헤럴드경제》 2015. 10. 14.
54 김지은, 「'공공의 적' 된 엄마들, 맘충」, 《신동아》 2015. 11. 19.

맘충이라는 단어를 관통하는 본질이라고 할 수 있을까? 그동안 이 세상이 엄마를 맘충이라고 비난했던 사례에 관하여 면면히 들여다보자. '비뚤어진 모성'만을 가져와서 맘충이란 낙인을 찍었던 것이 아님을 알 수 있다.

브런치가 대체 뭐라고

가령 애 엄마가 아이를 맡기고 브런치를 즐기는 사례를 생각해 보자. 이들도 당연히 어쩌다가 한 번일 뿐, 매일 호사스럽게 밖에서 뭘 챙겨 먹진 않는다. 보통 집에서는 혼자 차려 먹기가 부담스러워 간단하게 식사하는 경우가 대부분이다. 회사에 다니는 사람들이 시간에 쫓겨 점심을 김밥 한 줄로 때울 때도 있지만, 여유가 있을 때는 회사 근처의 맛집을 찾아다니고, 회사 비용이 지원될 때 소고기를 먹기도 하는 것과 마찬가지다.

그런데 왜 애 엄마들은 브런치를 먹지 말아야 할까? 여기엔 두 가지 측면의 시각이 반영되어 있다. **경제력이 단절된 여성이 호의호식하는 것에 대한 혐오와 육아와 가사노동에 대한 가치 절하다.** 특히 여기에는 전업주부를 경제적 무능력자로 간주하는 시선과 그러한 무능력함에 대한 혐오가 짙게 깔려 있다. 즉, 그런 여성들은 아이와 **'남편이 벌어다 주는 돈으로 편하고 행복하게'** 살고 있다는 것이다.

과연 그러한가? 가사와 육아의 실태를 안다면 결코 그렇게 평가 절하할 수 없다. 아이를 양육하는 여성들이 '살아 있는 인형'과 '안락한 집'에서 그림같이 예쁘게 사는 것이 아님을, 육아를 경험해 본 사람은 잘 알 것이다. 농담 같은 소리로 들릴지 모르겠지만, 워킹맘들이나 육아휴직을 썼던 남편들이 회사에 나오면 집에서 애를 보는 것보다 훨씬 편하다고 말하는 게 결코 과장이 아니다.

'남편이 벌어다 주는 돈'이라는 말의 전제는 다음과 같다. 회사에서 일하면 돈이나 인정이라는 보상을 주지만, 육아는 물질적으로든 정신적으로든 대우를 받을 수 없는 일, 즉 아무런 가치도 없는 일이라는 게 그것이다. 육아에 대한 가치 절하는 육아휴직을 쓰는 남자에게도 똑같이 적용된다. 피치 못할 사정으로 육아휴직을 쓴 남성의 경우 역시, 정말 육아의 의무를 충실히 수행하고 복직하더라도, 주변에서는 '그저 집에서 잘 쉬었다 온 사람'으로 취급하기 일쑤다.

엄마들을 비난하는 사람은 누구일까? 아내와 아이, 자신의 가정에 정상적으로 관심이 있는 남편이라면, 아내가 육아로 경제적 활동을 하지 않는다고 해서 집에서 결코 호의호식하고 있는 것이 아님을 잘 안다. 또 우리나라 대부분의 회사 문화는 여전히 가정을 소홀히 하면서까지 조직에 충성할 것을 요구하기에, 많은 남성들이 가정에서 보낼 시간적 여유가 없고 관심을 갖기 힘들다는 점도 언급해야 할 것이다.

내 남편의 경우도 첫째 아이 때는 밤늦게 퇴근해서 곤히 자던 아이 얼굴만 보다가, 둘째 출산 직후에 회사 제도가 바뀌어서 육아휴직을 한 달간 사용할 수 있었다. 지나고 보면 오롯이 네 가족이 함께 지낼 수 있던 행복한 나날이었다. 그렇지만 나의 산후 도우미였던 남편이 한 달간의 휴직을 끝내고 출근하던 날, 그의 미안해하면서도 해방된 듯한 표정을 나는 아직도 기억한다.

"자식은 절대 낳지 마세요"

육아가 힘든 줄 모르는 것은 그 일의 경험이 없는 여성들도 마찬가지다. 그들은 보통 결혼하고 아이를 키워보고 나서야 육아의 고단함을 깨닫는다. 그러니 맘카페에는 육아가 이렇게 힘든 것인 줄 몰랐다고 토로하는 글이 많다.

출산율이 박살이 난 요즘에야 그 소리가 쏙 들어갔지만, 과거 어르신들은 젊은이들에게 '결혼하고 애를 낳아야 철이 든다'는 말을 부지런히 하셨다. 그 말이 옳은 건 아니다. 철이 들고 말고는 개인차다. 결혼하지 않았어도 철이 든 사람이 있고, 결혼하고도 철이 들지 않는 사람은 존재한다. 그러나 한 가지만큼은 확실하다. 육아에 대해서 함부로 논하는 사람은 그 일을 제대로 겪어보지 않아서 육아가 얼마나 고된 과정인지 모르는 사람이라는 것이다.

그래서 아이러니하게도 저출산의 기조가 이어질수록, 육아를 경험하는 사람이 우리 사회에서 점점 줄어들수록, 엄마의 역할을 하는 사람은 쉽게 비난의 대상이 되어버린다. 육아가 얼마나 힘든지를 아는 사람 자체가 줄어들게 되니 말이다. 그렇게 우리 사회에서 엄마라는 존재는 그저 무의미한 일을 하는 사람, 아이 하나 단속 못 해 민폐를 끼치는 사람에 불과해졌을 뿐이다. 이런 혐오가 넘쳐나니 누가 쉽사리 아이를 낳고 엄마가 되겠다고 하겠는가?

결국 우리나라 출산율이 이렇게 바닥을 친 건 혐오 현상과 깊은 관련이 있다고 볼 수밖에 없다. 2019년 기준으로 혼외출산율이 2.3%밖에 되지 않는 우리나라에서,[55] 출산은 일단 연애와 결혼이 선행되어야 하는 문제이기 때문이다. 특히 타인의 시선에 지나치게 예민하고 그 수용의 압박이 큰 우리 사회의 특성상 여성들은 인터넷에 만연한 여성에 대한 혐오적 이야기를 자신과 분리해서 생각하지 못할 것이다. 또 자녀 양육의 가치가 폄하되기 일쑤인 사회에서, 여성들은 그렇지 않아도 예전보다 더 다양해진 기대 역할 중 그 어떤 것에도 확신이 없다.

혐오는 거기에 기름을 붓는 격이다. 그렇지 않아도 자신의 사회적 정체성을 결정하는 일을 망설였는데, 사회적으로 지탄과 혐오의 대상이 되는 엄마를 나의 미래로 굳이 선택할 이유가 없다. 남성 역시 결혼을 꺼리는 분위기가 가속화되어 가고 있다. 일부 사례를 확장하며 남녀가 서로를 계속 불신하고 있고, 결혼의 전 단계인 연애마저도 꺼린다.

결혼하지 않고, 출산하지 않는 세태는 이제 사회적인 트렌드로 포장되어 활발히 유통되고 있다. 미디어에서는 1인 가구의 삶을 자유롭고 긍정적으로 묘사한다. 이런 트렌드에선 분명 아이 없이 혼자 사는 삶이 가장 편하고 좋아 보인다. 온 세상이 자기 삶을 자녀에게 투자하지 말라고, 현재를 위한 사치를 포기하지 말라고 교묘한 마케팅으로 종용하는 듯 보이는 건 나만의 생각일까?

그런데 한편으로 우리가 알고 싶어 하지 않는, 분명히 존재하는 사실이 있다. 인구구조가 급변하는 과정에서 1인 가구에 돌아가는 미래의 부담, 노부모 부양 문제, 고독사의 증가, 독보적인 세계 1위의 노인자살률 등과 같은 사회적 현상은 분명히 현재진행형이다. 그런데 이러한 현실을 외면하며 언급조차 꺼린다. 대중매체에 가득

---

55 통계청, 「혼외출산의 행태의 주요변화와 특성 (2020)」

한 1인 가구의 삶을 보며, 연애를 하고 결혼을 하고 싶었던 사람도 점점 **아이 없는 삶**에 익숙해지고 물들어 간다.

얼마 전 대형 맘카페 〈레몬테라스〉에 올라온 "자식 낳지 마세요"라는 글에 댓글이 1,000개가 넘게 달렸다. 그리고 여러 다른 인터넷 커뮤니티에서도 화제가 되었으며 기사화도 될 만큼 폭발적인 반응을 보였다.[56] 그 내용에 대해서는 여러 논란이 있을 수 있지만, 우리가 가장 주목해야 할 점은 이것이다. 그 글에 달린 댓글 중 상당수에는 엄마들이 공감하며 동의한다는 반응을 적은 것이었다.

이렇게 엄마들도 엄마가 되지 않는 게 낫다고 자조한다. 결혼하지 않은 여성들은 혼자 사는 것이 더 낫다고 생각한다. 이제 우리 사회에서 엄마라는 존재는 '맘충'이라고 불리며 혐오의 대상이 되는 것을 넘어섰다. **엄마는 이처럼 우리 사회에서 아무도 되고 싶어 하지 않고, 환영받지 못하는 존재가 되었다.** 이것이 전 세계 유례없는 출산율을 기록하고 있는 우리 사회에서 엄마라는 집단을 평가하는 현재 모습이다.

---

56 김유민, 「초저출산 대한민국… 엄마들마저 "자식 낳지 마세요"」, 《서울신문》 2023. 9. 16.

3

—

아이 혐오로의 확장

“콩 심은 데 콩 나고 팥 심은 데 팥 난다”라는 속담이 있다. 예로부터 자식 교육의 중요성을 강조한 것을 넘어, 자녀는 부모의 거울과 같다는 뜻을 내포하는 말이다. 육아를 하는 사람은 가끔 이 말이 매우 섬찟한 말임을 알 것이다. 유전적이든 보고 배우든, 어쨌든 아이는 부모를 기가 막히게 닮아간다. 좋은 것도, 나쁜 것도 가리지 않고 흡수하는 스펀지처럼 말이다.

인간은 완벽할 수 없다. 그렇게 완벽하지 않은 사람이 자신보다 더 완벽하지 않은 사람을, 최대한 완벽하게 키우려고 하는 과정이 육아다. 아이를 막 키우고 싶은 엄마는 결코 없다. 특히 아이를 자신의 ‘업적’이나 ‘결과물’ 내지는 ‘본인의 전부’로까지 여기는 우리나라의 양육 문화를 생각한다면, 우리나라 엄마들은 더욱 그러할 것이다.

게다가 아이는 인형처럼 마음대로 움직일 수도 없고 내 말을 잘 듣지도 않는, 나와 전혀 다른 생각을 하는 독립체다. 아이와 부대끼며 내 부족함을 깨닫고, 내 육아가 완벽하지 않음을 깨달으며, 아이 역시 완벽하게 키워낼 수는 없다는 현실을 깨닫고 마는, 그러나 끝내 완벽함을 포기할 수 없는 쓰디쓴 과정이 바로 아이를 키우는 일인 것이다.

완벽함에 대한 강박

나는 공공장소를 갈 때마다 예전보다 **엄마들의 히스테리**가 급증했음을 느낀다. 맘카페의 이상한 글에서나 볼법한, 소위 말하는 '이기적으로 갑질을 하는' 엄마를 실제로 보는 일은 정말 드물다. 오히려 공공장소에서 아이가 실수하지 않게끔 강박적으로 아이를 다그치는 경우를 더 많이 본다. 때때로 엄마들은 공공장소에서 뛰지 말고 떠들지 말라면서 소리 지른다.

하지만 아이는 결코 어른 마음대로 따라주지 않는 존재이다. 행여나 아이가 실수해서 내가 '맘충' 소리를 듣는 건 아닐까? 그래서 수단과 방법을 가리지 않고 아이를 가만히 있게 하는 엄마들도 많다. 핸드폰으로 동영상을 보여주는 것도 그 방법 중 하나다. 하지만 어떤 이들은 또 그 엄마에게 손가락질을 할 것이다. 핸드폰이 아이에게 얼마나 나쁜 영향을 끼치는지 아느냐고 물으면서 '아이에게 핸드폰을 보여주는 개념 없는 맘충'이라고 욕할 것이다.

세상은 왜 아이를 인형같이 완벽하게 키우지 못하느냐고 비난한다. 그래서 오늘도 엄마들은 아이에게 끊임없이 잔소리를 하고 다그친다. 이는 종종 과보호적인 육아로 이어진다. 그런데 세상은 오늘날 육아의 문제점으로 과보호를 꼽는다. 과보호를 받으며 성장한 아이들은 이기적이라고 손쉽게 규정해버린다. 그러다가 또 방임도 아이들이 이기적으로 자라나는 원인이라 말한다. 아이를 방치하는 부모 때문에 요즘 아이들 태도가 그 모양이라고 한다. 이쯤 되면 양육자들은 도대체 아이를 어떻게 키워야 할지 혼란에 빠질 수밖에 없다.

확실한 것은, 대부분의 엄마들이 아이에 대한 비난은 곧 나에 대한 비난으로 여기고, 나에 대한 비난은 곧 아이에 대한 비난이라 여기고 있다는 것이다. 그렇기에 사실 맘충이라는 단어나 엄마에 대한 혐오는 당사자로서 그냥 단순히 기분 나쁘고 말 일에 끝나지 않는다. **맘충으로 몰리는 것보다 더욱 무섭고 두려운 감정의 정체는, 이런 분위기가 아동 혐오로 이어질 것 같은 불안함이다.** 이제 사회는 아이가 존재하는 상황 자체를 불편하게 생각하며, 그 존재를 점점 더 부정하고 민폐로 여기는 분위기가 형성되고 있는 것이다.

관대한 포용과 엄격한 훈육이 사라진 시대에

꼭 육아를 겪어보지 않은 사람들만 그런 식의 말을 하는 것은 아니다. 심지어 맘카페 내에서도 몰상식하게 육아하는 엄마와 아이는 지탄의 대상이 된다.

> "어제 ○○ 공원에서 아이랑 놀다가 쓰레기 그냥 그대로 버리신 분…. 아이가 그대로 보고 배웁니다. 이러니까 맘충 소리 들어요. 같은 엄마인 게 부끄럽네요."
>
> "길을 가다가 중학생들의 이야기를 들었는데 말끝마다 ×× ××× 욕설로 끝나는데 어찌나 민망하던지.ㅠㅠ 제발 자식 교육 좀 똑바

로 시키세요."

"도대체 맘충 소리는 저만 듣기 싫은가요? 저만 애들한테 공공장소에서 뛰지 마라, 시끄럽게 떠들지 말아라, 남에게 피해 끼치지 말아라, 백날 이야기하면 뭐 하나요?"

나는 이런 글을 볼 때마다 조마조마하다. 특히 이런 글이 위험한 이유는, 아이를 정확하게 특정해 사진을 올리는 경우도 있기 때문이다. 이는 교화의 목적보다도 화풀이의 목적에 가까우며, 명백히 아동의 인권침해 소지가 있다. 어른들도 자기를 특정해 비난하는 글에 예민한데, 미성숙한 아동과 청소년에게 그런 화풀이를 한다면 그것은 어른으로서의 폭력이자 횡포가 아닐 수 없다.

우리 어릴 적을 생각해 보자. 그때가 낭만의 시대였다고 미화하려는 의도가 아니라, 아이를 대하는 사회적 분위기가 얼마나 바뀌었는지를 다 같이 상기해야 하기 때문이다. 그때는 아이들이 무심코 치는 장난에 생판 모르는 어른이 다가와서 눈물 쏙 빠지게 혼낼 때도 왕왕 있었다. 이제는 누군가가 남의 아이에게 그러면 큰일 난다. 그 아이의 부모가 알면 **"내 자식에게 누가 감히"**라는 생각이 자연스럽다.

꼭 아이에게만 그런 것도 아니다. 성인들끼리도 마찬가지다. 당장 그 자리에서는 뭐라고 할 용기가 나지 않는다. 정확하게는 내가 괜스레 다른 사람의 일에 끼어들었다가 휘말리는 불편함을 학습했기에 그런 일을 애써 겪고 싶지 않다. 하지만 아이든 성인이든 타인의 일탈은 지금도 접하기가 불편한 것이다.

예전에는 사회의 어른이자 구성원으로서 공동체 의식을 갖고 그 일탈을 훈계했지만, 지금은 다르다. 일단 타인의 일탈적 행동을 지적하면 나부터 해를 입을 수 있고, 또 그 일탈로 내 아이가 나쁜 영향을 입을까 봐 우려된다. 그런데 맘카페라는 공간은 다른 사람의 감정까지 신경 써야 하는 불편함을 최소화하며 '공감의 힘'으로 문제 상황을 해결해 줄 수 있는 곳이다. 그러니 그처럼 엄마와 아이를 싸잡아 비난하는 글을 아무렇지 않게 쓰는 곳이 되었다.

사람은 누구나 완벽하지 않다. 심지어 다 자란 성인조차도 실수를 한다. 부모도 미숙하고 실수를 연발한다. 하물며 아이는 성인보다 더욱 미숙한 존재다. 아무리 주의를 주고 교육해도 아이는 완벽할 수 없고, 성인보다 더 실수를 저지른다. 하지만 지금처럼 피해의식과 혐오가 만연화된 풍토 속에서, 우리 사회 구성원들은 다른 사람의 실수에 절대 관대하지 않다. 그게 하물며 아이라는 존재가 되어도 마찬가지다.

맘카페에서도 포용되지 않는 아이들의 미숙함은, 결코 밖에서도 포용의 대상이 되지 않는다. 또 지금은 과거처럼 현실 세계 속에서 어느 아이의 실수를 엄하게 훈육할 수 있는 분위기도 아니다. 그러니 뉴스에서 사회면을 장식하는 여러 사건은 우리가 이미 아이의 미숙함과 아이라는 존재 자체를 **'그저 불편하게'** 생각하기 시작했음을 보여준다. 사회적으로 많은 화두가 되는 노키즈존(no kids zone) 문제, 층간소음 문제들이 단편적인 사례다.

아이를 거부하는 사회

나는 노키즈존을 운영하는 것은 해당 점포 사장님의 자유이며 비난할 이유가 없다고 생각한다. 세상이 변했기 때문이다. 집 근처의 공원에 나가도 아이를 데리고 다니는 사람보다 아이 대신 반려동물을 데리고 다니는 사람을 더 쉽게 볼 수 있는 세상이다.

반려동물 역시 타인의 호불호를 타는 존재이지만, 펫 프렌들리(pet friendly)를 표방하는 가게는 점점 더 늘어나고 있다. 노키즈존을 표방하는 가게가 늘어나고 있는 것과 대조적이다. 아이가 없는 고객이 많아지기에 사장님 입장에서는 노키즈존을 운영하는 게 더 합리적인 선택일 것이다. 어차피 아이가 있는 고객 입장에서도 마찬가지다. 아이의 특성과 행동을 불편하게 생각하는 가게에 굳이 방문할 이유가 없다.

다만 걱정되는 점은 **어느 공간에서나 아이가 존재하지 않는 것이 점점 익숙해지는 사회적 분위기**다. 아이의 미숙함과 실수, 소란스러움은 점점 용납이 안 되고 불편할 뿐이다. 아파트 단지에서 아이들이 악기를 연습하는 소리는 들리지 않고, 단지 안의 놀이터에서 공놀이를 하기도 쉽지 않다. 시끄럽다는 민원에 이제 음악학원이나 체육학원 같은 사교육 기관을 전전해야 하는 것이다. 그런데 그 불편함이 감정에서만 끝나는 것이 아니다. 아이에 대한 무절제한 감정 표출이 결국 혐오범죄로 이어지는 현상을 우리는 신문의 사회면 기사에서도 잊을 만하면 접하고 있다.[57] [58]

미지의 세계에 대한 공포감이 조성되는 현상도 간과할 수 없

---

57 황재하, 「4세 아이에게 층간 소음 따진 어른… 아동학대 유죄」, 《연합뉴스》 2022. 11. 18.

58 김명진, 「"시끄럽다" 대낮 만취해 어린이집 아동·교사 폭행한 20대 여성」, 《조선일보》 2022. 7. 7.

다. **출산과 육아에 대한 공포심**이다. 아이를 접하지 않는 사람들에게 항상 시끄러운 아이들은 그저 이해할 수 없는 존재다. 이런 아이들의 단편적인 모습은 사회적으로 육아 자체가 오로지 매우 힘든 것으로만 인식하게끔 한다. 육아를 하지 않는 사람에게는 선택하고 싶지도, 더 깊이 알고 싶지도 않은 삶의 형태가 되는 것이다.

육아하는 사람으로서 육아가 힘든 건 부정하지 않겠다. 그런데 육아가 가져다주는 행복과 삶의 만족에 대한 인식은 육아를 경험하는 인구가 급감하며 같이 희석되어 버렸다. '나 혼자 사는 삶'의 만족감에 대한 조명과 긍정은 말할 것도 없고, 거기에 물질적으로 풍요로워 보이는 연예인들의 육아 예능 프로그램은 육아가 가져다주는 내적인 행복보다 협찬 제품에 집중하는 측면이 크다. 그래서 오히려 "저 정도는 되어야 아이를 행복하게 키우지, 나같이 평범한 사람은 아이를 행복하게 키울 수 없을 것"이라는 위화감을 조성한다. 결혼, 출산 적령기에 있는 사람들이 이런 사회적 분위기 속에서 결혼과 출산과 육아를 선택할 이유가 점점 없어진다.

층간소음 문제도 마찬가지다. 층간소음의 원인이나 서로 간의 잘잘못을 떠나 가장 걱정스러운 점은 아동 혐오의 측면이다. 층간소음에 대해 익명으로 써놓은 인터넷 글을 보면, 부모에 대한 분노에만 그치는 것이 아니라 아이를 향한 직접적인 분노와 아이를 향한 입에 담지 못할 욕도 쉽게 찾아볼 수 있다. **아이를 공격의 대상으로 삼는 사회적 분위기는 아이를 키우는 사람의 입장에서 정서적 안전함을 느끼지 못하게 만든다. 아이를 아무리 올바르게 키우려고 노력해도, 그 과정은 결코 완벽할 수 없기 때문이다.**

실제로 어떤 사람이 공항에서 비행기가 이륙하기 전에 아기가 시끄럽게 운다며 아기의 부모에게 욕설과 침을 뱉는 사건이 있었다.[59] 이 사건을 조사하던 중 보도된 기사에 달린 일부 댓글은 놀랍게도 '부모가 개념이 없는 사람'이었을지도 모른다는 것이었다.[60] 심지어 그 아기가 일곱 살이고, 난동을 피운 사람을 발로 찼다면서 부모의 책임을 묻는 댓글도 있었다. 모두 가짜뉴스에 기반을 둔 거짓 댓글이었다.

이 기사의 반응을 지켜보는 건 내게 커다란 충격이었다. 폭행 사건이 일어난 사실을 접한 후 '피해자가 맞을 짓을 했을지도 모른다'며 도리어 가해자에게 몰입하는 분위기가 조성되고 있었다. 이후 동영상 증거로 아이 부모가 연신 죄송하다고 사과했지만, 가해자가 "자신이 없으면 아이를 낳지 말라", "어른이 피해받는 건 괜찮나"라는 말과 함께 욕설한 것이 확인되면서 여론은 일단락되는 분위기였다.

이 사건은 아이를 향한 혐오를 반영한 일개의 극단적인 사건으로 볼 수 있겠다. 하지만 이 사건을 통해 우리 사회에는 언젠가부터 아이와 육아를 하는 사람들을 향한 혐오와 부정적인 시선이 상당히 존재함을 분명히 확인할 수 있었다. 맘카페 엄마들은 이런 분위기를 잘 알고 있다. 그래서 이곳에선 아이를 키우기 힘든 세상이라는 말이 흔한 레퍼토리로 나온다. 만약 이런 말들이 맘카페 밖으로 튀어나오면 사람들은 무슨 반응을 보일까? 아마도 혐오적인 말을 내

59 손하늘, 「"자신없으면 애 낳지 마!"…아기 운다고 기내 욕설·난동」, 《MBC》 2022. 8. 15.

60 김소정, 「에어부산 난동 가짜뉴스 확산…7살 아기가 발로 찼다는 댓글은 '거짓'」, 《조선일보》 2022. 8. 16.

뱉으며 그저 집에서 **팔자 좋게 아이를 키우는 여자들의 별것 아닌 불평불만**으로 치부할 것이다.

이런 세상에서 아이를 낳으라니…

아이를 키우는 엄마들은 대부분 세상의 이런 공격적인 시선을 인지하고 있다. 그런데도 이들이 크게 들고 일어나지 않는 이유는 무엇일까? 자신들의 공격성으로 자녀에게까지 해가 돌아갈 수 있다는 특유의 억눌림도 한몫하고 있을 것이다. 그래서 문제점을 적극적으로 제기하거나 상황을 바꿔보겠다는 생각은 없어지고 무기력에 빠진다. '맘충'이라는 말은 그저 엄마들끼리 내부적으로 서로의 행동을 예민하게 검열하고 서로를 혐오하는 것에 그치고 만다.

아이에게까지 번지는 사회의 부정적인 시선은 우리 사회에서 점점 고착화될 것 같다. 이제 아이를 키워내야 하는 사람들은 소수자가 되고 있는 게 분명하기 때문이다. 그리고 부모들은 이런 편견과 혐오 속에서 아이를 키워야 한다. 그나마 어른은 이런 시선을 견디어내며 어떻게든 아이를 키우더라도, 아이들이 과연 이러한 사회적 분위기를 성장 과정에서 인지하지 못할까? **사회에서 민폐를 끼치는 존재로 눈치를 보며, 은근한 혐오 속에서 자란 아이들의 미래는 어떠할까?** 아이를 키우는 사람으로서 더 깊게 생각하고 싶지도 않다.

이런 걱정이 그저 애를 키우는 어느 아줌마의 노파심에 불과한 건 아니라고 믿는다. 가장 우선으로 보호받아야 한다고 여겨온 아이들은 이 세상에서 점점 더 '불편한 존재'로 느껴지는 건 분명한 사실이기에. '초딩' '잼민이' '~린이'와 같이 아이들을 단지 미숙한 사람으로 보는 걸 넘어서, '급식충' '조카충' '한남유충'처럼 아이를 벌레에 비유하는 표현까지 나오며 혐오의 수위는 점점 올라가고 있다. 아이들이 조금만 피곤하게 해도 사회는 '금쪽이'라는 반어법적인 말로 이들에게 낙인을 찍는다. 이런 아이들은 쉽사리 '엄마의 이기주의에 의한 괴물'처럼 묘사되고 있는 게 현실이다.

지금 이 시대에, 우리나라 어린이들은 세상에서 제일 '귀한' 존재가 되었다. 하지만 우리 사회의 그 '희귀한' 아이들이 받는 대우는 희한하게도 천덕꾸러기를 넘어 '그 존재 자체가 불편해진' 아이러니를 우린 바라보고 있다. 이 같은 모순점은 결국 **저출산이 가져온 아동과 육아에 대한 몰이해가 아동에 대한 혐오로 이어지는 악순환**임을 시사한다.

어른들조차 완벽하지 않지만, 이 세상은 아이들이 완벽하고 조용한 인형이기를 바랄 것이다. 그리고 아동 혐오에 대한 감수성이 사라져 아이들 심신의 안전도 보장하지 못하는 이 불안전한 세상에서, 그래도 사람들은 저출산과 인구 붕괴를 떠들며 여자들에게 아이를 낳고 키워보라고 할 것이다.

4

불행한 임신, 저주받은 육아

"왜 맘카페의 글은 유난히 불편해 보일까?"라는 질문에 대해, 맘카페의 이용자는 엄마, 즉 모성을 갖춰야 하는 사람이라는 게 겉으로 드러나기 때문이라고 앞서 말했다.

보통의 인터넷 커뮤니티 글을 생각해 보자. 거기에는 익명 뒤에서 정제되지 않은 표현을 자유롭게 쓸 수 있다. 이 때문에 현실 세계에서 차마 표현할 수 없는 내용도 많다. 때로는 언어적 폭력과 혐오, 패륜, 외설적인 글들도 표현의 자유라는 명목 아래 아슬아슬한 수위로 올라온다. 심지어 일부 인터넷 커뮤니티에서는 부모 욕을 하는 '패드립'이라는 것이 유행하기도 했다.

맘카페에는 이런 심각한 수위의 글은 올라오지 않는다. 어쩌다가 논란의 여지가 있는 글이 올라와도 "여기가 맘카페 맞나요?", "제가 카페를 잘못 들어온 줄 알았어요."라는 말들이 오가며 둥글둥글한 자정작용이 이루어진다. 명절 전후로 '시월드'[61]에 대한 글이 많이 올라와도, 그들에게 심각한 욕설을 하거나 그들의 죽음까지 기원하지는 않는다.

맘카페의 글들은 사실 다른 인터넷 커뮤니티 글에 비교하면 '순한 맛'이다. 존댓말과 '쿠션어'를 쓰고, 표면적으로 예의를 중요시한다. 그런데도 맘카페에 올라오는 글은 다른 커뮤니티에서도 주목하며 쉽게 비난의 대상이 된다.

예컨대 '줌마체'를 살펴보자. 40~50대 여성의 트레이드마크로 여겨지는 이 문체에서는 사용자들의 연령층 때문에 인터넷 개통 초창기의 세월이 연상되기도 한다. 어미에 ㅇ 자를 붙이거나 물결표로 부드러움을 부각시키고, 감정을 드러내는 이모티콘을 즐겨 쓰는 것이 특징이다. 한데 그들이 쓰는 문체인 '줌마체'도 다른 인터넷 커뮤니티에서는 조롱의 대상이 되는 경우가 빈번하다.

엄마가 되는 일을 두렵게 만들고 있는 것

엄마는 어떤 존재여야 할까? 이 사회는 엄마들에게 여러 미덕을 요구하지만, 엄마들은 그저 평균적인 보통 사람이다. 때로는 실수도 하고, 때로는 미숙하며, 누군가에게 상처도 준다. 우리 모두가 그런 것처럼.

예컨대 엄마들이 인터넷에서 가장 많이 비난받는 사례인, 음식점에 배달 주문을 하면서 "아이가 있는데 서비스를 많이 달라."라고 요청하는 행동에 대해 생각해 보자. 나는 아이가 있다는 것이 서비

---

61 시어머니, 시아버지, 시동생 등 시댁 식구들을 '시자로 시작하는 사람들끼리 모인 세계'라고 부르는 인터넷의 은어.

스를 얻어낼 명분이 된다고 생각하지 않는다. 그런데 육아에 매몰되기 쉬운 어린아이 엄마는 어쩌면 주변 상황이 잘 보이지 않고, 판단력이 흐려졌을 수도 있다.

특히 요즘 엄마들은 엄마라는 역할 수행이 옛날 엄마들보다 서툴 수밖에 없다. 또 대개 아이를 한 명만 출산하는 우리 사회에선 그 역할을 해내는 일이 처음이자 마지막인 경우도 많다. 그리고 나도 엄마라서 말할 수 있지만, 엄마라는 역할을 처음 수행할 땐 우왕좌왕하고 판단력이 떨어지는 상황이 다분하다.

식당에서 기저귀를 찬 갓난아기를 데리고 식사를 마친 손님이 아기가 용변을 본 기저귀를 테이블 위에 올려놓고 나갔다는 게 화제가 된 적이 있었다.[62] 사람들은 댓글로 몰상식하다며 부모를 욕하고 아이 엄마를 맘충이라고 비난했지만, 아기를 키워본 나는 그 상황의 '어떤 가능성'도 머릿속에 그려졌다. 첫아이고, 그래서 아기를 식당에 데리고 간 경험이 부족한데 아기는 시끄럽게 울어대고, 옆 테이블에서 아기는 왜 데리고 식사하느냐면서 눈을 부릅뜨고 쳐다보는 것처럼 느껴지는 상황 말이다. 그러면 부모는 아이를 데리고 황급히 식사를 마친 뒤 그 자리를 빨리 뜨고 싶지 않았을까? 그래서 가져가야 할 기저귀를 깜빡할 정도로 정신이 없었을지도 모른다.

그 사정이야 어쨌든 사장님의 입장은 당연히 황당하고 불편할 것이다. 사장님은 늘 겪고 있을 그 많은 '진상 손님' 중 하나를 저격했을 뿐이다. 누구의 미숙함까지 포용해 줄 사회적 분위기가 결코

---

62 정민경, 「'노키즈 존' 식당 사장 "식탁서 기저귀 갈고 그냥 두고 가"」, 《동아일보》 2016. 6. 2.

아니기 때문이다. 그런데 가게의 사장님은 그럴 수 있다 쳐도, 인터넷 커뮤니티에 이런 내용이 올라오면 '아이가 있다'는 것이 확연히 눈에 들어와서 아이의 부모, 특히 엄마가 비난의 대상이 된다. 자연스럽게 그런 비난은 **'아이가 있는 모든 여성'**에게 확대되며, 이 내용이 기사화되어 또 세상 사람들에게 널리 재조명된다. **사람들의 반응은 "애 있는 게 무슨 벼슬인가?"로 시작해서 엄마라는 존재에 대한 혐오로 끝난다.**

이런 자극적인 화젯거리엔, 다른 가능성에 대한 의문은 전혀 존재하지 않는다. 나는 지금 그 부모들이 잘했다고 말하려는 게 아니다. **완벽함에 대한 강박, 부모와 엄마에 대한 조리돌림이 엄마들에게, 또 훗날 엄마가 될지도 모르는 젊은 여성들에게 얼마나 커다란 공포심으로 다가오는지를 반드시 알아야 한다는 것이다.**

그들은 모성을 부정하지 않았다

우리가 타인의 모성을 불편해하는 이유는 본능에서 찾을 수 있다. 모성이 원래 아주 동물적인 본성이기 때문이다. 모성은 애초에 내 자식의 생존과 번식을 목적으로 하는 감정이다. 그래서 이 감정은 내 자식을 생존시키겠다는, 아이의 생존을 위해서라면 때로는 수단과 방법을 가리지 않겠다는 이기심으로까지 변질되기 쉽다.

모성의 어떤 성격이 적절하게 제재되어야 한다는 점까지는 고려될 수 있겠다. **그런데 어느 날 이 모성에 대해서 전통적인 개념과 상반되는 시선이 등장했다. 모성은 여성을 숨 쉴 수 없게 만들면서 옭아매는 잣대라는 주장이 그것이다.** 시몬 드 보부아르(Simone de

Beauvoir)는 『제2의 성』이라는 저서로 20세기의 페미니즘에 큰 영향을 끼쳤다. 그는 "불평등한 세상에서 어머니가 되는 것은 여성 스스로 자신의 근본적인 자유를 양도하는 행위"라고 보았다.[63]

동시대에 프랑스에서 체류하며 보부아르를 위시한 페미니즘에 커다란 영향을 받았을 나혜석은, 그의 수필인 「이혼 고백장」에서 "모성애에 얽매어 하고 싶은 것을 하지 못하고 비참한 운명 속에서 울고 있는 여성도 적지 아니하외다."라고 적었으며,[64] 다른 수필인 「모(母) 된 감상기」에서는 "자식이란 모체의 살점을 떼어 가는 악마"라고 표현했다.[65]

이런 말만 떨어뜨려 놓고 보면 마치 나혜석이 모성에 대해 절대적으로 부정한 것만 같다. 또 일부 커뮤니티와 SNS에서는 나혜석이 육아와 모성의 부정적 측면에만 주목한 것처럼 "결혼은 여성의 지옥이고, 임신은 불행이며, 육아는 저주"라는 말로 그녀의 글을 소개하고 있다. 정말로 나혜석은 모성을 부정했던 것일까? 그 전에 몇 가지 글을 소개해 보겠다.

작성자: 기쁨이맘

제목: 제가 엄마가 될 자격이 있을까요?

아직 출산 전입니다. 그런데 제가 엄마가 될 자격이 있는 건지 불현

---

63 재클린 로즈, 김영아 옮김, 『숭배와 혐오: 모성이라는 신화에 대하여』, 창비, 2020, 172p.

64 나혜석, 『나혜석, 글 쓰는 여자의 탄생』, 민음사, 2018, 192~193p.

65 같은 책, 257p.

듯 스치네요. 저는 성격도 급하고 참을성도 부족하고 예민한 성격이에요. 아이가 빽빽 우는 걸 견딜 수 있을지. 이 아이가 언제나 다 자라는 것을 기다릴 수 있을까요? 어쩌면 저 자신이 너무나 그런 자격이 없는 것 같아서 어떻게 보면 양심이 없는 것 같기도 하고… 이런 생각을 자주 하는 것도 배 속의 아이에게 좋지 않은 영향이 갈 텐데.ㅠㅠ

제목: 벌써 만삭이에요~

시간 참 빠르네요. 벌써 이번 달에 출산할 예정이에요~ 아기 옷을 처음 만들어보는데 아기의 팔다리가 너무 조그마해서 어디에 팔다리 구멍을 만들어야 할지 대중이 안 서네요. 인형 옷도 아니고.ㅎㅎ 이걸 입히면 얼마나 곱고 사랑스러울까요? 이런 감정이 바로 기쁨과 환희일까요?^^ 남편이 방금 집에 돌아왔는데 둘이 마주 보며 웃기만 했어요.

제목: 10시간 진통 끝에 드디어 출산 ㅠㅠ

제가 드디어 출산을 성공적으로 끝냈습니다. 다시는 생각하고 싶지 않은 고통이에요. 무슨 10분에 한 번, 5분에 한 번씩 진통이 잦아들면서 저도 모르게 "어머님, 죽겠어요. 여보, 살려줘요." 죽을 것 같아서 비명이 나오는데.. 옆에서 팔짱만 끼고 있던 남편의 말 세 글자를 잊을 수가 없네요. "참아봐." -_- 정말 제 입에서 "이놈아 듣기 싫다" 소리가 저절로 나오데요. 아이가 딱 그 순간에 나와서 망정이지.ㅠㅠ

제목: 수유는 원래 이런 건가요...?

아이를 낳고 병원에 있어요. 옆에 간호사분께서 이제 젖을 주어도 좋다고 하시더라구요. 그런데 도대체 나보고 어쩌라는 거지? 싶었어요. 그제야 그분이 "첫아이지요~?" 하면서 물어보시더라고요. 내가 누구한테 내 벗은 몸을 보여준 적이 있었나? 그래서 상의를 쓱 벗는데 등골이 오싹. 정말로 부모님께도 형제에게도 베프에게도 보여준 적이 없는데;; 되게 혼란스러운 와중에 우리 애기는 마치 자기 거였던 것처럼 덥석 물더라고요. ㅋㅋ 너무 귀엽지 않나요? 젖을 직접 물리고 나니 제가 드디어 엄마가 되었다는 게 실감이 나네요.

제목: 큰일 났어요. 젖이 안 나와요 ㅠㅠ

완모 60일째인데 젖이 말라버렸어요.ㅠㅠ 병원에서는 빈혈이 심하면 그럴 수 있다는데. 아무튼 분유로 갈아탔더니 애가 입맛에 영 맞지 않나 봐요. 분유 타러 가는 그 짧은 시간에도 배가 곯아서 빽빽 울어대는데 미치겠네요.ㅠㅠ

제목: 애가 진짜 안 자요 ㅠㅠ

아니.. 놀고 먹고 자는 순서가 좋다고 놀먹잠이 제일 좋다던데 왜 얘는 먹고 놀고 자고.. 먹놀잠이죠..? 먹었으면 바로 자야지. 왜 두 시간 가까이 안 자고 말똥말똥한 걸까요. 그러다가 잠들면 오래 자는 편도 아니에요. 어찌어찌 재우면 또 바시시 일어나서 절 못살게 구는 것 같아요.ㅠㅠㅠㅠㅠ 그래서 제 눈은 항상 게슴츠레.. 몸은 완전 도깨비 해골같이 말랐네요. 아무튼 아침부터 밤까지 하루 종일 자보는 게 소원이 될 줄이야.. 아니 1시간이라도 제대로 자보고 싶어요.ㅠㅠ 그냥 갑자기 스친 생각인데 자식은 모체를 뜯어먹는 악마가 아닌지. ㅋㅋㅋㅋ 제가 만든 표현이지만 걸작 아닌가요? ㅋㅋㅋㅋㅋ

제목: 모성은 타고나는 게 아니라 만들어지나 봐요

벌써 아기를 출산하고 키운 지 여섯 달이 되었네요. 제가 경험해 보니 5-6개월은 아기를 먹이고 키워야 모성이 생기는 것 같아요. 오늘도 아기가 천사같이 평화롭게 웃는 모습을 보니 그것도 내 혈육으로 정신으로 생긴 아기라는 존재가.. 정말 사랑이 불끈불끈.. 짜릿짜릿.. 경험하면서 커지는 이 모성이라는 감정. 앞으로 키우면서 이 사랑이 얼마나 더 커질까요?+_+

맘카페에서 흔히 볼 법한 이 글들은 지금으로부터 100년 전인 나혜석이 「모 된 감상기」에 쓴 글을 맘카페에서 흔히 쓰는 용어로 재구성해 본 것이다. 나혜석은 딸을 낳고 1년간 키운 감상을 「모 된 감상기」라는 4편의 수필로 옮기며 『동명』에 연재했다. 딸을 키우며 그녀가 느낀 기쁨과 행복은 그녀의 딸 이름에서도 확인할 수 있다. 딸의 이름 '나열'에 자신의 성을 딴 '나(羅)' 자와 '기쁠 열(悅)' 자를 사용한 것이다.

실제로 이 글의 마지막에는 "1922년 4월 29일에 김나열의 모가 씀"이라고 적혀 있다. 맘카페에서 이용자들이 많이 쓰는 닉네임은 ○○맘이다. 2023년에 '기쁨이맘'이라는 닉네임으로 누군가가 작성했다고 해도 이상하지 않은 이 글에서는, 100년 전, 아니 수천 년 전부터 인류의 어머니들이 느꼈을 모성에 대한 깊은 탐구와 절절한 감정이 전해져 온다.

그로부터 11년 뒤인 1934년, 나혜석은 당시 사회에서 법적으로 최초로 이혼한 여성이 되어 세간을 떠들썩하게 했다. 나혜석은 그녀의 글 「이혼 고백장」에 '모성애'라는 소제목으로 그녀의 단상을 다시 회고하며 정리하였다. 11년 전 모성의 기쁨에 대해 4편의 수필을 연재하던 나혜석의 생각은 바뀌지 않았다. **"모성은 여성에게 최고 행복인 동시에 최고 불행한 것이 되었다."라고 모성의 양가성에 대해 언급하면서도, 그녀가 말하고자 하는 것은 결국 '모성의 행복' 이었다.** 「이혼 고백장」 중에서 '모성애' 파트의 마지막 문단을 원문 그대로 발췌해서 소개해 보겠다.

> 나는 어느덧 네 아이의 어머니가 되고 말았사외다. 그러나 내가 애를 쓰고 아이를 배고, 아이를 낳고, 아이를 젖 먹여 기르는 것은 큰 사실이외다. 내가 「모(母)된 감상기」 중에 "자식의 의미는 단수에 있는 것이 아니라 복수에 있다."고 하였사외다. 과연 하나 기르고 둘 기르는 동안 지금까지의 애인에게서나 친구에게서 맛보지 못하는 애정을 느끼게 되었나이다. 구미 만유(毆米 漫遊)하고 온 후로는 자식에게 대한 이상이 서 있게 되었나이다. 아이들의 개성이 눈에 뜨이고 그들의 앞길을 지도할 자신이 생겼었나이다. 그리하여 나는 그들을 길러 보려고 얼마나 애쓰고 굴복하고 사죄하고 화해를 요구하였는지 모릅니다. 그러나 모든 것이 무용지물이 되고 말았구려.[66]

---

66 나혜석, 『나혜석, 글 쓰는 여자의 탄생』, 민음사, 2018, 193p.

이렇게 이 글의 마지막은 자신의 인생에서 모성을 빼앗기는 슬픔으로 끝난다. 그녀가 느낀 모성은 고통이 아니라, 인생을 통틀어 큰 행복이었던 것이다. 나혜석은 자신의 경험을 되돌아보면서 그 행복을 치열하게 복원해두었다.

그렇지만 그녀는 당시 커다란 비난을 받았고, 그런 비난은 이 글이 발표되고 100년 가까이 지난 현대에는 "그녀는 모성을 고통으로 여겨 불륜을 저질렀다"는 식의 황당한 곡해까지 곁들여진 채 유통되고 있다. 나혜석이 "내가 언제 애를 낳지 말라고 했냐"고 버럭 소리 지르며 무덤에서 뛰쳐나올 일이다.

'엄마가 되는 일'의 정서적인 측면에 주목해야 한다

자녀를 출산한 적이 없는 보부아르 역시 여성에게 노예가 되지 말라고, 즉 "어머니가 되지 말아야 한다"라고 하지는 않았다. 보부아르와 나혜석은 그저 인류의 생존과 행복을 추구하기 위해 생겨난 개념인 모성이 여성을 억압하는 기제가 된 역설적인 상황에 문제를 제기한 것뿐이다. 앞뒤 맥락은 다 자르고 단편적인 부분만 보게 되면 큰 오해가 생긴다.

이런 오해는 현대인들이 작가가 직접 쓴 글보다 인터넷이나 방송 매체에서 만든, 일부만 발췌해서 가공된 내용을 더 선호하기 때문일 수도 있겠다. 아니면 사람들은 결국 자신의 경험을 토대로만 무언가를 이해하기에 그럴 수도 있다. 육아를 겪어보지 않고, 이미 주어진 역할이 넘쳐나는 현대의 여성에게는 그런 공포가 더 선명하게 와닿았을 것이다. 그런데 출산과 육아를 경험하고 원문을 보면,

나혜석이 강조했던 건 모성의 기쁨과 행복이라는 것을 분명히 알 수 있다.

다만 그 이후 불륜으로 비난받았던 그녀의 삶의 행적에서, 나혜석이 그처럼 사랑했던 자식들에게까지 큰 상처를 주었을 것을 짐작할 수 있다. 아이러니하게도 그녀의 어린 시절 아버지의 축첩으로 겪은 상처를 똑같이 되풀이해 물려주었다는 점은 더욱 안타까운 일이다. 만일 나혜석이 그 트라우마를 이겨내서 100년 전 모성에 대한 탐구가 지금 우리에게도 곡해 없이 받아들여졌다면, 그녀의 글은 더욱 의미가 있지 않았을까.

하지만 타인에게 완벽함을 기대하기는 힘든 것이다. 내가 나혜석의 사례를 따로 소개한 이유는, 그녀의 모성에 대한 탐구를 섣부른 편견 없이 받아들였으면 하는 바람 때문이었다. 그녀를 좋아하는 사람들도, 그녀를 싫어하는 사람들도 나혜석의 생각을 그녀의 의도와는 다르게 해석하고 있는 듯했다.

100년 전 나혜석이 쓴 글과 요즘 시대의 맘카페 글을 나란히 읽어보며, 나는 과거와 현재의 모성의 결은 근본적으로 다르지 않다는 걸 느꼈다. 모성은 어쩌면 여성만이 누릴 수 있는 가치 있는 경험이다. 나혜석뿐만이 아니라 아이를 낳고 기르는 이들은 이 점에 동의할 것이다. 그 행복 덕분에 그들은 삶이 힘들고 지치더라도 현재에 충실하고, 미래를 꿈꾸며 살아갈 수 있었다. 아주 오랜 세월 인류는 그렇게 반복해 왔다.

하지만 여성의 행복으로 여겨졌던 모성은 오늘날 어떻게 인식되고 있는가? 오늘날 여성이 엄마가 되는 미래를 선뜻 선택할 수 없는 건 단지 경제적인 이유뿐만이 아니다. **마치 나혜석의 글을 편향**

된 렌즈로만 받아들이듯, 우리 사회에서 모성은 오로지 본받고 싶지 않은 이기심으로 여겨질 뿐이다. 그리고 그러한 모성 혐오의 원인에는 분명 과열된 경쟁 사회에서 자기 자식을 살아남게 해야 한다는 이기심도 한몫하고 있다.

이 이기심이 발현되는 이유는 어쩌면 우리 사회에서 잃어버린 자녀와 가족의 정서적인 의미에서 찾을 수 있겠다. 7부에서 적어보겠지만, 이 이기심은 부모는 자신의 모든 걸 쏟아붓듯이 목적 지향적으로 아이를 키우면서 나타나는 부작용이다. 언젠가부터 우리 사회는 가족이라는 작은 정서적 공동체 안에서 행복을 추구할 수 없는 지경에 이르렀다. 이런 분위기는 곧 여성에게는 엄마가 되어 인생의 행복을 찾을 수 없다는, 또 굳이 엄마가 될 필요가 없다는 의미로 연결된다. 결국 가족이 누군가에게 정서적인 만족을 줄 수 없는 사회에서 무작정 엄마가 되라고 하는 것이 지금 우리의 현주소라고 할 수 있는 것이다.

5

다시, 모성을 생각한다

지금 우리가 살고 있는 세상으로 돌아가 보자. 현대사회는 전쟁과 아사로 인한 생존 위험이 현저히 줄어들었고, 이전 시대보다 물질적으로 풍요롭다. 그런데도 모성은 여전히 여성이 아이를 출산하고 양육하며 지켜야 하는 덕목으로 우리 곁에 남아 있다.

정확하게는 자본주의 시대가 도래하며 사회 구성원이 경쟁에 내몰리면서, 아이를 그런 사회에서 살아남게끔 양육하고 교육하는 것이 현대의 모성이 맞닥뜨린 숙제가 되었다. 경쟁이 치열한 현대사회에서 꼭 생물학적인 죽음만이 죽음을 가리키는 게 아닌 것처럼 말이다. 경쟁에서 밀려난 도태는 죽음과 다를 바 없다고 여기는 세태 속에서, 모성은 자녀를 생존시킨다는 본질은 간직한 채, 변화된 사회 모습에 맞춰 자기 성격을 바꿔나간 것이다.

그렇기에 여전히 모성은 여성을 압박한다. 모성뿐만이 아니다. 여성을 압박하는 가치는 더 늘어났다. 이제 여성은 그저 아이만 키워서는 안 된다. 현대사회에서 여성은 교육을 받고 경제적 능력과 사회적인 지위도 갖춰야 한다. 거기에 우리나라에서는 유독 여성의 외모를 빼놓을 수 없다. 그러나 아이를 키우는 동안에는 운동할 시간이 없어 몸매 관리도 어렵고, 외모에도 신경을 끄게 된다. 행여나 옷의 꺼끌꺼끌한 재질, 향수나 화장품, 매니큐어의 성분이 아기에게 해가 될까 봐 옷이나 화장품도 마음대로 고르기 어렵기 때문이다. 그런데 그렇게 엄마의 본연의 역할에만 충실하다가는 자칫 자기 관리를 하지 않는 게으른 여성이 되기 십상이다.

외모와 꾸밈에 대한 이야기는 결혼과 출산 여부를 떠나 여성 중심 커뮤니티의 단연 큰 화제다. 당연히 맘카페라고 피해 갈 수 없다. 외모에 대한 이야기는 맘카페의 평범한 단골 주제다. 주로 출산 전과 비교했을 때 불어난 체중에 대한 속상함을 토로하는 "결혼 전에는 안 그랬는데…" 같은 글부터 시작해서 "이 동네에는 어쩜 다들 예쁘고 날씬한 분들밖에 없으신가요. 저만 살쪘나 봐요.", "밖에 나가보면 다들 옷을 예쁘게 입으시던데 어디서 옷을 사시나요?"라는 글이 올라오기도 한다. 그러다가도 야심한 시간에 누군가 "이 집이 닭발 맛집"이라고 배달음식 사진과 함께 올린 글을 보고 "저도 ○○ 닭발 시켜 먹었어요"라는 제목의 인증 글이 우르르 올라온다. 그다음 날에는 "제가 어젯밤에 대체 왜 그랬을까요?"라는 글을 올리며 자괴감을 털어놓기도 한다. 그러면서 새해 초에는 함께 다이어트에 동참하자며 운동을 하거나 식단을 공유하는 모임을 따로 주선하기도 한다.

엄마들은 맘카페를 통해 이런 소소한 소속감을 느끼며 육아 등 삶의 스트레스를 이겨낼 수 있다. 그런데 다른 한편으로 생각해 본다면, 맘카페 구성원들은 (우리 사회 모두와 마찬가지로) 어쩔 수 없이 타인의 시선에 지극히 민감하다는 것을 지적하지 않을 수 없다. 외모에 관해서라면, 나의 외모를 출산 전의 나 자신과 비교하기도 하고, 지나가는 동네 엄마들이나 맘카페의 다른 엄마들의 외모와 비교하고 또 비교하는 것이다. 즉, 아이를 낳았어도 외모를 비롯한 그 무수한 '타인의 잣대'에서 자유롭지 못한 게 우리 사회의 여성들이 처한 모습이다.

모성은 과연 이기적이고 추악하기만 한 것일까

외모는 눈에 바로 들어오는 요소이기 때문에 가장 쉽게 비교가 되지만, 지금은 오히려 여성에게 요구되는 덕목이 많아지며 비교의 요소만 더 늘어났다. "저 집 엄마는 직장에 다니면서도 승진을 놓치지 않으며, 바빠서 아이 케어를 못 해줄 것 같은데 요리도 잘하고, 집도 항상 깔끔하게 잘 정돈되어 있고, 거기다가 아이는 공부도 잘한다."라고 가정해 보자. 벌써 비교 대상이 한두 가지가 아니다.

이렇게 많은 여성은 타인과의 삶을 끊임없이 확장하고 비교하며 헤어나오지 못하며, 이 모든 것을 하나도 빼놓지 말고 달성해야 할 것 같은 압박감에 시달린다. 그렇게 극단으로 치달으면서 과부하에 걸려 내면의 행복을 잃어가는 것이다.

거기다가 여성을 가장 압박하는 건 '자기 자식만을 위하는 모양새의 이기심', 다시 말해 모성의 본질적인 성격 그 자체라고 할 수 있다. 모성의 입장에 서면 주로 아이의 편의와 권리를 대신 주장해야 하지만, 아이는 별수 없이 굉장히 원초적이고 자기중심적이다.

엄마가 사회에 요구에 맞춰 이를 어느 정도 여과해야 하는 건 필수적이다. 그런데 아이의 욕구를 있는 그대로 함께 표현하니 사회적인 반발에 부딪히는 것이다. 우리 아이가 불편해할 것 같으니 특별한 대우를 해주길 요구하거나, 또는 하지 말아 달라고 요구하는 것이다.

예를 들어 서이초 교사 자살 사건에서 아이의 트라우마를 위해 학교 교문 앞에 근조 화환을 전시하는 것을 멈춰달라고 맘카페에 글을 쓴 것과,[67] 식당에 아기가 쓸 수저와 포크를 달라고 했다가 옆 테이블 사람에게 맘충 소리를 들어 화가 났다는 온라인 커뮤니티의 글을 그 사례로 들 수 있다.[68] 엄마의 이기심은 당연히 불편하게 보일 수밖에 없고 비판과 비난의 대상으로 이어지기 쉽다. 기본적으로 '나의 엄마'의 모성이나 아름다워 보이는 것이지, 자기 자식을 위한다는 타인의 모성은 아름다워 보이지 않는 것이다.

하지만 모성은 과연 그런 성격만 지니고 있는가? 아니다. '모성은 아름다운 것'이라는, 인류의 오랜 역사 동안 전승된 모성 신화는 이런 이기심이 가득한 모성의 성질을 덮어버렸다. 모든 미덕에 각박해진 것 같은 우리 사회에서도 그런 모성은 아직 유효하다. 아이가 토마토를 먹고 싶어 해서 슈퍼에서 토마토를 훔쳤다는 어떤 엄마의 사건이 기사화되자, 우리 사회는 그 엄마를 범죄자로 여기기보단 그녀를 향한 온정의 손길을 보여주기도 했다.[69] [70] 이렇듯 모성의 미화는 여성을 옭아매는 족쇄로 지탄받기도 했지만, 모성의 기

---

67 박상구, 「"슬픔으로 생활공간 덮지 말라" 서초구 맘카페 학부모 글 논란 일자 삭제」, 《매일신문》 2023. 7. 20.

68 신초롱, 「아기 숟가락 요구했다고 "맘충"… 애들에 "체해 죽어" 악담한 손님」, 《뉴스원》 2023. 7. 13.

본적인 성질이라 할 수 있는 이기심을 사회적으로 용인되게끔 만들어 보호해 주는 측면도 있었다.

그러나 앞에서도 언급했듯, 현대사회는 오히려 내 아이와 내가 살아남아야 한다는 이기심을 더욱 강화했다. 지독한 경쟁 사회를 경험했다고 생각하는 부모들의 염원, 나의 하나둘밖에 없는 아이를 사회의 경쟁에서 승리시키겠다는 이 염원은 이전 세대보다 더욱 굳세졌다.

진정 뼈를 깎는 반성이란 무엇일까

최근 극단적인 사건이 연달아 일어나며 인터넷에서도 우리 사회의 폐해에 대해 성찰하는 분위기가 조성되고 있다. 안타깝게도 많은 커뮤니티엔 자기반성보다는 '남 탓'을 하는 글들이 넘쳐났지만, 나는 그나마 맘카페에서 많은 이들이 진솔하게 자기반성을 이어갔다는 것을 알고 있다. 그래서 서이초 사건 이후 "내가 진상 엄마가 아니었는지 돌아봅시다"라는 글이 우리 맘카페를 비롯해 여러 맘카페에 아주 많이 올라왔다. 포털 사이트의 검색으로도 이런 글은 정말 많이 찾아볼 수 있을 것이다.

그런데 그런 글들만 있었던 것은 아니다. 간혹 자기반성 없이 다른 엄마만 공격하는 글들도 상당히 올라왔다. "제발 어디 가서 맘

69 최재훈, 「6살 딸이 먹고 싶다고 해서 방울토마토 1팩 훔친 엄마」, 《연합뉴스》 2023. 6. 14.

70 이혜진, 「"딸이 먹고 싶대서 나도 모르게" 방울토마토 훔친 여성, 훈방된 사연」, 《조선일보》 2023. 6. 14.

충 소리 듣지 않게 그런 짓 좀 하지 맙시다!"라는 식의 글은 반성의 도화선이 된 서이초 사건 이전부터 맘카페의 단골 주제였다. 예컨대 음식점에서 아이들을 방치하며 자기들끼리 시끄럽게 떠들기만 하는 엄마들을 비난하는 글처럼 말이다. **그런데 나는 궁금해진다. 그 글을 올리는 사람들은 정말로 '맘충 소리'를 듣지 않을 자신이 있을까? 그들은 언제나, 어느 순간에나 본인과 아이 관리를 완벽하게 잘하고 있을까?**

우리가 현실에서 확인할 수 있듯 우리 주위에 '완벽한 사람'은 단 한 명도 존재하지 않는다. 바꿔 말하면, 완벽한 엄마 역시 절대로 존재하지 않는다. 그런데 인터넷의 익명성은 본인이 어떤 사람인지, 부족한 점은 무엇인지 노출시키지 않으므로 완벽한 사람 쪽에 서서 그릇된 행동을 하는 사람을 쉽게 공격하게끔 한다. 여느 커뮤니티처럼 맘카페도 하나도 다를 바 없는 현상이다.

내게 이런 일부 엄마들의 '맘충' 언급은 본인과 맘충과 다르다고 구분 지어보려는 불안한 심리에서 비롯되는 급급한 공격로 보일 뿐이다. 나는 엄마들이 자신 또한 완벽하지 않다는 것을 인정하고, 서로를 손가락질하지 말고, 결코 혐오의 용어로 상대방을 규정하지 않았으면 좋겠다. 엄마가 엄마를 먼저 혐오한다면, 결국은 엄마 아닌 다른 사람들의 혐오를 합리화하는 근거가 될 수밖에 없기 때문이다.

이 땅에서 엄마로 살아간다는 것

아무튼 세상은 변했다. 더 이상 모성에 대해 보듬고 포용해 주는 사회가 아니다. 엄마들은 결국 받아들여야 할 것이다. 아이는 일단 낳고 키워보라고 하면서 모성에 대한 잣대는 더욱 엄격해지는 이 사회의 모순을 말이다. 나도, 우리 아이도 역시 실수를 연발한다. 하지만 더 이상 세상은 이해하지 못한다. 앞으로는 더 그럴 것이다.

수영장에서 사고로 아이가 죽은 사건에 대한 뉴스를 보라.[71] 부모의 방임이 사고 원인이라는 내용은 한 줄도 없는데, 그 원인이 유추조차 되지 않는 상황에서도 사람들은 인터넷 댓글 창에서 도대체 엄마와 아빠는 뭐 했느냐며 무작정 비난부터 하고 본다. 자식을 잃은 부모의 슬픔은 창자가 끊어지는 고통과 같다는 비유가 있다. 그처럼 자책과 고통의 시간을 겪고 있을 당사자에게 온갖 비난을 퍼붓는 사회의 모습을 보면, 혐오의 제어장치 없이 방치된 이곳은 그야말로 광적인 '샤덴프로이데(schadenfreude)', 남의 불행으로 기쁨을 느끼는 정서에 강력히 중독되어 있는 것처럼 보인다.

그렇지만 과거보다 현재의 모성이 어쩌면 더 이기적으로 변모했을지도 모른다는 지적 앞에서, 모성의 당사자들은 자유로울 수 없다. 그 이기적인 모성에 대하여 이미 엄마들이 사유하며 반성을 시작한 이유는, 이런 사회에서도 어쨌든 아이를 키우고 지켜나가야 한다는 책임감에서 비롯되었을 것이다. 또 모성을 최대한 발휘하여 아름다운 가치로 인정받아야 이 사회로부터 아이들을 보호할 수 있다는 본능적인 판단에서 비롯된 것일 수도 있겠다.

그 일은 나의 행동을 반성적으로 되짚는 일에서부터 출발해야

---

71 최은지, 「무인 키즈풀 카페서 2살 물에 빠져 사망… 안전관리 여부 조사」, 《연합뉴스》 2023. 7. 23.

하며, 타인을 향한 혐오와 비난으로 자기 위안을 삼는 데 그쳐서는 안 된다. 결국 우리 사회의 모성에 대한 근본적인 성찰은 누구보다 '엄마'들이 먼저 치열하게 시작해야 할 것이다. 나는 그럴 수 있으리라 기대한다. **다소 슬프게도, 또 기쁘게도 엄마들은 선하고 착하며 자식에게 모범이 되어야 하는 페르소나의 존재다. 그런 페르소나를 지키지 못한 엄마들이 너무 많았다는 아픈 사실 앞에서도, 또 저출산으로 사회 전체의 붕괴를 걱정하는 동시에 모두가 '엄마'라는 존재를 손가락질하기 바쁜 이 모순적인 사회 속에서도, 아이들을 안전하게 생존시키고 키워야 하는 것은 '엄마들의 숙명'이기 때문이다.**

행복의 문

7

1

—

엄마로서의 자존감

맘카페에 들어오지 않은 여성도 있고, 회원으로서의 몰입도는 각각 다르겠지만, 맘카페의 글을 살펴보면 이제 엄마들은 자신의 역할에 대한 자긍심이 확실히 줄어들었다.

맘카페에서 엄마들은 ○○엄마, △△맘보다 온전히 내 이름 석 자로 불려보고 싶다고 한다. 그래서 맘카페에 독서나 운동, 영어공부와 같은 다양한 취미 모임도 많아졌고, 사회 이슈에 적극적으로 참여하며 자존감을 고양하려는 노력도 볼 수 있다. 이들 중에서는 이제 엄마는 '떼버리고 싶은 굴레'라고 고백하는 이도 많다. 엄마라는 정체성에 대한 글의 종류는 이제 그 역할에 대한 행복함보단 혼돈과 고민의 성격이 주를 이룬다.

왜 모성과 자존감은 우리 사회에서 양립할 수 없을까? 엄마들은 왜 아이를 키우는 게 행복하다고 말하지 않는가? 과연 모성을 벗어던져 버려야만 엄마들은 자존감을 확립할 수 있는 것인가?

이렇게 발버둥 치는 듯한 노력을 해도, 엄마들은 자존감의 늪에서 계속 허우적댈 것이다. 자존감이라는 말은 인간의 내면을 설명하는 용어지만, 엄마들의 낮아진 자존감은 이 사회의 외부적인 시선에 대한 의식을 빼놓지 않고 말할 수 없다.

다시 한번 우리 사회가 그동안 엄마라는 존재를 어떻게 취급하고 있었는지 생각해 보자. 육아와 가사의 의미, 그 근본적인 가치가 평가 절하된 사회에서는 엄마를 **집에서 아무것도 안 하는 존재, 사회의 천덕꾸러기, 더 나아가 '맘충'과 같은 존재**로 취급한다. 가뜩이나 집단적인 자존감이 낮은 상황에서 이렇게 외부적인 시선과 잣대까지 엄마라는 존재를 나무라니, 이 시대 엄마들의 정체성은 그저 표류하고 있을 뿐이다.

그런데 초저출산이 진행 중인 우리 사회에서 애를 낳는 사람을 부르는, 단 하나 유일하다시피 긍정적인 말이 있다. 요즘은 굉장히 생경한 단어인 **'애국자'**라는 말이 그것이다. 아이를 키우는 입장에서 이런 사회의 분위기가 난센스 같을 때는 한두 번이 아니다.

양육은 곧 행복이라는 메시지가 필요하다

문제는 지난 20년간 우리 사회의 저출산 정책이 실패한 것을 되짚었을 때, 국가가 바라보는 엄마의 의미가 이런 사회적 분위기와 크게 다르지 않다는 점이다. 국가적 차원에서 **'여성에게 엄마가 되는 행복'**을 가치 절하하고 있었기 때문이다.

그동안의 출산 장려 정책을 떠올려 보자. 국가는 출산과 육아를 경제적 문제로만 접근하고, 아이를 비용이 들어가는 존재로만 보고 있는 건 아닌가? 이러한 정책 로드맵(roadmap)[72]은 이러니저러니 포장해도 여성을 **'아이를 낳는 부품'** 이상으로 취급하지 않는다는 데 그 근본적인 문제가 있다.

또한 그동안의 우리나라 출산 정책은 선진국을 따라가야 했기 때문에 서구권 국가의 출산 정책 모델에 따라 **"일과 가정의 양립, 여성의 고용률 성장과 출산율의 상관관계에 따라 두 마리의 토끼를 잡는 것"**이 대전제였다.[73] 그렇기 때문에 모든 육아 정책은 워킹맘의 편의 중심으로 만들어졌다. 워킹맘의 양육이라는 부담을 국가가 대신 짊어줄 테니, 국가를 믿고 아이를 낳으라는 게 여태껏 20여 년간 유지되어 온 저출산 정책의 기조다.

나도 워킹맘으로 몇 년간 일했으니 그 취지에는 공감할 수 있다. 그러나 이 과정에서 자식을 직접 키우는 행복보다 다른 일을 선택하는 것이 여성의 자아실현에 있어 더 의미 있는 선택으로 여기게끔 시그널을 주는 건 커다란 문제가 아닐 수 없다. 일과 가정의 역할 분담이라는 차원에서 양성평등이라는 기조는 틀리지 않되, 그 방식이 일방적이고 강압적으로 느껴진다면 설득력이 떨어진다.

안타깝게도 우리나라 남성들도 오래된 경제 불황의 피해자였다. 남성 자살률이 여성의 2.2배인 현실[74]은 남성도 이 사회에서 얼마나 힘들게 살고 있는지를 보여준다. 힘들어 발버둥 치며 당장 죽고 싶다는 사람들 앞에서 그동안 가부장제의 이익을 많이 봤으니 이제 부담을 나누자고 하면 와닿을 수가 없고 피해의식만 부추길 뿐이다.

---

72 저출산고령화사회위원회, 「제1차 저출산 고령사회 기본 계획 (2006-2010)」 33p.

73 한국보건사회연구원, 「저출산, 고령사회 기본 계획의 주요 내용과 향후 과제」, 《보건복지포럼》 2018. 4.

74 통계청, 「사망원인 통계 (2020년)」

저출산 정책에서도 남성은 분명히 소외되었다. 그러니 우리 사회가 행복해질 수 있는 과정으로서의 육아와 가정일을 부담이 아닌 행복으로 재평가해야 한다. 양육과 가사를 부담과 고통이라고 여기며 서로에게 전가한다면 없던 거부감도 생긴다. 출산율이 급해지니 남성의 출산휴가 등 여러 제도가 도입되었겠지만,[75] 그마저도 여성의 양육 부담 전가의 차원에 그치는 경우가 다반사라고 느껴진다.[76] 남성이 정말로 가정이라는 정서적 공간에 충실할 수 있게 돕는 정책적 설계는 한없이 미흡해 보인다.

'맘충'이라는 말과 저출산 현상은 무관하지 않다

'맘충'이라는 단어가 사회에 등장한 게 2015년이다. 내가 첫아이를 출산한 시기도 그즈음이기 때문에, 이 단어로 아이와 모성을 혐오하기 시작했던 당시의 사회적 분위기를 나는 똑똑히 기억한다.

그때도 혐오 문화가 이대로 괜찮은지, 모성 혐오를 이렇게 방치해 두어도 괜찮은지에 대해서 우려하는 목소리들이 나왔지만, 대개는 '그저 팔자 좋은 여자들의 볼멘소리' 정도로 치부되었다. 사람들은 '우리는 개념 없는 사람들만 비난하는 것이니, 네가 똑바로 행동하면 된다'는 식의 강압적인 논리로 자신의 혐오를 합리화했다.

공교롭게도 그 맘충이라는 말이 등장하던 그 시점, 즉 2005년

---

75 이대희, 「육아휴직자 역대 최고 경신…'아빠 육아' 58% 증가」, 《연합뉴스》 2018. 12. 14.

76 김기윤, 「"엄마 '독박 육아' 해소없인 저출산 문제 해결 안 돼"」, 《문화일보》 2018. 5. 24.

부터 2015년까지 10년 넘게 45만 명 내외를 유지해 오던 연간 출생아 수는 2016년부터 1년에 약 3만 명 내외로 뚝뚝 떨어졌고, 작년 출생아 수는 25만 명 정도에 그치게 되었다.[77] 많은 사람들은 출산율 급감의 원인으로 부동산을 비롯한 경제적인 이유를 지목한다. 그런데 과연 이처럼 여성과 모성에 대한 혐오가 일상화된 사회적 분위기가 조성된 것과 출산율의 급격한 감소가 동시에 일어난 게 과연 우연의 일치로만 치부될 수 있는 현상일까? 누구나 잠재적인 맘충이 되는 세상에서 과연 누가 선불리 아이를 낳아 키우고 싶을까?

불안과 공포를 조성하는 것은 인간의 생물학적이고 근본적인 번식 본능마저도 위축시키는 강력한 기제다. **아이를 키우는 부모와 아이를 혐오하는 사회적 분위기가 형성된 것에 먼저 경각심을 갖고, 육아 친화적인 분위기를 지향하게끔 하는 것은 그렇게나 어려운 일일까?**

나는 언젠가부터 '진상'이라는 단어를 아무렇지도 않게 유행어처럼 사용하는 사회 분위기가 우려된다. 관용이 없어진 사회에서 우리는 서로를 '잠재적 진상'으로 취급하고 있다. 그런데 사람은 누구나 실수할 수 있기에, 진상이라고 판단하는 사람을 포함해서 누구든 서로에게 '잠재적 진상'이다. 각자 처한 사정을 이해해 보려 하지도 않고 나에게 피해가 된다는 이유로 쉽게 진상으로 판단해 버리는 것은 결국 공격할 대상을 찾는 혐오적인 태도에서 비롯되는 것이다.

어린 시절에는 그보다 더 미숙함을 겪으며 자란다. 부모님을

---

77 통계청 인구동향조사, 「시군구/성/출산순위별 출생」

비롯해 주변 사람과 사회의 도움을 받는다. 그것은 사회인이 되어서도 여전히 마찬가지다. 그런데 우리는 그 배려를 이상하리만큼 기억하지 못한다. 사회는 나에게는 관대했으면 하며, 나에 대한 이해와 공감은 갈구하고, 정작 나의 아픔에 대해 귀 기울여 주지 않는 것을 탓하기도 한다.

그래서 공감 능력이 중요하다면서도 자신에 대해서만 지나치게 연민하며, 타인에 대한 공감은 결여된 경우도 많다. 앞에서도 살펴보았듯, 우리 모두 이 사회에서 스스로 약자이며 피해자라고 여기기 때문이다.

엄마의 자존감을 지키기 위해서

저출산은 우리 사회의 고질적인 사회적 병폐의 복합적인 결과물로 마치 실타래같이 복잡하게 얽혀 있다. 어디서부터 끈을 빼야 할지 엄두조차 나지 않는 문제고, 하루아침에 바꿀 수 없다. 특히 이 사회에 번져 있는 혐오는 제도적 장치나 국가적 캠페인으로만 풀어나갈 문제는 아니다. 결국 민간의 의식이 변화해야 하고, 사회 구성원 개개인의 의식 변화가 필요하다.

결국 혐오는 누군가 먼저 내려놔야 끝난다. 나는 그렇게 '내려놓는 누군가'가 이 시대를 살아가고 있는 엄마들이 되어야 한다고 생각한다. 누군가가 일방적으로 개념 있게 행동할 것을 요구하고, 나 아닌 다른 엄마들의 태도를 '진상'으로 여기기 전에, 엄마들은 자신의 태도부터 스스로 돌아봐야 한다. 엄마들끼리 서로를 향해 혐오를 일삼는 일을 멈추어야 하고, 또 스스로를 무조건 약자라고 상정하면서 세상을 향해 공격성을 드러내는 일을 멈추어야 한다.

진정한 사랑은 이기심이 아닌 이타심이기에, 모성 또한 그 이타적인 사랑이라는 본질에 충실할 때 사회적으로 보호받을 수 있을 것이다. 아이들은 엄마를 보고 배우고 자란다. 그 또한 하나의 페르소나와 같은 것이었을지라도, 엄마에게 자애롭고 선량한 성질이 요구되었던 이유는 우리 아이들이 태어나서 가장 먼저 보고 배우는 모범이 바로 엄마였기 때문이었을 것이다. 또 그렇게 자란 아이들이 우리 사회의 공존과 상생이란 가치를 지켜갈 수 있으리라는 믿음 때문이었을 것이다. **아이들의 미래를 생각하며 사회에서 먼저 모범이 되는 것, 나는 그것이야말로 진정한 모성을 실현하며 엄마로서의 자존감을 지킬 수 있는 길이라고 생각한다.**

2

우리 사회의 가족이란 무엇인가

대한민국에서 살아가는 우리는 과연 행복한가? 이는 행복지수가 OECD 국가 중 몇 위라는 줄 세우기식의 통계를 떠나서, 꼭 한 사람 한 사람이 스스로부터 생각해 봐야 할 문제다. 아마도 이 질문에 바로 행복하다고 대답할 수 있는 사람은 별로 없을 것이다. 불행하다고 바로 답하는 사람도 있을 것이고, 한참 생각을 거듭하는 사람들도 많을 것이다. 어쩌면 다른 사람과 나를 비교하고 평가하며, 그래도 나 정도면 행복한 편이라고 여길 수도 있겠다.

우리 대부분은 스스로 행복한지, 아니면 불행한지에 대한 인지조차 제대로 되어 있지 않은 상황이다. 겉치레를 중요하게 생각하며, 자신이 불행하다고 섣불리 인정하려 들지 않는다. 왜 행복하지 않은지 원인을 따지기보단 외적 가치를 달성하는 일에 매몰되어 있다. 외적 가치란 대표적으로 돈, 자산 같은 물질적인 개념부터 학벌, 직업, 소속 단체, 외모, 체면 등과 같은 가치를 포함할 것이다.

전쟁의 폐허에서부터 시작한 우리나라는 짧은 시간에 괄목할 만한 경제성장을 이뤘다. 옛날에 비하면 분명 먹고살 만한 것 같고, 삶의 질은 급격히 향상된 것처럼 보인다. 그런데 많은 연구에서 우리나라 사람들의 행복 수준은 전 세계의 중하위권으로 나타난다. 나는 그 원인이 우리는 행복을 물질적 가치와 사회적 맥락의 외적 준거에서 평가하기 때문이라는 연구에 매우 공감한다.[78] [79] 쉽게 말해 우리는 자산과 돈을 축적하고 과시하는 일, 외적 가치를 달성해 사회적으로 인정받는 일을 행복의 가장 중요한 요소라고 생각한다. 이런 문화에서 대인관계와 도덕성, 신념과 건강 등의 가치는 등한시된다. 우리 사회의 불행은 대부분 여기서 시작될 것이다.

맘카페도 마찬가지다. **엄마들이 맘카페에 가입해서 다른 엄마들의 삶을 계속 관찰하는 이유도, 엄마 자신이 이 사회적인 외적 가치에 잘 부합하며 따라가고 있는지 확인하기 위한 측면이 크다.** 맘카페 내에서 확인할 수 있는 다른 사람들의 삶과 정보는, 어쩔 수 없이 주로 외적인 차원에 그치기 때문이다. 사실 엄마들에게 다른 엄마의 내적 가치관이나 신념은 크게 중요하지도 않고, 별로 궁금하지도 않다. 다만 이 사람이 어떤 물품을 구매하고, 어떤 교육기관에 보내고, 주말에는 어디로 다니며 어떤 생활 수준으로 살고 있는지가 눈에 보일 뿐이다. **요컨대, 많은 엄마들에게 맘카페 역시 행복의 '외적 준거'에 머무르고 있는 측면이 크다.**

78 이재열, 「사회의 질, 경쟁, 그리고 행복」, 《아시아리뷰》 제4권 제2호, 2015, 9p.

79 구교준·최영준·이관후·이원재, 『자유안정성 혁명: 행복하고 혁신적인 대한민국을 위한 제안』, LAB2050, 2018, 11~12p.

타인을 의식하며, 끝없이 계산기를 두드리는 사회

물론 맘카페가 아닌 다른 인터넷 커뮤니티에서도 외적 가치에 대한 이야기가 주를 이룬다. 연봉, 자산, 학벌, 직업, 사는 곳 등에 관하여 끊임없이 이야기한다. 마치 그 우열 속에서 나의 존재 가치를 어떻게든 인정받으려는 듯이 말이다. 이런 분위기는 여성과 남성, 기혼과 미혼, 젊은 사람과 나이 든 사람을 가리지 않는다. 인터넷 커뮤니티만 보면, 대한민국은 '외적 가치의 비교'라는 광기에 빠진 사회다.

'자식 농사'라는 말을 생각해 보자. 어느 순간부터 우리 사회에선 이 자식 농사에 점점 막대한 비용이 들어가는 게 당연시되었다. 정확하게는 경제 호황인 시대가 지나가면서, 자녀들이 자라는 비용 대비 그들의 생산성이 떨어져 버렸다. 그러다 보니 부모의 인생에서 자녀는 부담이 되어 다른 가치에 밀려났고 후순위가 되었다. 출산 과정에서부터 경제적으로 막대한 비용이 들어가니 아이를 키우는 것은 가정경제에 큰 손실로 여겨지게 되었다.

그래서 이제는 자녀를 사치재라고 표현하기까지 한다. 즉, 우리는 인생의 최우선 과제이며 가치라고 여겨온 자녀 출산과 양육조차도 경제적인 개념으로 바라본다. 자녀 양육에서 가장 큰돈이 들어가는 비용은 단연 교육비이다. 맘카페에서도 아이들 교육비에 대한 걱정은 끊이지 않는다. 조금이라도 교육비를 아껴보고자 노력하는 이야기, 영어 유치원을 비롯한 사교육 이야기는 끊이지 않고, 아이에게 들어가는 돈과 불안한 노후에 대한 걱정은 점점 더 늘어나고 있다.

애초에 결혼과 출산은 대한민국 사회에서 어떤 의미가 있을까? 결혼이란 나의 새로운 가족이 생기는 것이다. 결혼으로 배우자가 생기고 자녀가 생긴 후, 그처럼 새롭게 생겨난 가족과의 관계에서 안정감을 느끼며 행복을 추구하고자 다들 결혼을 선택할 것이다. 이처럼 가족의 근원적인 구성 동기는 내면적인 가치의 추구라고 할 수 있다.

우리 할머니, 할아버지 세대의 결혼은 전적으로 집안 어른들이 정했다. 경제적인 이유도 있었고, 양반들은 가문의 체면을 따지기도 했다. 이렇게 상대방이 누군지는커녕 얼굴조차 보지 못한 채 결혼식 날에야 대면하는 경우가 많았다. 운이 좋아서 금슬 좋은 부부의 연을 맺은 사례도 있었지만, 많은 경우 성격도 다르고 대화조차 통하지 않아 평생 가슴 치는 결혼 생활을 해야 했다. 이런 이야기는 다들 한 번씩 들어보았을 것이다.

그래서 우리 부모님 전후 세대는 이런 전근대적인 혼인 방식에 거부감을 느끼고 그토록 자유연애를 갈망했다. 집안에서 일방적으로 정해주는 배우자보다 나와 맞는 배우자를 직접 탐색하며, 결혼 상대를 본인이 결정하고 이를 통해 내면의 행복을 찾기 위해서였다.

그런데 자유연애가 보편화된 지 수십 년이 지났건만 그때나 지금이나 배우자 선택의 현실은 어떤가? 연애라는 기본적인 상호 교감은 결혼과 배우자의 선택 전반에 영향을 끼쳤는가? 그렇지 않았다. 여전히 결혼에서는 재산, 학벌, 외모, 집안과 같은 상대방의 외적 조건을 철저히 따지는 게 우리 현실이다. 결혼만큼은 현실을 중시해야 하는 사회적 약속이고, '어른의 의례'를 통과하는 것이라고 여기기 때문인 걸까? 우리나라 사람들은 아직도 남들의 시선을 치열하게 의식하며, '이 사회에서 좋은 평가를 받는 결혼'을 하는 것이 행복의 조건이라고 믿는 것만 같다.

실제로 결혼하지 않은 사람들이 주 이용자인 인터넷 커뮤니티에는 하루에도 수십 건씩 결혼 고민 글이 올라올 것이다. "결혼 예정자가 ×× 직장에 다니고 연봉이 ○○○○만 원이고 ○○○○○만 원 모았다는데 부모님 노후 준비가 되어 있지 않네요. 우리 부모님은 노후 준비가 되어 있고, 경제적으로 ○○○○만 원 지원해 주실 수 있는데 이 결혼 해야 하나요? 부모님의 결혼 반대가 심합니다."

이들은 '결혼은 현실'이라는 말로 합리화하며 열심히 계산기를 두드려볼 것이다. 여기에 더 늦으면 다음 배우자 탐색에 불리해질지도 모른다는 조바심이 더해진다. 이처럼 연애 과정에서 내적 가치 탐색과 교감을 등한시하고 추진한 결혼은 쉽게 불행으로 이어진다. 연애하는 과정에서 정서적인 존재, 삶의 동반자로서 서로 지지할 수 있는지를 충분히 탐색해야 하기 때문이다. 그런데 이 과정을 소홀히 여기며 불행이 시작된다.

"우리는 자식 때문에 같이 삽니다"

기혼자들이 크게 공감하는 말이 하나 있다. **"배우자는 고쳐 쓸 수 없다."**란 말이 그것이다. 나와 다르게 자라오고 다른 인격을 지닌 사람을 결혼한 뒤 나에 맞춰 변모시킬 수는 없다. 동시에 내가 배우자에 맞춰 나 자신을 송두리째 잃어가며 다른 인격체가 될 수도 없는 노릇이다.

물론 두 사람 사이의 갈등이 아예 없는 부부는 존재하지 않는다. 그래도 서로 간의 정서적인 지지를 바탕으로 그 갈등을 조율하고 풀어갈 수는 있다. 다만 배우자를 외적인 조건으로 선택했거나 혹은 애초에 나와 너무 다른 인간을 선택했다면, 그와의 관계에서 행복을 도저히 찾을 수 없는 지경에 이를 것이다.

이런 부부는 새로운 국면을 맞는다. **자녀라는 새로운 가족의 탄생**이 그것이다. 그런데 서로 간의 관계에서 행복을 못 찾는 부부는 부부 관계보다 자녀에게 지나치게 몰입하고, "우리는 자식 때문에 같이 산다."라고 여긴다.

맘카페에도 부부 갈등에 관련된 글이 가끔 올라오고 그중엔 이혼을 고려하는 심각한 글도 있다. 그럴 때마다 자주 올라오는 말은 "그냥 아이만 보고 참고 살아요."라는 것이다. 여성은 경제적인 이유 때문에 이혼을 쉽게 선택하지 못할 때도 있지만, 여성에게 경제력이 있더라도 아이를 생각해서 이혼하지 못한다. 경제력이 있는 남성 역시 아이가 있다면 이혼을 쉽게 선택하지 못할 때가 많다.

이렇듯 우리 사회에서 전통적으로 가족이 존재하는 목적은 곧 '아이라는 존재'를 떼어놓고 생각할 수 없었다. 자식이 불행한 부부를 지탱하는 행복의 수단이자 목적이 된 것이다. 그러면 안타깝게도 둘의 불화는 곧 자식의 불행으로 이어진다. 자신들에게서 행복을 찾을 수 없는 부모는 자식과 나를 동일시하고, 자식을 나의 행복의 수단으로 여긴다.

자식에 대한 집착은 부모로서 할 수 있는 최고의 지원을 아끼지 않는 일, 물질적인 지원과 과도한 애착을 쏟는 일로 이어진다. 이렇듯 자식에게 내가 가진 모든 것을 쏟아내듯 몰입하니 자식이 이루어내는 성과와 결과치, 또 다른 외적 가치에 집착하게 될 수밖에 없다.

그리고 그 불행은 더 깊어진다. 이런 가정은 아이가 학교에서 몇 등을 하는지, 어느 학교에 다니고, 어느 직장에 들어갔는지로 '자식 농사의 성공과 실패'를 나눈다. 다른 자식들과 나의 자식은 자연스럽게 비교의 대상이 되고, 그 과정에서 부모가 아등바등 지원을 아끼지 않으면서 키운 자식은 행복하기는커녕 더 큰 혼란에 빠진다.

여기서 문제는 그런 부모의 기대치에 부응해 줄 만큼 사회적으로 성공한 자식은 극소수라는 것이다. 참으로 희한하게도, 우리 사회에서 정해놓은 자식 농사 성공의 기준은 상위 한 자릿수 퍼센트라고도 할 수 있기 때문이다. 그 외의 90%가 넘는 나머지는 '부모가 나에게 이렇게까지 노력하며 투자했는데 나는 아무것도 되지 못한 것 같다'는 자괴감을 느낀다. 이로써 자녀 양육의 의미가 더는 행복이 아닌 부담 혹은 불행 그 자체로 완결된다.

요컨대 우리나라의 가족적 집단의식을 가장 여실히 보여주는 행태는 '자녀는 곧 나의 분신'이고, 나 자체라고 생각하면서 지나치게 몰입하는 동일시 현상이다. 아이러니하게도 최근 사람들이 결혼과 출산을 꺼리는 일 또한 결국에는 나와 자녀를 동일시하는 심리의 연장선에서 파악할 수 있다. 그런 선택을 하는 사람들은 자주 "나의 아이에게 내가 겪었던 이 세상의 고통을 물려주기 싫어서" 아이를 낳지 않는다고 고백한다. 태어나지도 않은 아이의 고통을 벌써 자신의 고통으로 상정하고 있는 것이다.

가족이 행복의 원천이 될 수는 없을까

지금 결혼과 출산의 적령기라고 불리는 1980~1990년대생들의 어린 시절을 떠올려 보자. 특히 이들의 유년 시절은 경제성장기와 맞물려 부모의 기대 심리도 컸고 성장 과정에서 전폭적인 지지를 받았다.

그런데 이들은 아이를 낳지 않는 이유를 부모로서 자녀에게 최고의 혜택을 줄 수 없는 본인들의 현실이 부담스럽기 때문이라 말한다. 역설적이다. 또 자녀를 출산한 부모들은 자신들이 부모의 과몰입으로 인해 좌절감을 겪었음에도 이를 똑같이 답습하는 일 역시 많다. 무엇 때문일까? 내가 이렇게 노력했음에도 난 행복하지 않기에, 이 아이에게는 더욱 지원과 혜택을 몰아줘야 한다는 깊은 불안감에서 비롯되는 일일 것이다.

여기서 자식에게 주는 혜택은 주로 물질적인 것을 의미한다. 이들은 아기의 출생부터 100만 원이 넘는 유모차, 명품 유아복, 특급 호텔에서의 돌잔치, 영어 유치원, 끝도 없는 것 같은 사교육비를 필수로 생각하며, 또 경쟁이 치열한 한국 사회를 벗어나게 하려고 학비가 비싼 국제학교나 해외 유학도 보내줄 수 있어야 '제대로 된 부모 노릇'을 하는 것으로 생각한다.

맘카페란 공간도 여기서 자유롭지 못하다. 맘카페에서 주관적인 육아 경험이나 육아 가치관에 대한 이야기보다도 위와 같은 물질적 정보가 주를 이루는 이유 또한 '부모 노릇'에 대한 강박 때문인 것이다. 이런 인식은 SNS에서 유행하는 과시적 소비의 세태, 육아 프리미엄 소비를 부추기는 기업들의 상업적 분위기까지 더해져 더욱 심각해지고 있다.

그러니 결코 평범한 사례가 아닌, 초 상위계층의 일부 사례가 괴이하게도 **모두가 지향해야 할 것 같은 사회의 기준점**이 되어가고 있는 것이다. 우리가 1등만 강요받으며, 1등 이외의 삶은 의미 없는 것이라고 여기는 사회적 분위기에서 살아왔기 때문일까? 이런 상황 속에서 평범한 개인들은 그 외적 기준을 내면화시키며 상대적 박탈감을 느끼고 출산을 포기하고 있다. **출산과 육아를 내면의 경험적 행복으로 바라보는 것이 아닌 작금의 세태는, 결국 자녀를 돈이 너무 많이 드는 존재, 가계경제에 크나큰 부담인 존재로 바라보게 할 수밖에 없다.**

우리 사회에서 가족은 이제 행복이 아닌 부담이다. 그러니 차라리 나 혼자 사는 게 낫다는 결론에 이른다. 우리가 저출산의 핵심 원인으로 우리 사회의 가족에 대한 가치관에 대해 주목해야 하는 건 이 때문이다. 오래전부터 우리나라 사회를 가족과 혈연을 대단히 중시하는 사회라고 여겨왔지만, 사실 그건 목표 달성을 위한 집단이었을 뿐, **우리의 가족관에는 애초부터 내면의 정서적인 의미가 상당히 결여되어 있었던 것**이다.

지금, 엄마의 역할은 무엇이 되어야 하는가

경제성장은 우리에게 과거보다 더 큰 물질적 풍요를 가져다주었지만, 사회적 분위기와 사람들의 정신세계는 그에 따라가지 못하고 외적 가치에 매몰된 채 오히려 더 피폐해졌다. 그렇게 현재 우리는 가족이라는 정서적인 의미를 잃어버렸다.

이런 가족 안에서 엄마의 위치는 어떨까? 과거 엄마의 역할은 주로 자식에 대한 정서적인 측면을 담당하는 것이었다. 하지만 지금과 같은 사회 분위기에서 엄마의 가족 내 감정적·정신적인 역할은 점점 더 상실되고 있을 뿐이다.

요즘은 초등학교 고학년, 중·고등학생만 되면 자녀 양육을 위해 직장을 그만둔 엄마에게 다른 엄마들처럼 다시 일을 하라고 자녀들이 종용하는 경우까지 엿볼 수 있다. 비싼 옷이나 핸드폰, 신발을 사달라고 요구하기 위해서일 것이다.[80][81] 어쩌면 이 물질적인 사회에서 아이도 부모도 서로에게 기대하는 건 이미 물질적인 것만이 되어버린 것일까?

엄마는 과거처럼 자녀가 아주 어린 시기에 교육을 담당하는 주체도 될 수 없다. 이제는 아주 일찍부터 엄마 대신에 사교육으로 돌린다. 이처럼 가정 내에서 엄마의 역할은 많이 줄었고, 이렇게 가정에서 엄마들의 존재 의미는 과거보다도 점점 좁아지며 고립되고 있다. 많은 여성이 엄마의 역할에서 행복을 찾지 못하고 표류하는 것이 현실이다.

그렇지만 앞으로도 엄마는 그런 정서적 존재로 남아 있어야 한다. 가족에게 사랑을 주고, 마음의 지주 역할을 하며 가족들을 올바른 길로 인도하고 지지해 주는 역할을 포기해선 안 될 것이다. 가정은 사회에서 가장 기초적인 집단으로, 우리 사회의 첫 단추를 끼우는 중요한 역할을 한다. 그 중추의 한 축을 인류의 아주 오랜 세월 동안 엄마들이 담당해 오고 있었던 것이다.

나는 우리 사회의 엄마들이 이 역할을 인지하고 더욱 자긍심을

---

80 유한빛, 「"카디건 하나에 160만 원"… 엄마 울리는 新 등골브레이커」, 《조선비즈》 2021. 5. 25.

81 서다은, 「"중학생 지갑도 최소 디올"… '아이돌 명품 앰배서더', 실상은 '등골브레이커'」, 《세계일보》 2023. 7. 7.

가져야 한다고 생각한다. 세상이 그것을 얕잡아 보더라도, 꿋꿋하게, 나와 내 가정부터 올바르게 길로 인도하겠다는 마음이기를 바란다. 나도 그런 마음으로 하루하루를 살아가고 있다. 우리 가족 안에 따스한 행복이 깃들기를 바라면서 말이다.

3

—

파파카페도 생겨나기를 바란다

왜 육아는 여전히 여성의 영역으로 여겨질까? 이 질문에 우리가 내놓는 대답은 '사회의 탓'일 때가 많다. 아직도 사회적인 분위기가 남성보단 여성에게 육아를 전가하기 때문에 그렇다는 것이다. 아이를 키우는 일에 꼭 엄마와 아빠를 구분할 필요는 없다. 실제로 아이를 엄마뿐만이 아니라 아빠도 같이 양육하기를 바라는 마음에서 남자, 여자 모두 가입을 받는 맘카페도 존재한다.

아빠가 아이를 키울 때 그것을 대하는 우리 사회의 분위기는 어떨까? 특히 남성이 주 양육자라는 입장에서 바라보았을 때 우리 사회는 **'아이를 키우는 남자들'**을 얼마나 배려하고 있을까? 실제로 남성의 육아 참여가 늘어나며 애로 사항을 느끼는 이들의 목소리도 점점 커지고 있다.[82]

---

82 김재희, 「"남자는 가입 못하는 맘카페, 아빠에게도 필요해"」, 《베이비뉴스》 2019. 8. 22.

내가 회사에 갓 들어간 10여 년 전쯤, 회사에 육아휴직을 쓴 남자 직원분이 있었다. 같은 사무실에서 일하는 분이 아니셨는데도 인사 문서가 뜨기 전부터 회사 전체에 소문이 자자했다. 인사 문서가 뜨자 옆자리에 앉아 있던 남자 대리님은 그 직원이 내 동기라며, 아주 용감하다고 박수를 쳤다. 나는 절대 그러지 못할 거라며 말이다. 그나마 내가 다녔던 회사는 일반적인 대기업보다 여자 직원의 비율이 높았기 때문에 육아휴직에 관대한 회사였다. 그런데도 여자가 아닌 남자가 이 제도를 활용하는 건 아주 드물고 '이상한' 일이었다.

이제는 남자도 육아휴직을 쓸 수 있다. 정부가 남성의 육아휴직 사용에 대해 인센티브를 예전보다 크게 확대하면서 남성의 육아휴직을 독려하는 분위기다. 한국고용정보원의 통계에 따르면 2015년에 남성이 육아휴직을 쓰는 비율은 5.6%에 불과했지만 2021년에는 26.3%로 늘어났다.[83] 육아휴직을 거의 쓰지 않던 예전 분위기를 생각하면 많이 늘어난 건 맞지만, 아직도 적극적으로 육아휴직을 쓰지 못하는 남성이 훨씬 많으며, 여전히 엄마들이 주로 육아휴직을 쓰고 있는 게 현실이다.

여성의 활발한 사회 진출로 인해서 남성의 육아 참여도 예전보다는 확실히 늘어나 보인다. 그렇지만 우리 사회는 아직도 아빠가 적극적으로 양육에 참여하는 것이 매우 낯선 분위기다. **국가적인 제도 마련도 미흡하고 직장의 배려도 부족하다고 하지만, 막상 남성이 육아에 참여할 때 아직도 여성 위주의 육아 분위기에 압도되는 측면도 존재할 것이다.**

83 한국고용정보원, 「성별 육아휴직제도 활용 현황 분석」, 《고용동향브리프》 2022년 2호

가부장적인 사회 분위기의 문제만은 아니다

내가 아이를 키우며 직장에 다니고 있을 때 겪었던 일이 생각난다. 내가 다니던 회사가 보통의 회사보다 출근이 1시간 정도 빨랐기 때문에 아이의 어린이집 아침 등원은 대부분 남편의 몫이었다. 나보다 더 성격이 덜렁거리는 남편은 내가 전날 미리 준비해 뒀음에도 가끔은 옷을 손에 잡히는 대로 입히고 준비물도 챙기지 않은 채 아이를 어린이집에 보내기도 했다.

남편은 남편대로 출근하면서 아침에 아이를 챙기는 것이 힘들고 번거로웠을 것이다. 그 고충을 알기에 서툰 남편에게 잔소리도 하지 않았고 크게 뭐라고 하지 않았다. 나는 퇴근도 어린이집 하원 시간보다 훨씬 늦어 당시에는 친정엄마의 도움을 받았다. 나도 어린이집 알림장을 통해 상황을 파악하곤 있었지만, 이런 상황에서 내가 어린이집과 더 적극적으로 소통하긴 어려웠다.

그런데 내가 복직하고 두 달 뒤, 처음으로 어린이집 상담을 할 때 선생님 말씀의 뉘앙스에 조금 충격을 받았다. 나는 매일 아침 아이의 컨디션에 대해 알림장도 길게 썼고, 선생님의 알림장에도 항상 관심을 보이며 답장을 성의껏 했다. 나 나름대로 최선을 다했다고 생각했지만, 선생님은 나와 상담하면서 은연중에 내가 매일 등·하원을 직접 하는 다른 엄마들과 달리 만나기도 어렵고, 통화도 어렵다고 말씀하셨다. (정말로 회의 중이거나 고객이 앉아 있을 때 꼭 전화가 왔고, 내가 한참 뒤에 다시 걸면 이미 퇴근해 있었다.) 그래서 나는 이럴 경우 남편에게도 연락을 해달라고 말씀드렸다.

남편에게는 별말이 없었던 선생님께서는 나중에 어린이집 대면 상담에서 내게 **"기본적으로 어린이집은 아빠가 아니라 엄마와 소통해야 한다"**라고 말씀하셨다. 이 말을 듣고 마치 내가 엄마의 역할에 소홀한 것처럼 느껴져 당황스러웠고, 회사를 그만둬야 할지를 심각하게 고민했던 기억이 난다. 이 일은 지금과 사회적 분위기가 달랐던 한참 오래전에 겪었던 것이고, 또 그중에서도 극단적인 사례일 수도 있겠다. 그럼에도 이 경험을 꺼내는 이유는 **'엄마가 반드시 주 양육자여야 한다'**는 우리나라의 고정관념은 꼭 가부장제를 이끄는 남성에 의한 것이라기보단, 어쩌면 여성 스스로 내재화한 관념에 의해서도 비롯되고 형성된 건 아닌지 생각해 보아야 하기 때문이다.

실제로 내가 겪은 우리나라의 육아 현실은 아직도 사회적으로 주 양육자는 엄마에 국한되는 경우가 많다. 거기에 아이가 자랄수록 양육은 다시 엄마에게 전담되는 분위기가 되는 경향이 강해진다. 내 주위의 경험을 살펴보면, 이러한 경향은 그 원인으로 지적되는 가부장적인 사회 분위기보다 도리어 우리 자신이 이미 품고 있는 성 고정적인 편견에 부딪히는 경우가 많았다고 할 수 있다.

이런 상황에서 학교는 절대적으로 엄마들의 세계가 된다. 학부모의 교류는 엄마들, 여자들 위주로 이루어진다. 물론 여기에는 남자가 직장 연차가 쌓일수록 직장 생활을 더 열심히 해야 한다는 사회적 분위기도 한몫할 것이다. 어쨌든 아이가 자라면서 '몸을 쓰는 육아'가 '머리를 쓰는 교육'으로 옮겨진 후엔 남자는 육아라는 영역과 더 멀어진다.

지금도 취학 후에 학교나 학원 상담을 가는 아빠는 거의 없다. 만약 있어도 자연스럽게 '아빠가 가정교육에 유난을 떠는' 분위기가 된다. 학교방, 반톡방(학부모 단체 메신저 채팅방)에 어쩌다 아빠가 참가하는 경우가 있기는 하나, 아빠들은 대개 정보만 확인할 뿐이다. 아버지가 단체 메신저 채팅방에서 대화에 적극적으로 참여하는 경우는, 적어도 나는 여태까지 경험하거나 들어본 적이 없다. '치맛바람'이라는 비하적인 말은 있었어도, '바짓바람'은 없었다. 바짓바람은 지금도 없다.

또한 교사가 남자일 경우 엄마들이 아직도 상당한 부담을 느낀다. 교사 중 남자 교사의 비중은 정말 낮은데, 초등학교와 보육기관으로 갈수록 더 찾기 힘들다. 나는 아직 어린이집이나 유치원에서 남자 선생님을 만나본 적이 없다. 옆 동네에 유아교육과 남학생이 어린이집 교사 실습을 나왔다는 이야기를 듣고 "그럼 우리 딸 기저귀는 남자 선생님이 갈아주는 건가요?"라며 당황해하는 엄마들 반응을 전해 들었다. 나도 딸을 키우는 입장에서 그 입장이 이해가 가지 않는 것은 아니지만, 이런 편견은 유아교육을 진로로 정한 남학생의 마음에 상처가 될 수 있다. 어쩌면 이런 편견이 남자가 육아에 적극적으로 참여하는 걸 어렵게 할 수 있겠다는 생각이 들기도 했다.

왜 우리는 아직도 '성별로 갈라져야' 마음이 편한가

나는 우리 사회가 아직도 지나치게 남자와 여자로 나뉘어 경직되어 있다고 느낀다. 이 세상에선 남자와 여자가 어울려 같이 살아가고 있는데, 남자와 여자이기에 앞서 서로 인간 대 인간으로 대하는 것이 어색하고 부자연스럽다.

남초와 여초로 갈라져 있고, 때로는 서로를 적대시하는 인터넷 커뮤니티의 존재는 이러한 현실과 우리 사회의 의식을 잘 보여준다. **애초에 부모가 함께하는 육아 카페가 아닌 여성들만의 육아 커뮤니티 '맘카페'만으로 존재하는 것도 이렇게 남녀가 갈라져 경직되어 있는 사회적 분위기에서 비롯된 것이다.**

'남녀칠세부동석'이라는 말대로 7세에 남자와 여자를 구별 지어 갈라놓지만 않을 뿐, 지금도 우리는 어릴 적부터 성별을 갈라놓고 사회화를 시켜야 마음이 편하다. 물론 우리 전 세대가 겪어온 과거에 비해 상황이 많이 나아졌으나 아직도 남녀공학은 전국 일반고 기준으로 40% 정도밖에 되지 않으며,[84] 이마저도 상당수는 남녀분반으로 운영한다.[85] 이처럼 단성(單性) 학교가 선호되는 건 중고등학교에서의 이성 교제로 입시를 그르칠 수 있음을 우려하는 학부모들이 여전히 많기 때문이다.

과거보다 청소년기의 이성 교제에 대한 시각이 많이 완화되었다지만, 여전히 이에 부정적인 시각을 갖고 있는 부모가 압도적으로 많을 것이다. 또 어떤 부모는 자식 앞에서는 청소년기 이성 교제를 애써 응원하더라도, 그들의 교제에 관하여 긍정적이기보다는 혹시나 사고가 터지지 않을지 우려하며 불안해하는 경우가 대다수다.

맘카페에서 자녀의 이성 교제에 대한 불안함을 호소하는 글은 종종 볼 수 있는 주제다.

---

84 한국여성정책연구원 통계DB조회, 「2022년 학교급별 남녀공학 분리학교수」

85 최종권, 「"사춘기 중학생 남녀를 같은 반에 두면 쓰겠어?"… 남녀분반이 92%인 보수적인 청주」, 《중앙일보》 2017. 4. 9.

"옆집 중학생 아이가 있는데 이성 친구와 엘리베이터에서 내려 집 안으로 들어가는 걸 봤어요. 옆집에 이야기를 해줘야 하나 고민이네요.ㅠㅠ"

"워킹맘인데 내 아이가 집에 이성 친구를 데려오는 것 같네요. 집에 CCTV를 설치해야 할지…. 갓난아기 때부터 회사를 그만두고 싶은 고비를 여러 번 넘겼는데 이번에는 정말 회사 그만두고 싶습니다."

"동네에서 짝지어 손잡고 다니는 아이들을 보면 어린아이들에게 나쁜 영향을 줄까 봐 걱정되네요.ㅠㅠ"

"딸아이를 남녀공학을 피해 여학교만 있는 학군으로 전학을 시키고 싶은데 여학교는 내신등급을 받기 힘들어 걱정되어요."

"저희 아들은 꼭 남학교 보내려구요. 요즘 아이들 SNS나 학원에서도 이성 교제를 한다고 하지만 확실히 여자아이 자체를 별로 마주치지를 않으니까 이성에 대한 관심이 적어서 안심이에요."

"저희 딸아이는 아이돌 그룹 ○○○의 팬이에요. 굿즈를 사는데 아낌없이 용돈을 줘요. 돈이 너무 많이 들기는 하지만 그래도 지원해 줍니다. 학업 스트레스도 풀고 무엇보다도 아이돌 팬 활동을 하는 것이 남자친구 만나는 것보다 훨씬 안심이에요."

우리 사회의 학부모들은 직접 이성 교제를 하느니 차라리 연예인을 쫓아다니는 것이 낫다고 생각한다. 청소년기부터 연예인 팬덤에 지나치게 유사연애적으로 과몰입하는 현상은, 설령 그 현상의 건강한 측면을 인정하더라도, 분명히 이성에 대해 왜곡된 인식과 환상을 조장하고 심각한 외모지상주의를 조성하는 경향이 짙다.

그런데 이런 현상이 청소년기 아이들의 사회화와 자아 형성에 심각한 부작용으로 이어질 수 있다는 걸 누구도 지적하지 않는다. 거대한 상업적인 논리와 여전히 만연한 남녀유별의 사회적 분위기에 묻힌 채 우리 사회에서 제대로 언급조차 되지 않는 게 현실이다.

세상에 별별 일이 있으니 부모의 그런 걱정이 이해가 가지 않는 건 아니다. 다만 이렇게 애초에 남녀 간의 교제에 대한 인식이 부정적이고 두 성별을 물리적으로 분리하려고 애쓴다면, 자라나는 아이들의 성장 과정에서 남자와 여자, 자신과 다른 성별의 사람을 인간적으로 이해할 기회를 상실케 한다는 것을 우리는 정직하게 인정해야 한다.

꼭 이성 교제만을 말하고 싶은 것도 아니다. **우정의 측면에서 보더라도, 남자아이와 여자아이가 사춘기를 겪으며 다른 성을 가진 또래를 거울로 삼아 친구와 본인을 이해해 보는 과정은 사회화 과정에서 필수적이다.** 그리고 이 과정은 훗날 본격적으로 이성 교제를 하더라도 나와 잘 맞는 상대와 좋은 상대를 알아보는 요령을 키울 수 있게 한다.

과연 한 사람이 중학교와 고등학교를 다니는 청소년기에 반드시 배워야 할 것은 무엇일까? 우리나라에서 중·고등학교를 다닌다는 건 그저 본격적인 입시 경쟁에 매달려야 할 시기를 통과하는 것일 뿐이다. 신체적으로 남자와 여자로 본격적으로 달라지는 2차 성징을 겪으며 서로에 대한 차이를 이해하고 배우는 과정이 필요하지만, 입시 위주의 교육에 묻혀서 모두가 무관심할 뿐이다. 왜곡되지 않은 시선으로 올바르게 이성을 인식하고 이해하는 것은 행복한 결혼과 가정을 꾸리는 튼튼한 밑바탕이다. 어쩌면 여기서부터 우리 사회가 가족의 내면적·정서적 의미를 잃어버리게 된 건 아닌지를 반드시 고민해야 한다.

또한 이런 남녀유별 분위기의 가장 큰 부작용은 남자는 남자끼리, 여자는 여자끼리 모여 있을 때 마음이 편하다고 생각하게 하는 것이다. 이런 상황이 익숙해지면 이성은 이해할 수 없고, 두려우며, 종국에는 거부감을 느끼고 '싫은' 존재가 된다. **그래서 성별을 알 수 없는 인터넷에서도 남초와 여초 커뮤니티가 나뉘었으며, 여성으로만 이루어진 맘카페 역시 이런 분위기 속에 탄생한 것이다.** 애초에 맘카페가 여성들로만 이루어져 있지 않았다면, 남성과 여성이 공존하는 육아 카페였다면 어땠을까? 맘카페가 지금처럼 사회적으로 괴리되고 공격받는 집단이 되지 않았을 것이라고 생각한다.

결국 이렇게 성장 과정에서부터 조장되는 이성 간의 몰이해, 배타적인 분위기가 남성과 여성의 성 고정관념을 강화하는 데 일조한 건 아닐까? 거기에 나와 다른 성별에 대한 과도한 환상까지 더해진 상황이 서로를 이해하지 못하고 싸우게끔 만드는 데 결정적인 역할을 한 것은 아닐까? 우리 모두가 꼭 고민하고 생각해 볼 문제다.

육아는 부담이 아니고 행복이다

우리 사회는 출산율을 높이기 위해 제도적으로 **여자의 육아 부담**을 줄이는 것에 초점을 맞춘다. 나는 그 기저에 깔린, 육아를 '부담'이라는 개념으로 인식하는 관점이 조심스럽다. 부담이라는 말은 하기 싫고 힘들며 서로 떠넘겨야 할 일이라는 부정적 뉘앙스를 띠고 있기 때문에 애꿎은 분란을 조장하기 쉽다.

육아는 부담이 아닌 행복한 경험으로 부모가 같이 공유해야 한다는 인식 전환이 먼저 필요하다. 그래야 남성의 적극적인 참여 분위기를 조성할 수 있다. 중·장기적인 육아 정책을 살펴보면, 남성은 여전히 적극적인 양육자 입장에서 소외되어 있다. 남성이 육아에 참여하는 분위기가 어색하지 않도록 보육 현장, 교육 현장, 그리고 남성들의 인식을 넘어 여성들의 인식까지 바뀌어야 한다고 생각한다. 즉, '엄마'와 '아빠'의 역할에 관한 근본적인 재성찰을 필요로 한다는 것이다.

그런 의미에서 나는 맘카페가 아닌 파파카페도 생겨났으면 좋겠다. 정확하게는 파파카페가 따로 생기기보다도 육아가 남자와 여자의 역할로 나뉘는 문제처럼 치부되지 않기를 바란다. 궁극적인 차원에선, 우리 사회에 존재해야 하는 것은 부모가 함께 공존할 수 있는 육아 커뮤니티일 것이다.

남성들도 자녀 양육의 기쁨을 함께 느꼈으면 한다. 제도적인 개선도 선행되어야겠지만, 문화가 바뀌는 일도 필요하다. 우리나라는 아직도 직장에서의 위신을 중시하는 분위기이기 때문에 자녀를 둔 아버지가 육아에 적극적으로 참여하고 싶어도 직장 분위기, 사회 분위기 때문에 망설이게 되는 경우가 많다.

얼마 전, 나는 어떤 대기업에서 밤 10시까지 아이를 맡길 수 있는 사내 어린이집을 홍보하며 육아 친화적인 기업 분위기를 강조하는 기사를 보았다. 비상시에 회사에서도 책임지고 아이를 돌보아주겠다는 뜻으로 해석해 보려 해도, 유치원도 안 간 어린아이가 부모와 함께 집에 와서 씻고 대략 밤 11시에 잠들어야 한다는 건 분명 가혹한 일에 가깝다. 아이를 키워본 사람들은 이 말의 뜻에 모두 공감하리라 생각한다. 아직도 이런 분위기가 우리 사회에 만연한데 아이 키우길 권장하며 출산율이 높아지길 바라는 것은 굉장히 요원해 보인다.

모성도 후천적인 경험에 의해 강화되듯이, 부성도 마찬가지다. 남성이 육아와 가정사에 적극적으로 참여한다면, 그래서 자녀와 애착 관계를 충분히 가질 수 있다면 가정에서 느끼는 행복이 증대될 것으로 생각한다. 단지 '가부장적'이라는 단어로 조장되는 남녀 갈등에서 벗어나 자녀 양육과 가정에서 개인의 행복을 찾을 수 있는 범사회적 분위기가 조성되어야 한다. 그래야 우리 사회도 더 행복해지고 저출산 문제를 극복하는 기틀을 마련할 수 있을 것이다.

4

—

나가며

아이를 키우며 변한 나의 가치관

나는 올해 초부터 부쩍 맘카페 운영진에서 물러나고픈 마음이 강해졌다. 내가 그만두고 싶었던 이유는 정신적으로 피로했던 이유가 가장 컸다. 나는 과거 10년간 은행원으로 일했고, 사람들은 자기 돈에 가장 예민하기에 그런 날카로운 사람을 상대하는 업무가 익숙한 사람이었다. 그럼에도 맘카페를 제대로 들여다보는 건 정신적으로 퍽 피곤한 일이었다.

어느 날은 '내가 도대체 이걸 왜 들여다보고 있지? 그 시간에 차라리 쉬거나 집안일 좀 더 하고 애들과 더 유익한 시간을 보내는 게 나을 텐데…'라는 생각이 스칠 때가 있었다. 실제로 매니저님은 맘카페를 일정 부분 수익화해서 돈을 지급해 주겠다고도 했지만, 나는 "제가 돈으로 붙들어 놓을 수 있는 사람이 아니라고" 반농담조로 말하며 거절했다.

솔직히 나도 운영진으로서 열정을 꽤나 잃은 것이 사실이다. 우리 맘카페의 경우 다행히도 애정이 깊은 회원이 많으시기에 오늘도 별일 없이 잘 운영되고 있다. 그런데 가끔 일어나는 사건의 소용돌이 속에서 감정노동에 지치고 사람에 대한 기대치가 낮아지면, 나도 더 이상 소통하기가 싫어졌다. 이렇게 더 지쳐버리면 어느 순간 나도 고압적인 맘카페 운영자가 되지 않을까? 그렇게 되면서까지 맘카페 운영자를 계속 맡겠다고 하는 건 별로 의미가 없을 것 같았다.

나는 애초에 맘카페가 생겨난 목적인, 순수하게 소통할 수 있는 커뮤니티의 순기능성과 존재 가치에 대한 기대가 있었다. 신뢰의 가치는 당장 눈으로 보이지 않는다. 신뢰는 우리 피부에 와닿지 않는 무형적인 가치이기에 금융기관에서는 신용도라는 수치와 등급을 만들어 이 가치가 얼마나 중요한 것인지 직관적인 이해를 돕기도 한다. 하지만 보통 일상생활에 존재하는 서로에 대한 믿음은, 마치 공기처럼 저평가되기 쉽다.

신뢰라는 값진 미덕이 점점 더 희석되고 왜곡되어 가는 현상은 분명히 우리 공동체 모두가 서로를 혐오하는 현상, 사회 전체의 불행, 무엇보다도 저출산과 결코 무관하지 않다. 그래서 나는 이 책을 쓰겠다는 결심을 하게 되었다. **타인의 시선에 지나치게 예민한 우리의 집단 무의식과 극도로 팽배한 물질주의로 인해 가족 간의 사랑이 퇴색하고, 건강하지 않은 부부 관계가 익숙해지며, 아이들은 부모의 긍정적 기쁨이 아니라 욕망과 동일시의 대상이 되어버린 현실이 내겐 너무도 안타까웠기 때문이다.** 나는 우리 사회 전체가 겪고 있는 철학과 가치관의 부재에 대해 진지하게 고찰해 볼 필요가 있다고 생각했다.

이름에 '편안할 안(安)'이라는 글자를 붙여주며

나는 출산과 육아를 하면서 개인적인 가치관이 예전과 퍽 달라졌음을 느낀다.

우리 두 아이들 이름에는 '편안할 안(安)' 자가 들어간다. 그 글자가 발음하는 어감이 좋아서 별생각 없이 끌렸다. 그런데 지금 생각해 보니, 나부터가 내면의 행복과 외적인 가치를 추구하는 것에서 갈등이 많았던 것 같다. 나부터 치열하게 경쟁해서 이겨야 한다고 생각하고 자라왔고, 주변의 기대에 부응하려 애써왔다.

나에게도 공부의 목적은 어느 순간 배우는 즐거움보다 성적이라는 결과치를 위해서였고, 그건 곧 좋은 학교에 가기 위해서, 좋은 직장에서 일하기 위해서였다. 나도 직장에서 좋은 평판을 얻고 남들보다 더 빨리 승진하는 것이 회사에 다니는 목적이라고 생각했다. 또 결혼하고 아이를 낳은 후엔 적어도 아이들을 데리고 살 만하다는 기준을 맞춰야 한다고 생각했다. 내 삶의 목표들은 어느 순간 내면의 기준치보다도 사회의 요구치에 더 맞춰져 있었고 거기에 밑도 끝도 없이 끌려가고 있었다.

첫째 출산을 겪으며 육아휴직에 들어갔을 때부터 내적인 행복감과 사회적 기준의 괴리에 대한 생각이 많아졌다. 복직을 결정하고, 회사에 다니며 아이를 키웠다. 아이마다 타고난 기질이 다른데, 첫째를 키울수록 이 아이는 유달리 예민하고 연약해서 엄마가 절대적으로 필요하다는 것을 알게 되었다. 만약 첫째가 내 인생에 나타나지 않았으면, 적어도 첫째 성향이 둘째 성향만 같았어도, 나는 회사를 그만두지 않고 평범한 워킹맘 생활을 하면서 지냈을 것이다.

주변 사람들은 내가 직장을 그만둔다고 했을 때, 나의 내면적인 고충을 알고 있는 부모님과 남편을 제외하고는, 다들 그냥 "미쳤다"라는 반응이었다. 가족을 제외한 사람들은 그렇게 치열하게 살아오며 얻은 결과들을 어떻게 그리 쉽게 놓을 수 있느냐고 물었다. 그들 말대로 나는 사회적인 기대에 충실히 부응하며 열심히 살았다.

나뿐만 아니라 우리 사회의 누군가도 그렇게 살고 있을 것이다. 워킹맘들은 가슴에 항상 사직서를 품고 다닌다고 한다. 워킹맘만 사직서를 품고 다니는 건 아니다. 아빠들도, 결혼하지 않은 사람도, 우리 사회에서 일하는 직장인들 절대다수가 마찬가지다. 자신의 꿈은 퇴사라고 말하며, 경쟁에서 도태되면 죽을 것 같은 사회에서 아등바등 사는 중이다. 그래서 요즘 태어나는 아이들 이름에 우리 아이들처럼 '편안할 안' 자가 유행하는 것은, 아이들만큼은 우리보단 더 편안하게 살기를 바라는 소망이 투영된 것일 수도 있겠다.

어떻게 하면 이 아이들이 진정 행복하게 살 수 있을까? 내가 직장을 그만둔 게 만용일까? 수많은 물음에 명확한 답을 내린 후 결정했다기보단 많은 물음이 꼬리에 꼬리를 무는 상황 속에서 퇴사를 결정한 지 이제 딱 2년이 되었다. 주변 사람들의 염려대로 나는 어쩌면 그 결정을 먼 훗날 후회할 수도 있다. 그래도 한 가지 확실하게 말할 수 있는 건, 내 마음은 직장에 다닐 때와는 비교도 안 되게 여유가 생기고 편안해졌다는 것이다.

진정한 행복이란 무엇일까?

물론 육아는 힘든 순간이 있다. 그러나 아이를 키우면 내 어린

날로 돌아가서 다시 사는 듯한 경험을 누릴 수 있는 게 사실이다. 또 아이에게 사랑을 주는 것은 내게 무한한 행복을 느끼게끔 한다. 거기다 아이가 나에게 주는 사랑은 그 모든 힘든 감정을 잊게 한다.

돈을 쓰고 싶은 대로 다 쓰고 살았던 예전에 비하면 우리 살림도 빡빡하다. 어쩌면 이 아이들도 언젠가는 물질적으로 윤택한 생활을 더 좋아하면서 나한테 툴툴거릴지도 모른다. 나는 아이들이 물적인 행복이 충족되지 않아 불행하다고 느끼지 않기를 바라고, 또 마음의 근육을 만들어 자기 행복을 쉽게 무너뜨리지 않는 것을 배우길 바랄 뿐이다. 나는 적어도 돈으로 채워질 수 없는 행복의 가치를 아이들에게 먼저 알려주고 싶었다.

우리는 이미 외적 가치에 매몰된 현실 세계에 던져져 있다. 돈, 성과, 명예와 같은 외적 가치를 달성하기에 급급한 나머지 수단과 방법을 가리지 않는다. 이런 가치관과 삶의 자세는 우리나라의 빠른 경제 번영을 이뤄낸 동시에 수많은 사회적 병폐의 원인이 되었다. 저출산도 저출산이지만, 특히 전 세계에서 독보적으로 높은 노인자살률은 우리의 비극적인 현실을 보여주고 있다고 생각한다.

우리는 어떻게 해야 행복해질 수 있을까? 지금 누군가에게 "당신의 행복을 위해 내적 가치를 찾으세요."라고 말하는 건 현실성이 결여된 소리로 들린다. 아무도 외적 가치를 내려놓지 못하는 현실에서 나 혼자 그걸 내려놓는 일은 누군가에겐 도태와 같은 일, 아무런 의미도 없는 일이라고 여겨질 것이다. 그런데 생각해 보면, 또 그렇게 어려운 일은 아니라고 본다. **외적 가치와 내적 가치의 문제는 꼭 둘 중에서 한 가지만을 선택하는 것이 아니라 균형점을 찾는 과정이기 때문이다.**

자신에게 있어 행복이란 무엇인가에 대해 사람마다 생각하는 답은 다를 것이다. 내적 가치에서 주는 만족감이 견고하게 쌓여왔다면 외적인 가치보다 더 단단한 행복감이 된다. 우리 사회에서 많은 사람들이 삶의 목표로 생각하는 돈, 직장, 지위, 명예는 결코 영원하지 않다. 어느 날 갑자기 한순간에 없어지는 일도 허다하다. 안정적인 직장이라 여겨지는 대기업에 다녀도 50세 전후로는 은퇴를 걱정해야 한다. 이 100세 시대에 말이다. 현재도 현재지만, 그런 불안한 미래 또한 분명히 존재하는 현실이다. 결국 미래에도 견고할 내적 가치를 지향하는 것이 행복을 찾는 열쇠일 것이다.

내 아이들의 미래를 생각하면서

출산 후 내 사고방식의 또 다른 큰 변화는 현재보다 미래를 생각하게 되었다는 점이다. 아이들이 살아가는 세계인 미래는 어떤 세상일지 걱정이 된다. 결혼하기 전, 내 몸 하나만 건사해도 될 때에는 현재만 중요했다. 하루하루 일하고, 어쩌다 하루는 쉬고, 그냥 매일을 즐겁게 보내는 것이 전부였다. 그러다 보면 미래는 어떻게 되어 있을 거라고 그저 막연하게만 느껴졌다.

나는 요즘 미래에 대해서 끊임없이 생각한다. **내 아이들이 살아갈 우리 사회의 미래라고 생각하면, 지금 내 이웃에서 살아가는 이름 모를 사람들이 겪는 일들이 정말로 걱정이 된다.** 아이를 낳기 전에는 아줌마들이 왜 다른 사람의 일에 괜히 오지랖을 떠는지 궁금했다. 그런데 직접 아줌마가 되어 겪어보니 이런 이유가 포함된 듯도 싶다.

이 오지랖조차도 보는 사람에 따라서는 자식 생각만 하는 이기적인 모성에서 비롯된 것으로 비칠 수도 있겠다. 그런데 이기심이 이타심으로 이어지는 이런 역설적인 모순은, 어쩌면 인류 사회를 지탱해 온 신뢰의 바탕일 수도 있겠다는 생각이 든다. **혈연과 가족이라는, 상호 신뢰를 구축하기에 가장 용이한 이 최소의 집단은, 분명 우리 사회의 자양분적인 존재였다.** 우리는 다 혼자가 아니다. 우리 모두 이 세상에 홀로 나오지 않았고, 부모와 자식 간의 관계를 통해 태어났다.

오늘날 여러 변형된 가족 형태도 존재하지만, 가족 구성에서 가장 기본이 되는 건 부모와 자식이라는 혈연관계다. 천륜(天倫). 아무리 악연이더라도 가장 서로 떨어지기 힘든 게 부모와 자식 사이다. 만약 당신이 당신 인생의 행복과 의미를 잃고 헤매는 중이라면, 나는 당신이 먼저 당신의 가족, 부모, 자녀를 생각해 주었으면 한다. 어쩌면 부담이란 이름으로 떠오를 수도 있지만, 그 사람들의 사랑으로 당신이 행복했던 기억도 있을 것이다.

이 세상에서 사랑만 찾는 것은 너무 비현실적이라, 혹자는 사랑은 밥을 먹여주지 않고, 또 사랑은 아무짝에도 쓸모없는 것이라고 말하기도 한다. 그런데 우리가 인생의 마지막 순간까지 의지해야 할 것은 결국 사랑이다. 사람들은 누군가로부터 온전히 사랑을 받고 싶어한다. 또 누군가에게 사랑을 주고 싶어 한다. 우리 모두는 그저 사랑이 깃든 미래를 꿈꾸고 있는 것이다.

내가 맘카페를 이야기하고 싶었던 이유는

내가 처음 출산하고 50일쯤 되었을 때, 첫째 아이를 유모차에 태우고 처음으로 집 밖에 나갔던 날이 떠오른다. 봄이 끝나고 여름이 막 시작되려고 하던 무렵이었다. 그래서 날이 따뜻하다 못해 덥기까지 해서 아기 이마에 땀이 송골송골 맺혀 있었다.

나는 아이에게 허벅지가 다 드러나는 바디슈트를 입힌 채 담요를 걷고 유모차를 끌고 가고 있었다. 지나가던 아파트 경로당 쪽에 앉아 계시던, 80대 정도 연세의 할머니들 여러 분이 아기를 뚫어지게 쳐다보고 있는 시선이 느껴졌다. 나는 그때 출산한 지 얼마 되지 않은, 피로에 시달리던 '까칠한' 엄마였다. 그리고 그 할머니 중 한 명이 "새댁!"이라는 말로 나를 불러 세우며 말했다.

"갓난쟁이를 날이 따뜻해도 밖에서 맨다리를 내놓게 하면 안 되는데…."

그리고 주변에 앉아 있던 할머니들이 고개를 격하게 끄덕이며 다 같이 옳다고 맞장구를 치셨다. 그때 할머니들의 표현대로 '새댁'이었던 나는 훈수를 두시던 그분들의 잔소리가 정말 싫었다. 내 애는 내가 알아서 키우는데 생판 모르는 할머니들께서 웬 오지랖인가 싶었다.

수년이 지난 인제 와서 돌이켜보면 그분들이 왜 그러셨는지 이해가 간다. 그분들이 괜히 그런 말씀을 하신 게 아니었다는 걸 아이를 키우면서 알게 된 것이다. 그분들은 나의 모습에서 본인들의 서툴렀지만, 또 그만큼 행복했던 젊은 날을 기억하셨을 것이다.

어쩌면 그건 맘카페에서 우리가 선의를 갖는 이유와도 닮아있다. 우리는 얼굴도 나이도, 정확히 어디 사는 누군지도 모르지만 아무 대가 없이 타인에게 선의를 베풀고 싶을 때가 있다. 아주 미시적으로는 그 동기가 개인의 자기 효능감 때문일 수도 있지만, 한편으로는 오랜 세월 살아오며 쌓아온 인생의 경륜에서 비롯되었다고 볼 수도 있다. 그것은 서로에 대한 걱정의 마음으로 자잘한 질문을 지나치지 않고 댓글을 달아주는, **이웃으로서의 신뢰와 선의를 띤 모습**과도 닮아 있다. 이런 선의로 생겨나는 작은 사회적 소속감은 우리가 사는 세상을 살 만한 곳으로 만드는 윤활유와 같은 것이다.

과거 세대가 있어서 지금의 우리 세대가 있다. 그리고 미래 세대도 우리로 인해 존재한다. 세대는 모두 연결되어 있다. 과거 세대의 영광을 통해서 현재 세대가 덕을 보기도 하지만, 현재 세대가 원치 않더라도 과거 세대의 업보를 짊어지고 살아가야 하는 숙명을 겪기도 한다.

그렇기에 우리가 미래 세대에 남기는 업보는 최소화해야 한다. 우리도 그들에게 빚을 질 세대이기 때문이며, 그 빚이 남기는 피해는 고스란히 우리가 늙고 힘이 빠졌을 때 돌아오게 되어 있기 때문이다. 저출산의 재앙, 이 땅에서 아이들이 사라져간다는 건 우리 사회에서 살아가는 그 누구에게도 자신과는 상관없는 남의 이야기가 결코 아니라는 것이다.

그렇다면 우리는 대체 무엇이 아이를 낳고 기르는 일을 그토록 가로막고 있는지, 엄마들의 '작은 선의'가 어떻게 발현되고 있거나 때때로 어긋나고 있는지, 아이를 키운다는 것은 과연 우리 사회에서

어떤 의미인지를 묻지 않으면 안 된다. 나는 맘카페라는 공간을 통해 바로 그 질문에 답하고자 했다.

다소 어두운 이야기를 꺼내며 책을 끝내게 되어 마음이 무겁다. 나의 유일한 희망은 이 책이 애들 둘 데리고 사는 어느 아줌마의 쓸데없는 오지랖, 쓸데없는 걱정이 되는 것뿐이다. 이 사회의 위기가 요즘 유행하는 희망에 가득 찬 개념들, 4차 산업혁명, 메타버스, 인공지능, 챗GPT 등과 어우러져 기막히게 연착륙하는 기적을 바라고 또 바란다.

변화하는 시대의 속도에 감히 쫓아가기도 벅차지만, 무슨 기적이라도 만들어지길. 그리고 한 10년 뒤쯤에 우리 애들이 내가 이런 책을 썼다는 사실을 우연히 알고, 엄마는 역시 예나 지금이나 잔소리꾼이라고 면박을 주길 간절히 소망한다. 그러면 나는 "너희도 꼭 애 낳고 키워 보렴. 언젠가 부모가 되면 내가 왜 그런 쓸데없는 걱정을 했는지 알게 될 거야."라고 나의 두 아이에게 말할 수 있기를 바란다. **알고 보면 맘카페에서, 또 각자의 삶의 터전에서 자식들과 열심히 살아가는 모든 엄마들이 나와 같은 마음이리라 믿는다.**

그리고 어쩌면 맘카페 회원이 아닌, 엄마들이 모인 이 '마녀들의 고립된 성'과 자신은 별로 관계가 없다고 생각했을 당신의 마음도 역시.

맘카페라는 세계

엄마들이 모인 공간은 정녕 '마녀들의 소굴' 인가

발행일 2023년 11월 8일 초판 1쇄
2023년 12월 1일 초판 2쇄
지은이 정지섭
편집 박성열, 정혜인
디자인 김진성
인쇄 민언프린텍
제본 라정문화사

발행인 박성열
발행처 도서출판 사이드웨이
출판등록 2017년 4월 4일 제406-2017-000041호
주소 서울시 영등포구 당산동3가 522-2, 304호
전화 031)935-4027 팩스 031)935-4028
이메일 sideway.books@gmail.com

ISBN 979-11-91998-23-8 03330